法華宗全書

日隆3

当家要伝
六即私記

法華宗全書編纂局編

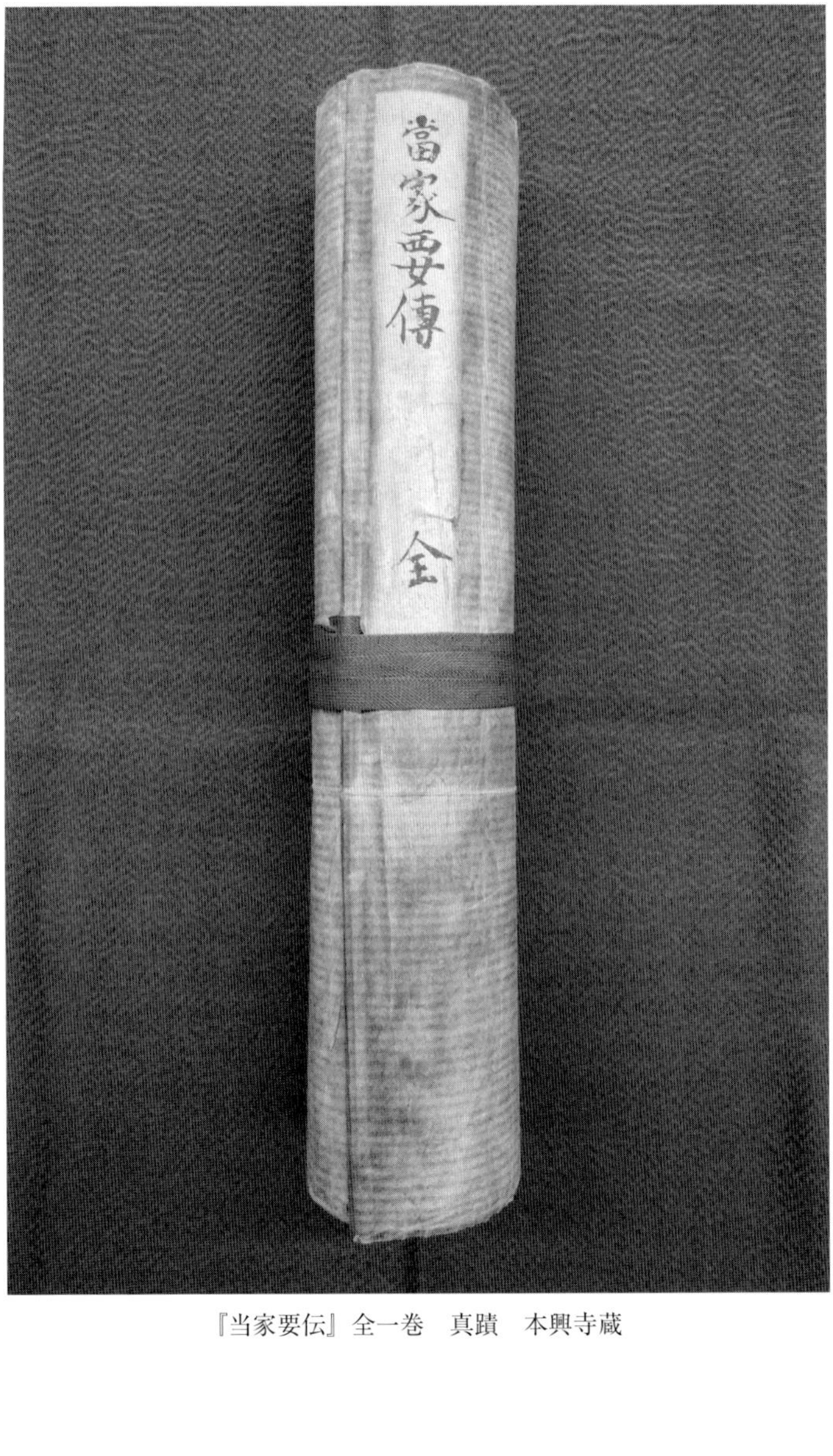

『当家要伝』全一巻　真蹟　本興寺蔵

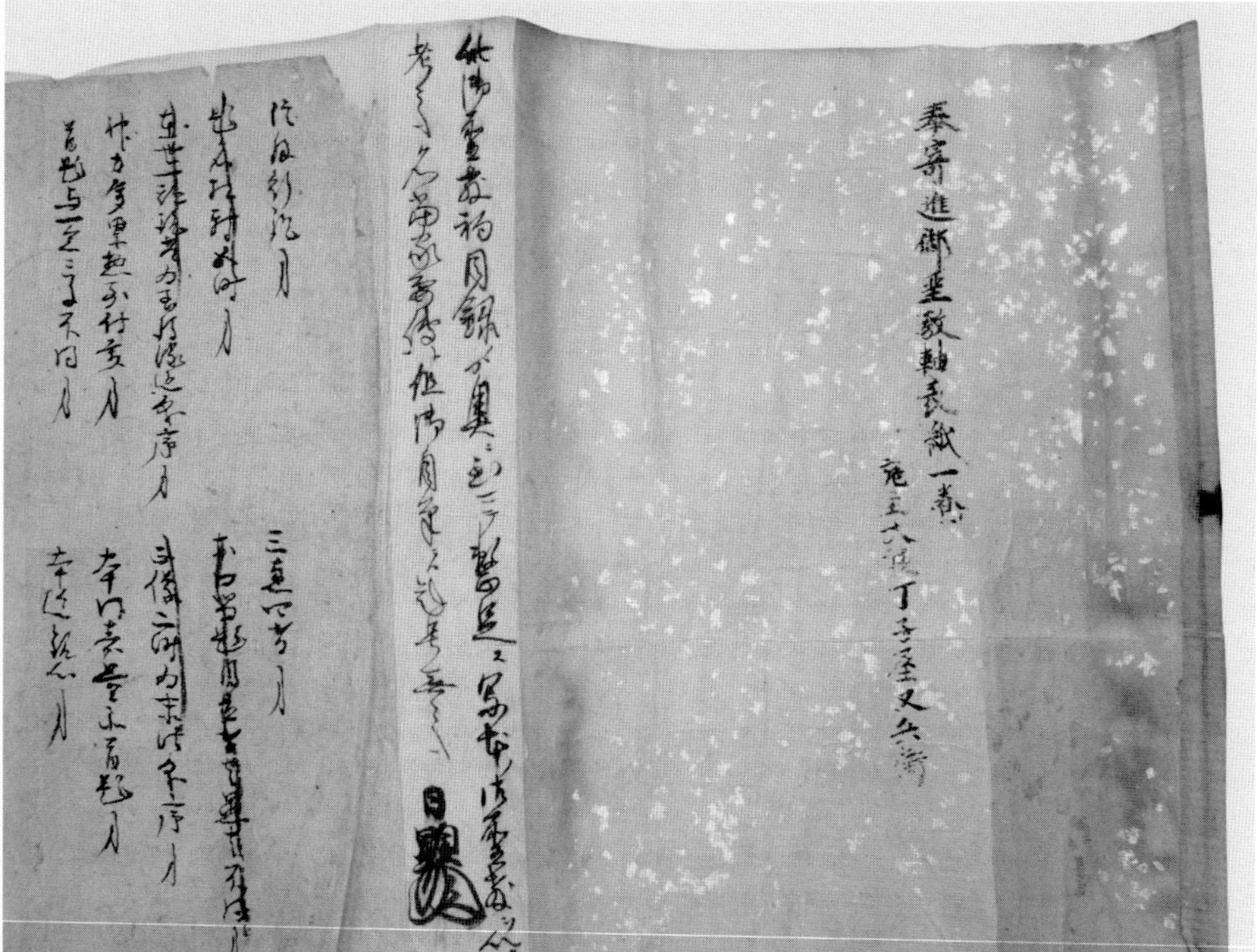

『当家要伝』巻頭の日次部分と題号に関する日顕師の注記
（訓み下し７頁、原文49〜50頁）

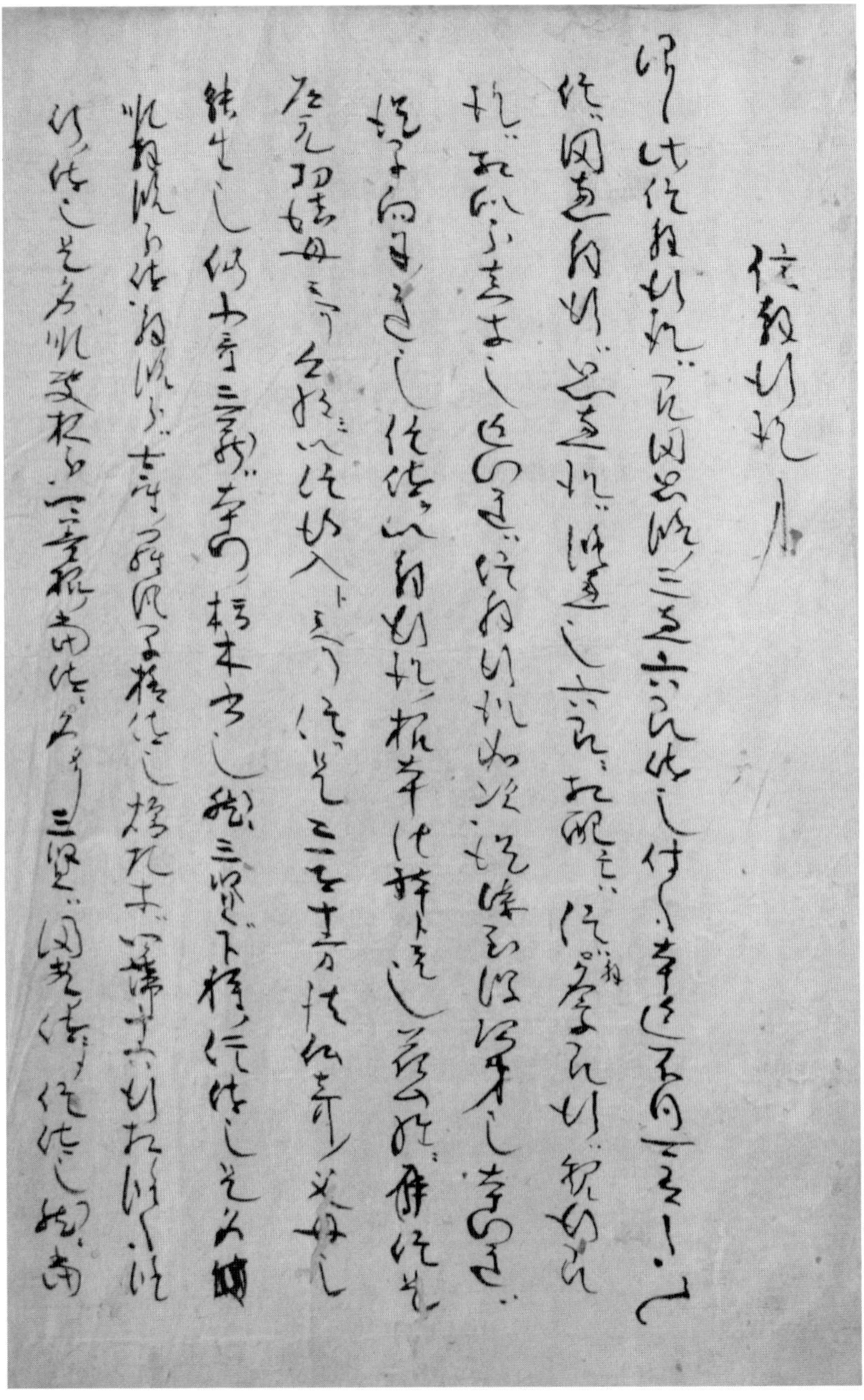

『当家要伝』本文の冒頭部分
（訓み下し８頁、原文50〜51頁）

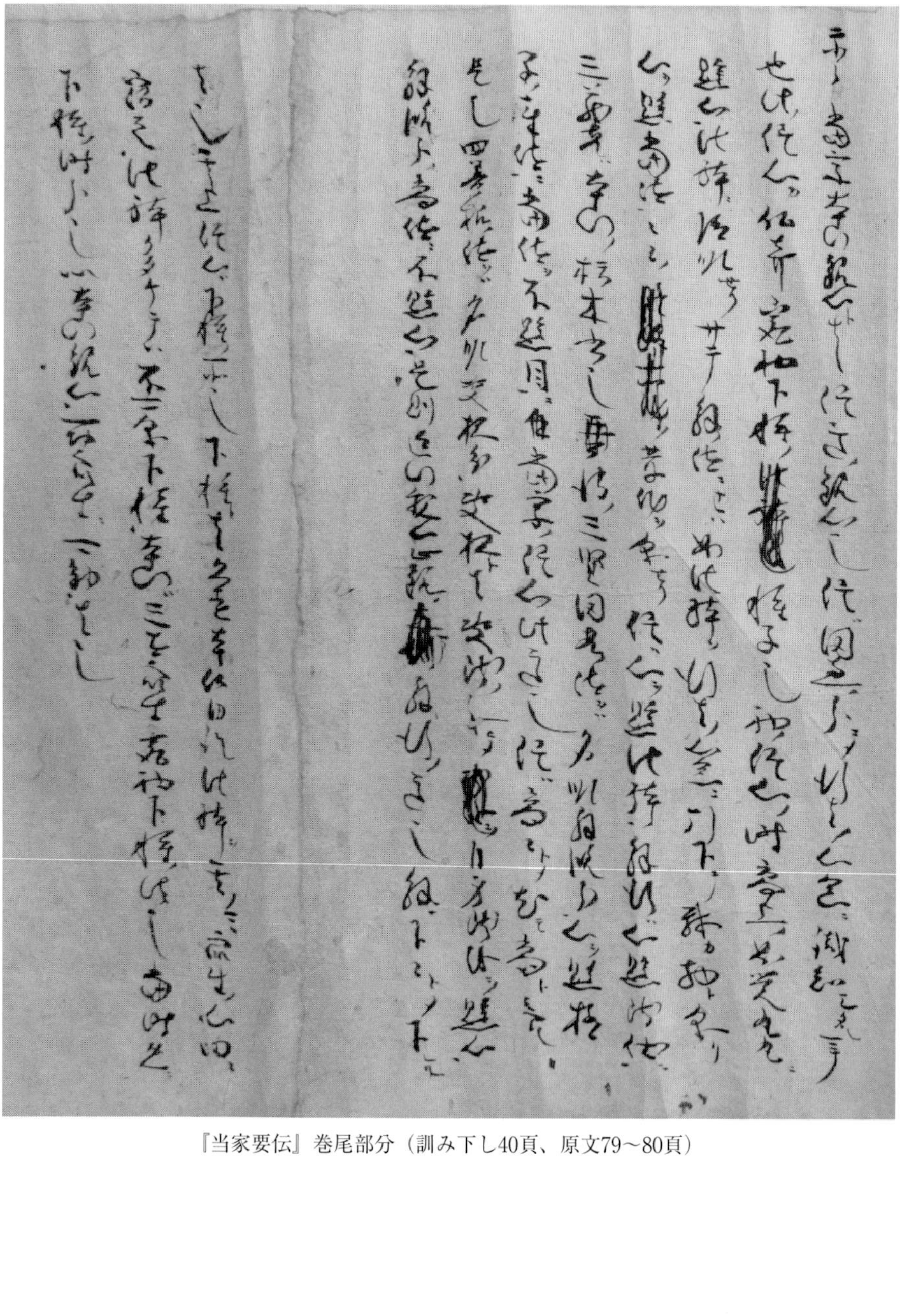

『当家要伝』巻尾部分（訓み下し40頁、原文79〜80頁）

『六即私記』全三巻　真蹟　本興寺蔵

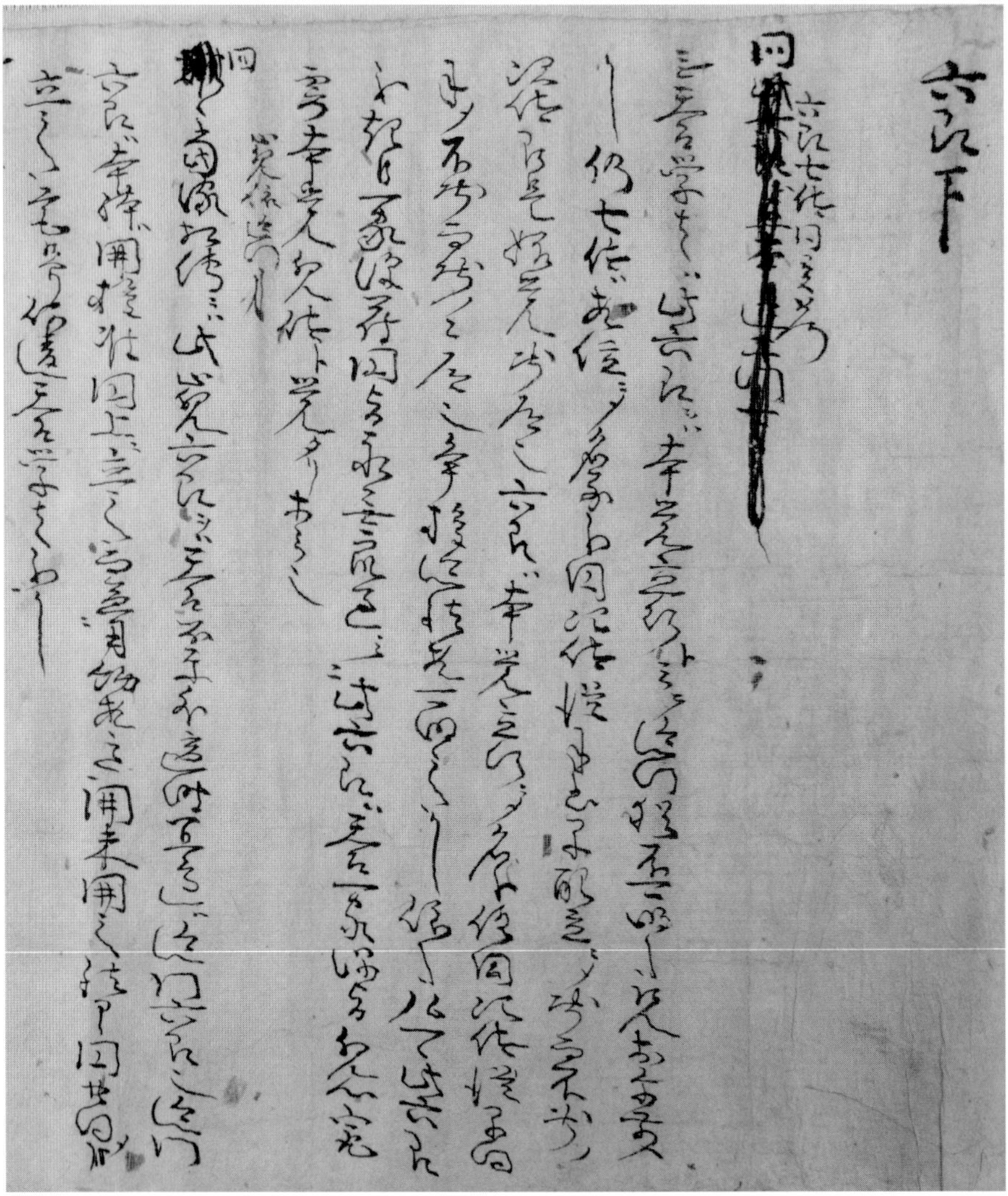

『六即私記』「六即下」（惣釈）の冒頭部分
（訓み下し89〜90頁、原文179〜180頁）

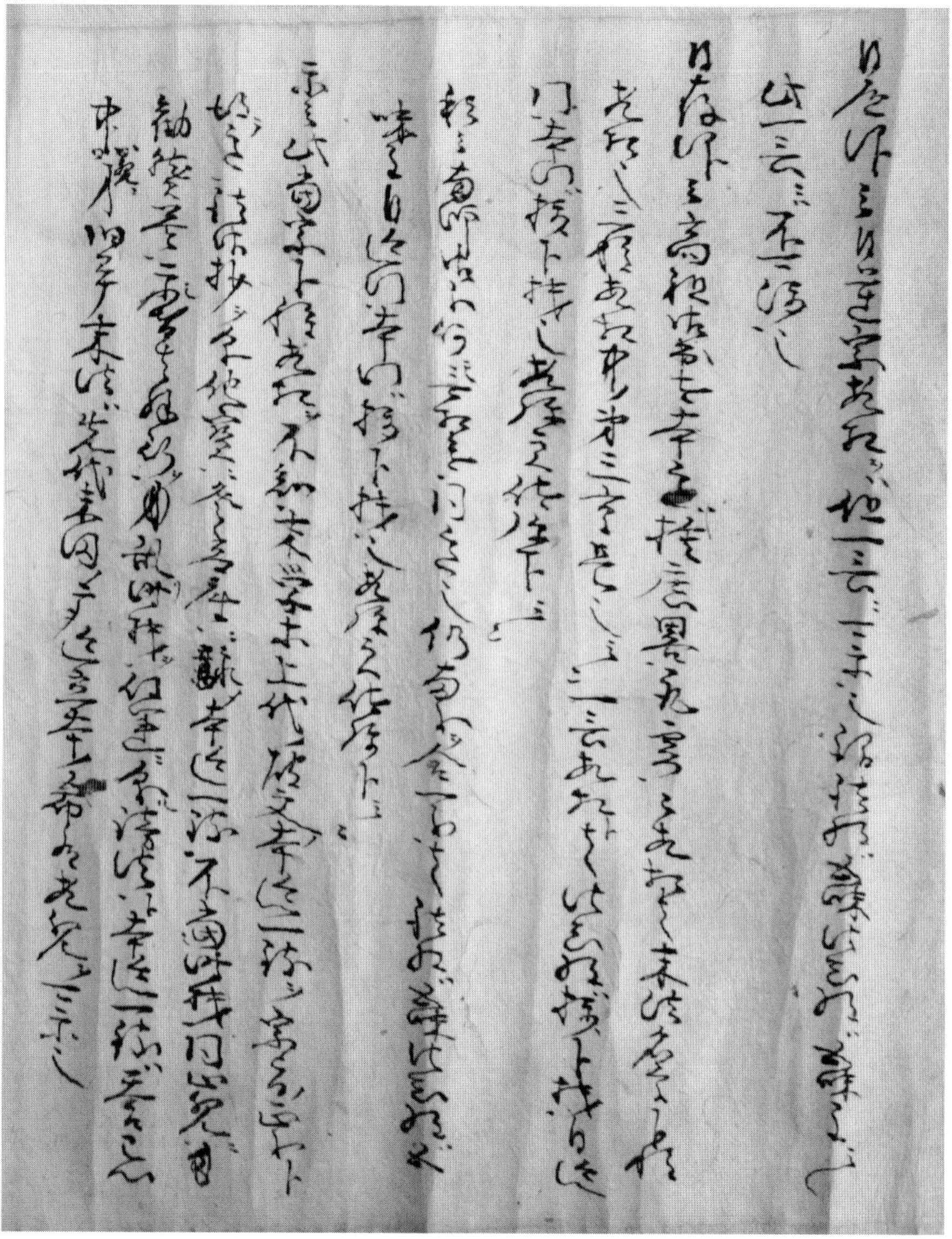

『六即私記』「理即名字即」の巻尾部分
（訓み下し144〜155頁、原文237〜238頁）

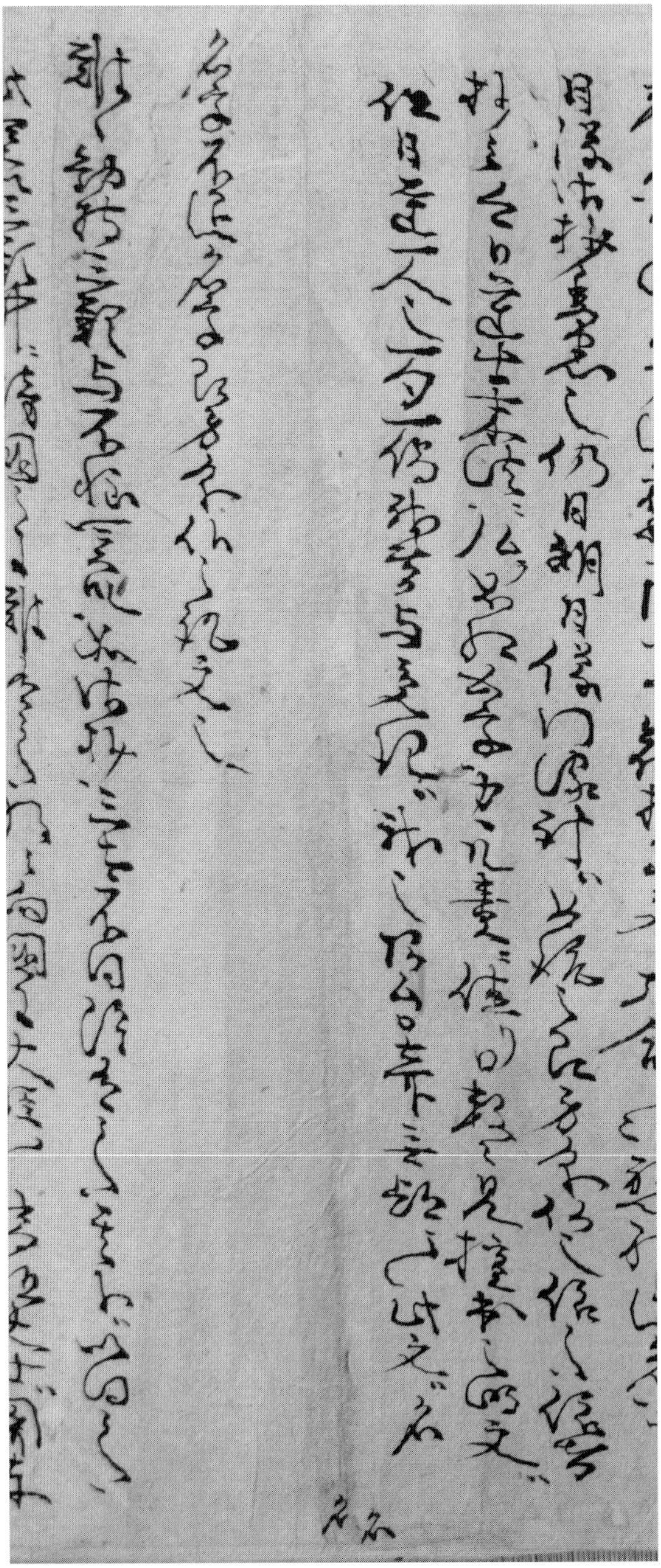

『六即私記』継目文字の様子
（訓み下し122頁、原文214頁）

『法華宗全書』編纂趣旨

一、法華宗全書の刊行は、「法華宗全書刊行会規定」〈法華宗（本門流）第三十次宗会〉に基づき、法華宗の先師先聖等の著作あるいは歴史史料等を、できるだけ統一した形で順次刊行し、法華宗の教学・歴史研究の便に資すると共に、諸資料を後世に伝えることを目的とするものである。

一、法華宗先師の著述は、たとえば日隆聖人（一三八五―一四六四）関係だけでも三百数十巻を数え、短期間のうちに容易に刊行できるものではない。それ故に、従来未刊であったもの、又、既刊であっても正確な本文の公刊が望まれるもの等、諸事情を勘案しつつ公刊順序を定めることとする。従って、刊行順序は、必ずしも成立年時の順序に一致するものではない。

一、編纂上、諸典籍を、まず人名（著者・編者）によって整理し、「日隆1　法華天台両宗勝劣抄」等とし、人名に拠れない場合は、「宗史史料1」等とする。

一、翻印は、まず真蹟本、もしくは可能な限り良質の写本又は刊本を尋ね、所蔵者の許可のもとに、それを底本として本文の確定本を作り、それを公刊する。但し、信心増進に資する目的をも考え、可能な限り原文に忠実な訓み下し文を併載して、読解の便宜もはかることとする。

一、各文献についての書誌的事情は、それぞれの凡例・注記、及び各巻付録別冊の解題等に拠られたい。

一、各巻共通の「法華宗全書」の五字は、宗祖日蓮大聖人御真蹟集のうちより集字したものである。すなわち「法」「華」「宗」は『秀句十勝抄』、「全」は『観心本尊抄』、「書」は『立正安国論』に拠った。

法華宗全書刊行会

法華宗全書　日隆3

当家要伝
六即私記

総目次

総目次

当家要伝（訓み下し）

凡　例

一、本文は、尼崎市大本山本興寺所蔵の日隆真蹟本を底本とし、適宜、刊本（『桂林学叢』第15号別冊）を参照した。
一、原文にある返り点・送り仮名に従って本文を構成したが、理解の便を考慮し、句読点及び助詞をなるべく多く用い、また適宜、段落（改行）を設けた。
一、漢字は常用漢字を原則とし、略字・異体字・約束字、および通常漢字表記の語をカナで表している場合などは、適宜、通常の漢字に改めた。
一、妙法蓮華経・法華経などについては、「華」の字体に統一した。
一、妙○経・妙法経などは適宜、妙法蓮華経とした。
一、付属は、「付嘱」の字体に統一した。
一、惣在・惣名などについては、「総」の字体に統一した。
一、是・以・此・之・斯・其・復・亦・於・従・在・有・無・不・非・自・耶・可・也・為・者・物・玉・爾・事・先・又・争・加之・所謂、等の字は、適宜、仮名書きとした。
一、仮名はひら仮名表記とし、現代仮名遣いを原則とした。
一、ルビは、原本にあるものの他、必要と思われるものに付した。
一、引用文は、「　　」で括り、できるだけ訓み下しとし、可能な限り現行刊本の巻数・頁数を示した。
一、原文にはないが、補った方が理解に便であると思われる時など、編者が加えた箇所は（　　）を付して、明了ならしめた。

一、頭注の「底」とは、底本とした真蹟本の意である。

一、引用文中の省略記号の「○」は、適宜「全略」「前略」「中略」「後略」とした。

一、略号は次の通りとした。

定遺　昭和定本日蓮聖人遺文　　籤　法華玄義釈籤
正蔵　大正新脩大蔵経　　記　法華文句記
玄　法華玄義　　弘　摩訶止観輔行伝弘決
疏　法華文句　　伝全　伝教大師全集
止　摩訶止観　　仏全　大日本仏教全書

例えば、「正蔵九―一九a」は、大正新脩大蔵経第九巻一九頁上段の意であり、他もこれに準ずるものとする。

目次

題簽　他筆

当家要伝　　全

袖書き　他筆

御聖教軸表紙一巻を寄進し奉る

施主　大坂丁子屋又兵衛

顕師筆　貼紙

この御聖教、初めの目録より奥に至るまで整足す。写本の御聖教を以てこれを考え、当家要伝と名づく。但し、御自筆には題号これなし。

日顕花押

（第一紙）

（以下、真筆）

信解行証のこと

三恵・四智のこと

神力・嘱累、総・別付嘱のこと

本門寿量品の首題のこと

首題と一念三千との不同のこと

本・迹の観心のこと

（第二紙）

信解行証のこと

仰せに云く、この信解行証は即ち聞思修の三恵、六即の位なり。これに付いて本迹の不同これ有るべし云云。信は聞恵、解行は思恵、証は修恵なり。六即に相配すれば、信解は名字即、行は観行即、証は相似・分真等なり。迹門の意は、信解行証は次の如く従浅至深の次第なり。本門の意は従果向因の意なり。信位を以て解行証の根本法体とするなり。華厳経に「*信はこれ道の元、功徳の母」と云えり。今経には「*信を以て入ることを得たり」と云えり。信はこれ三世十方の諸仏菩薩の父母なり、能生なり。仍って、小乗の三蔵は本門の朽木書なり。然れば、三賢は下種の信位なり。これを順解脱分の位と名づく。解脱分は七聖の羅漢果の極位なり。煖・頂等は、四諦十六行相にこれを修する修行の位なり。これを順決択分と名づく。四善根の当位に名づけたり。三賢は聞教の位にして信位なり。然るに、当位に心を懸けずして極位に心を懸くれば、順解脱分とは云うなり。小乗を以て今経に準ずるに、最初の信心は堅固にして、妙覚究竟の極位に順随せり。観行即已下は解行の位なる故に、自身の当体に住する位なり。名字即の浅位は機を以て法に摂して、信と法との力、高々として仏祖の頭を踏む。観行即は解行の位なれば、法を以て機に預け、機根の解行は下々として自身をかえりみる。六即の中には名字即の信位より観行等は出生せるなり。名字即の信位をば、蓮師は「*十方三世の諸仏の出生の門なり」と判じ、或いは「*信を以

信は　正蔵一〇—七二b

信を（譬喩品）正蔵九—一五b

十方（四信五品抄）定遺一二九五

信を（四信五品抄）定遺一二九六

て恵に代えて、信の一字を詮となす。中略信は恵の因なり。名字即の位なり」と釈し給えり。この信位に於いて即身成仏を成満する。これ則ち本門寿量の冲微、「教*弥《いよいよ》実なれば位弥《いよいよ》下し」の宗旨なり。当宗の妙法受持者を信者と名づく。これより外に余位を求むべからず。得脱の極と云うは名字所具の観行等を経たる者なり。

教弥（弘六之四）正蔵四六―三五三b

（第三紙）

三恵・四智のこと

尋ねて云く、三恵・四智の姿は如何。

義に云く、四種の智恵とは、一に生得恵、二に聞恵、三に思恵、四に修恵なり。三恵とは聞思修なり。四智の中に前の三は散心、後の一は定心なり。六即の相配は、理即は生得恵、名字は聞恵、観行は思恵、相似已上は修恵なり。或いは名字は聞恵、観行已上は修恵とも云うべきなり。或いは生得恵・聞恵は信位、思恵は解、修恵は行証なり。かくの如く重々の義勢これ有り云云。

生得恵とは、生ずれは便《すなわ》ち得るが故にと釈して、生れ付きに物を意得る智なり。聞恵とは、知識経巻の教に依って生ずる所の智なり。思恵とは、聞恵の上に自ら思惟して生ずる所の恵なり。この聞恵は名字即の初め、思恵は終りなるべし。修恵とは、観心修行して三昧開発し、定心現前するなり。故に観行即に当るなり。

これに付いて、本迹の不同これ有るべし。迹門の意は、聞思の信解を名字即に置き、修恵の行を観行即に置くべきなり。これは「教*弥《いよいよ》権なれば位弥《いよいよ》高し」する意なり。像法の迹門智者の解行を本となす故なるべし。

次に本門の意は、「教弥《いよいよ》実なれば位弥《いよいよ》下し」と談ずる故に、聞恵の信を名字即に置き、思恵の解を観行即に配したり。記の九に「解*は即ち智に属す」と云えり。蓮師は「一*念信解の四字の中に信の一字は四信の初めに居すべし、解の一字は後に奪われる故なり」と釈し給いて、記の九の「初*めに無解の故」の釈を引き給いて、「信は名字即」と書き給えり。次下に、「恵*また堪えざれば、信を以て恵に代う。信の一字を詮となす。中略信は恵の因なり。名字即の位なり」と。恵解は観行即なるべし。開目抄に、「天*台の一念三千も我等一分の恵解も無し」と判じ給えり。名字即は信の位にして、解恵これ無し。末代初心の行者を正機となす故なり。蓮師は、名字の気分と仰せられたり。気分の信なり。当宗の意、妙法受持の者を信者と云うはこの意なり。総じて、解は名字・観行の摂属不定なり。解を以て名字に摂するは迹門の意なり。解を以て観行即の初随喜に摂して、名字即は信ばかりなりと云うは本門の意なり。本門の意は名字即を体とし、観行已去は体をあきらめたるなり云云。

（第四紙）

神力・嘱累、総・別付嘱のこと

（第五紙）

教弥　（弘六之四）正蔵四六―三五三b

解は　（記九中）正蔵三四―三三〇a

一念　定遺一二九五

初め　（記十上）正蔵三四―三四二b

恵ま　定遺一二九六

天台　定遺六〇四。底は「一念三千云云」なるも定遺に従う。

口伝に云く、在世霊山会上にして開迹顕本の砌りに於いて、三五七九の迹門の衆生悉く本門の大人と成り畢って十法界の衆生、霊山一会の群類、皆な悉く本化地涌の大人と成り畢れば、神力品にして結要の五字を地涌に付嘱せり。これ総付嘱なり。所以に、「*その時に仏、上行等の菩薩大衆に告ぐ」等と云える「等」の一字、「大衆」の言に、爾前・迹門の諸菩薩・声聞・人・天・四衆・八部等までも悉くこれを収む。地涌体内の小権迹なれば、能具・所具倶に本化地涌の菩薩なり。悉く結要の五字の付嘱を受けたり。結要五字の体内にまた小権迹あれども、能具・所具倶に結要の題目なり。能付の人にも能具・所具、能開・所開これ有りと雖も、倶に能開の地涌なれば上行等と云って上行の能開の人を置くなり。所付の法にも能具・所具、能開・所開これ有れども、倶に能開の妙法なる故に、「*要を以てこれを言わば」とは云うなり。これ則ち、能付・所付倶に能開の地涌妙法の付嘱なれば、総付嘱なり。当に知るべし、神力品結要の総付嘱の時は、十界の衆生乃至小権迹の諸人悉く本化地涌と成って、本門寿量品の妙法蓮華経を受持せり。所付の法・能付の人、倶に体内秘妙の小権迹は名体倶に破廃せられ、その体を亡じて絶待不思議の一妙の能付・所付と成るなり。仍って、神力品の経文に「菩薩大衆」等と説いて、嘱累品の如く小権迹の諸菩薩・声聞・人・天等の名を呼び顕わすことこれ無し。但だ、能開の本法・本人の付嘱を本となす故なり。この時は正像末をも分たず、滅後をば総じて末法と云うべし。「*末代は結縁の故に聞く」の釈、この意なり。この釈は正像末を末代と釈せり。安楽行品に「末法」等と云うは、総じて滅後を云うなり。神力品に「*我が滅度の後に於いて」と云える滅後には、三時を倶に

その　（如来神力品）正蔵九—五二a。底は「爾前仏告」なるも正蔵に従う。

（第六紙）

要を　（如来神力品）正蔵九—五二a

末代　（記九下）正蔵三四—三三五a。底は「結縁の故の」なるも会本に従う。

我が　正蔵九—五二c

摂すべし。而も、正像は所具・所開、末法は能具・能開なるべし。故に知んぬ、要法に約し、地涌に約し、時節に約する能開・所開これ有るべし。然りと雖も、神力品の総付嘱と云う時は、能所を絶して、唯だ能開に従えて妙法を以て地涌に付し、末法の為と云うべきなり。能開はこれ万法の総体なる故なり。

次に、嘱累品は別付嘱なり。その故は、体内所摂の小権迹本の人に、体内の爾前・迹門・本門の法を付嘱して、体内所摂の正像末を分別して、小権迹本の教機時国を定め給えり。正法一千年の初めには一向小乗を迦葉・阿難にこれを付し、正法後の五百歳・像法の初めの方をば天親・龍樹等にこれを付して権大乗を弘めしめ、像法後の五百歳・末法の初めをば迹化の人にこれを付し、迹門の法を弘宣せしめ、末法の当時をば本化の人にこれを付し、本門妙法蓮華経を一閻浮提に広布せしむ。かくの如く本門体内の小権迹本の人と法と時とを各々にこれを付嘱したまえば、別付嘱とは云うなり。故に経文に、「*上行等の菩薩大衆、舎利弗等の声聞四衆、及び一切世間の天・人・阿修羅等」とその名字を面々各々にこれを挙げ、これ等諸人に妙法を付嘱せり。而も、体内秘妙の所開の小権迹の妙法を付嘱して、正像末の導師と成さしむ。流通還迹と云える、これを思うべし。大田抄に云く、「*上に要を以て上行等に付し畢り、次下に法華経の要より外の広略二門並びに前後一代の一切経をこれ等の大士に付嘱したもうこと、正像二千年の機の為なり」と云云。嘱累付嘱は事相自面に小権迹本の法を小権迹本の人に正・像の定めを分別してこれを付す。その時に当れば、寂光の本土より出でては付嘱を忘れず、教機時国相応して各々の法を弘宣し給

上行（嘱累品）正蔵九—五三a（取意）

（第七紙）

上に（曽谷入道殿許御書）定遺九〇四。底本引用と定遺と異同あり。

龍樹　定遺七一〇（取意）
天親　定遺七〇九
されば　定遺一二四七〜八
南岳　定遺七六七

えり。然りと雖も、小権迹の人も内証は本化の人と同じく結要付嘱の人なれども、外相は物機に随順して小権迹の法をその時に当りて弘め給えり。観心本尊抄に云く、「*龍樹・天親は知て而もこれを言わず。或いは迹門の一分これを宣ぶ」と。或いは、「*天親・龍樹内鑒冷然」の文を判じ給えり。報恩抄には、「*されば内証は同じけれども、法の流布は迦葉・阿難よりも馬鳴・龍樹等は勝れ、馬鳴等よりも天台は勝れ、乃至、天台・伝教の弘通し給わざる正法有り」等と判じ、当体義抄には、「*南岳大師は観音の化身、天台は薬王の化身等云云。もし爾らば、霊山に於いて本門寿量の説を聞きし時これを証得すと雖も、在生の時は妙法流布の時にあらざる故に、妙法の名字を替えて止観と号し、一念三千・一心三観を修するなり。但しこれ等の大師、等しく南無妙法蓮華経と唱うることを自行真実の内証と思し食さるるなり」と判じ給いて、正像末の能弘の師の内証は皆な本門の導師として内鑒冷然し給えども、外相は時の宜しきに随って小権迹を弘め給えり。内証自行の辺に約せば本門流通の導師、時に約する辺は小権迹の流通弘宣の人たり。

（第八紙）

一部八巻倶に下種と作《な》るや

仰せに云く、一部八巻倶に衆生成仏の下種と作《な》る耶のこと、諸御抄の義勢不同なり。先ず、本迹の不同を云うことは、前十四品の迹門は本門の為に廃せらる。迹門とて実体これなく不定なり、成仏の下種と成らず。されば「爾前・迹門の円教すら仏因に非ず」と云い、「一品二半より外は小乗教中略未得道教」と云云。爾前・迹門にしては生死を離れ難く、本門に至って生死を離るべしと云えり。これ等の諸御抄は、爾前・迹門は下種と成らずと定め給えり。

然りと雖も、また迹門十四品は下種と作ると判じ給うことこれ有り。品々供養抄に云く、「かかる法華経を末代の女人、二十八品を品々ごとに供養せばやとおぼしめす、但事には非ず。中略法華経二十八品の文字六万九千三百八十四字、一々の字は字毎に太子の如し。字毎に仏の御種子なり」と云えり。本尊供養抄には、「法華経の文字は六万九千三百八十四字、一々の文字は我等が為に黒文字と見え候えども、仏の御眼には一々に皆な御仏なり」文。兄弟抄には、「一字一点も捨つる者は千万の父母を殺す」等と云い、方便・寿量の両品、一部の肝心と書き、祈祷経には「六万九千三百八十四中略一々の文々これ真仏なり」等と判ぜり。これ等諸御抄、迹門十四品も下種と作《な》ると見えたり。かくの如き相違を意得べし。当宗の本意は本迹勝劣と談じて、爾前・迹門無得道教と云える宗旨なること異論に及ばざるものなり。

さて、迹門十四品は下種と作《な》るとおぼしき御抄を会通すべし。

一義に云く、権実相対の意か。権実相対とは約教釈の意なり。前三教ばかりを簡んで爾前・迹門・本門の円教を仏種とするなり。天台・妙楽の釈義、多分はこの意なるべし。

一義に云く、開迹顕本の意か。「かくの如きは迹説なれども、これ顕本の意を以てすれば（惑者いまだ玄旨を悟らず）」と云い、「開示悟入はこれ迹の要なりと雖も、もし顕本し已りぬれば即

爾前 （観心本尊抄）定遺七一四
一品 右同
かかる （日女御前御返事）定遺一五一五
字 定遺は「文字」
法華経 定遺一二七六
為に 定遺は「目には黒き」
一字 定遺九二一
も 定遺は「を」
者 定遺は「人あれば」
六万 定遺二二一八
四 定遺は「余」
かくの （玄九下）正蔵三三―七九八c
開示 （記八之三）正蔵三四―三〇五c

（第九紙）

意は（籤一）正蔵三三―八二六b

句々（記一上）正蔵三四―一五一c

この（私序王）正蔵三三―六八一c

脱は（記一上）正蔵三四―一五六c

ち本の要と成る」とも釈し給えり。迹門開会せられ畢れば迹の当体は本と成れば、下種とならんこと疑い有るべからず。

一義に云く、「*意は実には密に歎ず」の意か。迹門を仏意よりこれを見れば本門なる故に、「一々の文々これ真仏なり」とも云うか。既に迹門は水中の月、不定の教なり。何ぞ下種と作《な》るや。然るに、かくの如く判じ給うことは仏意内証の密記と意得べし。顕露には非ざるなり。

一義に云く、一部迹門の時は本門も熟脱と作《な》り、下種とは成らず。今一部仏種と判ずるは、一部本門の意なり。観心本尊得意抄はこの意なり。諸御抄これに同じ。本門の意とは、本地難思境智の妙法なり。妙法は必ず本迹を具す。本迹は三世施化一部の意なれば、一部倶に本地の妙法蓮華経に具足して、文々句々悉く首題の体内にあり。「*句々の下は通じて妙の名を結す」これなり。「*この妙法蓮華経とは本地甚深の奥蔵なり」と云えり。題目が家の六万余言の文字一部なるべし。この意を以て一部を見れば、一部は下種となるなり。

一義に云く、迹門当分の脱に種の名を与えて判ずるか。所以に、迹門の当分は現在の脱なれども、その種子は久遠本地に有る故に、脱の自体が種なる故に、脱に種の功能をもたせて迹門当分の脱を種と云うか。「*脱は現に在りと雖も具に本種を騰ぐ」と云えるはこの意なり。

口伝に云く、法華経一部は五味主と云える本門の意にて、「一々の文々これ真仏なり」等と云うなり。五味主とは根本と云うことなり。根本とは、一切衆生成仏の本地、十方三世微塵の経々の本地一乗一妙の処を云うなり。今日現在一期の衆生成仏の根本種子は、大通覆講法華の砌な

大通（籤一九）正蔵三三—九四九a。底は「元旨」なるも正蔵に従う。

元始 底は「元旨」（第一〇紙）

法華（諫暁八幡抄）定遺一八四六の取意か。

り。覆講法華の一乗妙法より一切衆生に種を下して、この下種の衆生十法界に散在すれば、それに随って如影随形の化道を施す時、無量の経教、無尽の成仏、諸経の得道これ有り。一切衆生の脱益は華厳等の諸経にこれ有りと雖も、その種子を尋ぬれば大通に在り。「大通*を以て元始となす」と云うはこの意なり。故に知んぬ、迹門は大通が元始*、五味主なり。さて、大通下種の種子の妙法蓮華経を尋ぬれば、五百塵点劫の本門にこれ有り。故に、大通下種の所を廃して本地を顕わす。本地独り一切の仏菩薩人天等の下種の法体なり。故に知んぬ、一切衆生下種の在所は大通、下種の法体は久遠に在り。仍って、大通・久遠の両処は一切衆生成仏の根本、八万教門の本地なり。これに依って、法華経一部倶に五味主とは判じ給えり。この時は法華経は一部にして、一経三段なるべし。蓮師一経の御修行はこの意なり。観心本尊得意抄等、この意なり。

口伝に云く、開会の意なり。この開会に於いて名・体の不同これ有り。体の開会とは、諸法実相の理の開会なり。余経までも隔つること無く、諸乗一仏乗と会するなり。名の開会とは、妙法蓮華経の五字の名題の有る経を、本門の首題を能開として迹門の首題の名を開するなり。名と名と相対してこれを開す。爾前の経々には首題に妙法蓮華経無く、迹門にはこれ有る故に、迹門の名即本門の名と会するに、一部即本門妙法蓮華経なれば「一々の文々これ真仏なり」と云うなり。高祖一部の御修行はこの意なるべし。

口伝に云く、今経の体に於いて摂・折の不同これ有るべし。摂受の体とは、万法円融して諸法実相なるを云うなり。折伏の体とは、今経の体を以て余経を破廃するなり。八幡抄に云く、「法*

問う 定遺七五八

（第一一紙）

もしは （玄三下）正蔵三三―七一三b。「妙楽」とあるも玄義の文。

諸典 （籤一）正蔵三三―八一五c

（第一二紙）

（第一三紙）

華経の体と申すは爾前を破するなり。爾前を破さず、法華経を持つと申せし人は、愚癡なり愚癡なり」と。当体義抄に云く、「問*うて曰く、一切衆生皆な悉く妙法蓮華の当体ならば、我等が如き愚痴闇鈍の凡夫も即妙法の体なりや。答う、当世の諸人これ多しと雖も二人を出でず。いわゆる権教の人・実教の人なり。而も、権教方便の念仏等を信ずる人は、妙法蓮華の当体と云わるべからず。実教の法華経を信ずる人は即当体蓮華・真如の妙体これなり」と云云。如説修行抄等の意、また分明なり。これ等は今経の体玄義の形なり。妙楽は、「*もしは破、もしは立、皆なこれ法華の意なり」と判じ、或いは「*諸典を開廃するを名づけて円意となす」と書き給う。これ則ち今経の体なり。体に於いてまた待絶の二妙有り。摂受の体は絶待妙の意、折伏の体は相待妙の意なるべし云云。

本門寿量品の首題のこと

仰せに云く、本門妙法蓮華経と蓮師在々処々の御判釈なり。何なる深秘これ有りやと云うことを沙汰し明すべきものなり。本門南無妙法蓮華経とは、三箇秘法を総じて但だ首題の一つに摂してかくの如く云うなり。その意は、本門の本尊・本門の戒壇・本門事行の妙法蓮華経、悉くこれを総持して南無妙法蓮華経の一句に摂したり。本門寿量品の妙法蓮華経と云う故に、寿量の一品

我れ　正蔵九―四一b

願く　正蔵九―四二a

一念　定遺五三九

然る　正蔵九―四二c

如来（如来寿量品）正蔵九―四二c

我れ（如来寿量品）正蔵九―四二c

にて文・義倶に成ずべし。廃迹立本して本地久遠の本因本果の二妙を顕わしてこれを見れば、地涌の菩薩受持の妙法蓮華経なり。故に、今日滅後の為に地涌の菩薩を召してこれを付嘱す。仍って、具さには本門寿量品上行所伝の南無妙法蓮華経と云えり。涌出品の時、「*我れ久遠より来《このか》た、これ等の衆を教化す」とは説かれたれども、略開近顕遠なれば文義委悉に顕われず。その上、略開近顕遠は在世の脱益、寿量品は「*願くわ仏、未来の為に演説して開解せしめたまえ」と請して、滅後の為の故に寿量品の南無妙法蓮華経とは判じ給うなり。

越後本禅《（ママ）》寺の義に云く、開目抄にこの「*一念三千は本門寿量品の文底にしづめ給えり」と云云。この一念三千題目の立処は寿量品の「*然るに我れ成仏してより已来、甚だ大いに久遠なり」の文と云云。これ一義の意なり、これを非すべきには非ず。

一義に云く、本因本果の二文と非如非異の一と三文を合して一念三千首題の立処なり。蓮師は、在々処々に本因本果の二文これを引き給えり。天台は、非如非異の文を引き給えり。玄の一の如し。その外、「*如来秘密神通の力」等の文、これ等を証拠に備うべし云云。これは、日像門流の練磨の一義なり。

日像門流秘伝の義に云く、本門寿量品の南無妙法蓮華経とは、文・義の口伝これあり。文の口伝とは、「*我れ本と菩薩の道を行ぜしとき、成ぜし所の寿命今猶をいまだ尽きず」の一文なり。所以に迹を廃し本を顕わすことは、久遠の本因本果の二妙を顕わすことは、本果妙は釈尊の脱益なれば末法当時の名字即初発心の下種の位に非ざれば、上行所伝の首題の立処に非ず。本果妙の脱を廃して「具に本種を騰ぐ」すれば、本因妙の「我れ本と菩薩の道を行じ」の名字即の位、末法本未有善の機の為の妙法蓮華経の立処なり。このこと、相構え相構えて口外をなすべからず云云。

次に義の口伝とは、これに色々の義勢これ有り。観心本尊抄に「*但だ地涌千界を召して八品を説いてこれを付嘱したまう」と。涌出品より神力・嘱累に至っては、本地薩埵を召して本地の妙法を付嘱して末法能弘の師と定め給えり。これ上行付嘱を□（虫損）なる品なり。これ八品は一向滅後の為に広略を捨てて要を取る、いわゆる本門寿量品の妙法蓮華経これなるべし。一品二半と云う辺は在世の脱益なるなり。蓮師の「*但し彼は脱、此は種なり。*彼は一品二半、此は但だ題目の五字なり」と判じ給いて、八品は末法衆生の下種の為に妙法蓮華経の五字を地涌の菩薩に付嘱し給えり。これ義の口伝なり。これを秘すべし。

仰せに云く、義の口伝に重々の相貌これ有るに於いて、本門の本尊・題目五字の顕われ給う形を判じ給う時、新池抄に云く、「*この本尊は教主釈尊五百塵点劫より心中に納めさせ給い、世に出現せさせたまいても四十余年、その後また法華経の中にも迹門はせ過ぎて、宝塔品より事起りて寿量品に説き顕わし、神力・嘱累品に事極り」等と云云。大田抄には本門の本尊を釈し給う時、「*大覚世尊仏眼を以て末法を鑑知し、この逆謗の二罪を対治せしめんが為に一の大秘法を留め置き給う。いわゆる法華経の本門久成の釈尊・宝浄世界の多宝仏（中略）二仏座を並べしこと宛も日月の如く（中略）この大会に於いて六難九易を挙げて法華経を流通せんと諸の大菩薩を諫暁せしむ」等と釈

但だ　定遺七一二（第一四紙）

但し　（観心本尊抄）定遺七一五

彼　底は「此」

この　（新尼御前御返事）定遺八六六～七

大覚　（曽谷入道殿許御書）定遺九〇〇～一頁

し給えり。かくの如く、宝塔品より本門の本尊南無妙法蓮華経の遠序の由来を説くと判じ給う。されば、天台は「*寿量を発起するなり」と判じ、或いは「*遠序」とも名づけ給えり。蓮師は「*密序」と仰せらる。疏の八に云く、「*付嘱有在とは、これに二意有り。一には近令有在。八万二万の旧住の菩薩に付して、この土に弘宣せしむ。二には遠令有在。本弟子下方の千界微塵に付して触処に流通せしめ、また寿量を発起するなり」文。宝塔品の玄付嘱は寿量を発起すと判ぜり。既に宝塔涌現・分身来集・三*変土田の儀式は、本門の本尊の由来なり。地涌の大士は妙法蓮華経の主にて御座す故に、この妙法蓮華経を付嘱せんと欲すと仰せらるる時、本化の大士聴《やが》て来り給えり。而るに、迹化の衆はこれを覚知せざる故に、重ねて涌出品の時これを召す。疏の九に云く、「*如来一たび命ずるに、四方より奔踊す」文。記にこれを受けて、「言う所の命とは、一には宝塔品の末に（仏この妙法華経を以て付嘱して在ること有らしめんと欲すと云うに由るなり。この命、猶を通ず。二には下の文他方の菩薩八恒沙の衆この土の弘経を請うを、仏これを止めて、我が娑婆世界に自ら六万恒河沙の衆有りと曰うに）由るなり。即ち別命なり」と云えり。宝塔品の時は、本化の大士を召出して久成の妙法を付嘱せんと召し給えども、顕然なることこれ無し。涌出品より顕わに召出して滅後の弘経を仰せ付けらる。故に、涌出品已下の八品は地涌妙法の付嘱なり。先徳、四要品の外に宝塔品を加えて五要品とし給えり云云。

　仰せに云く、義の口伝とは、本迹二経倶にこれを取るべし。これは、多分は開会の意なり。開迹顕本してこれを見れば、迹門の当体即本門□（不明）、一部八巻前後二十八品は悉く本門の一部なり。

寿量　（疏八下）正蔵三四―一一四b

遠序　疏になし。開目抄（定遺五七二）に「寿量品の遠序」と。

密序　『御義口伝』（定遺二七〇一）にみえる。

付嘱　（疏八下）正蔵三四―一一四b。底は「疏九」とあり。

変　底は「反」

如来　（疏九上）正蔵三四―一二四c

蓮師は、「*法華経は五味主と□□（虫損）門の法門は本門の意なり」と仰せらる。一部倶に五味主にして本門なり。これに依って玄の九に云く、「*開迹顕本とは只だ文殊の述する所の燃灯仏及び久遠劫より来た《このかた》（中略）還って近迹を開してその本要を示すのみ」と釈し給えり。或いは記の八に云く、「*開示悟入はこれ迹の要なりと雖も、もし顕本し已りぬれば即ち本の要と成る」と。記の三に云く、「*甚深の境界を釈すれば、これはこれ法華の理本、諸教の端首、釈義の関鍵、衆生の依止、発心の凭杖、権謀の用体、迷悟の根源、果徳の理本、一化の周窮、五時の終卒なり。（この得て十義を以て諸異を消さば、坦然として誤り無けん。所以に先に能依の智を歎ず。即ち五仏の権実なり。権実何にか依る。いわゆる妙境なり。境智に称わざれば尚を仏智に非ず。況んや境として論ずべき無し。真に対当を云うは何ぞ能くこの難思の妙智を暁ん。これを以て広く諸師を破し、次に広く建立す）。玄及び止観に（此を）以て主となす」と判じ給いて、一部八巻倶に本地の一経にして十如実相を以て一部の主となすと判じ給えり。籤の二には、「*方便品の初めに近く五仏の権実を歎ずと雖も、意実に密に師弟の長遠を歎ず」と云って、方便品は密には本門の長寿を説くと釈せり。蓮師聖人は既に本化の末流として本門跨節の眼より前の迹を見給えば、□□（虫損）より久遠の妙法蓮華経なりけりとこれを会して、一部乃至方便・寿量品は一経の肝心なりと月水抄・祈祷経・観心本尊得意抄等に釈し給えり。高祖の一部の読誦は法華経一部は五味主と云う意にてこれを行じ給えり。この時は、一部を本門寿量品の首題に収めて口唱し給えり。*記の八には「略して経題を挙ぐるに玄に一部を収む」とも、*籤の三には「名既に一部を該ぬ」とも判じ給えり。高祖

法華　（曽谷殿御返事）定遺一六五五か（第一五紙）

開迹　（玄九下）正蔵三三―七九八c

開示　（記八之三）正蔵三四―三〇五c

記　底は「疏」。（記四中）正蔵三四―二二二a

甚深　（記四中）正蔵三四―二二二a

方便　（籤二）正蔵三三―八二六b。底は「籤一」

記　底は「玄」。（記八之四）正蔵三四―三一一a

籤　底は「玄二」。（籤三）正蔵三三―八三五a

大士　底は「大師」
日蓮　定遺八一六
（第一六紙）
此の　（私序王）正蔵三三―六八一c
初め　（籤一）正蔵三三―八一八c
迹中　（記一上）正蔵三四―一五一c

*大士は本門の題目の行者として一部の誦文は単の読誦に非ず、これ則ち一部読誦は南無妙法蓮華経なるべし。法華取要（抄）に、「*日蓮は広略を捨て要（ママ）を好む」と判じ給えり。高祖の一部修行は、天台・伝教等の如くには非ず。彼は広略の誦文なり。高祖は本門の題目の行者として一部倶に五味主と意得、一代の判教を得給えり。かくの如き意を知らざる学者、偏に本迹実相一致なる意を以てこれを修行す云云。恐るべし恐るべし、謬りの甚しき故なり。

仰せに云く、義の口伝とは、開迹立本して立還ってこれを見れば十界本有なり。仏界とは円教、九界とは蔵通別なり。十界宛然なれば四教本有なり。十界四教本有として仏界円教は万法の本地、九界前三教は所開の権迹なり。十界四教宛然として、仏界円教は本地なれば法の処にあれども、本門寿量品の功徳の義分なり。されば、爾前・迹門・本門の円教の仏意は、本地甚深の妙法の功徳なり。蔵通別は迹門の功徳なり。六十巻の中に釈し給える約教の釈、還って本門の意と日像門流に相伝し給える、この意なり。三世に経て円教の仏意は本門、蔵通別は迹門なるべし。今日迹中の華厳・方等・般若・迹・本・涅槃経の円教の仏智即本地久遠の妙法蓮華経なれば、迹を開して本を顕わせば、迹中一代の円妙は本門妙法蓮華経なり。玄の一に云く、「*此の妙法蓮華経とは本地甚深奥蔵なり」。妙楽これを受けて、「*初めには本証に由るが故に能くこれを説く。迹の中に説くと雖も、功を推るに在ること有り。故に本地と云う」と云えり。「此」と云う一字は今日を云うなり。今日の此の妙法蓮華経は本地の妙法なりと開迹顕本するなり。在所は迹中なれども、その功徳本地なれば「本地甚深」とは云うなり。記の一に「*迹中の三一は功一期に高し」

記の十　（記十中）正蔵三四―三四四b。底は「疏」とあり。

この　（私序王）正蔵三三―六八一c

と判ぜるとこれ同じ。記*の十に「本迹殊なりと雖も不思議一なり。一なりと雖も而も本円迹三教宛然なり。故に不二而二と云う」と判ぜり。開迹立本して本地の一妙より迹中の諸経を見れば、本の仏意円教、九界三教の功徳宛然なり。これは、まず初めに権実対判の前三を麁となし後一を妙となすの約教の釈を破失し畢って、次に本迹の釈を設けて迹を開いて本を顕わし畢って、唯本無作の覚体の上に於いて再往立還って、約教の意、本地の上の本迹なりと云う意なるべし。

日道の示して云く、この法門は権実・本迹・開会・観心をわきまえざる愚者に対して云うべからず。これを示す者は像師の門流に非ず。その故は、従因至果・従果向因をもわきまえざる学者は見を起こし非を長じ、天台・妙楽の釈義に於いて謬解を生じ、並びに高祖の本誓を失い、本迹の法門より権実・約教の法門勝れたりなんどと云う僻見これを起こすべし。これを隠さんとせば智者の得意を闕し、これを言わば無智の謬解（虫損）四海に充たん。悲しい哉、末代弘法の指南はこれ、ここに亡ずるに非ず（や）。相構えて、智者に非ずしてはこの法門を云うべからず。無智の人に対してこれを云わば破法罪業の因縁（となり）、必ず無間に堕ちること疑い有るべからず云云。

仰せに云く、義の口伝とは、迹を開き本を顕わせば、迹中の諸経悉く久遠の本地に居し、常住無作の覚体なり。この時は、迹中の四教五時の万法は影、久遠の本地は体なり。迹中の影を以て本地に帰すれば、迹中の一代諸経は本地の南無妙法蓮華経なり。「こ*の妙法蓮華経とは本地甚深の奥蔵なり」と云えり。この妙法蓮華経とは、初め華厳より終り涅槃に至る一代諸経を収めたり。それを本地本門と会すれば、今日迹中一代即久遠の妙法蓮華経なり。この時は、如是我聞の

（第一七紙）

上の妙法蓮華経は華厳経の上に有るべし。一代諸経は本地妙法の体内の権迹なるべし。廃迹立本と云うは今日一期の説教即久遠本地の一代説教と会帰せしむるなり。仍って、今日一期の説教の本地は久遠の南無妙法蓮華経、この妙法の体内に華厳乃至般若・涅槃等宛然とこれ有り。この妙法蓮華経とは如是我聞の上の妙法蓮華経なり。

（第一八紙）

首題と一念三千との不同のこと

仰せに云く、首題と一念三千との不同に付いて種々義端*これ有り。

端　底は「瑞」

首題は法体、一念三千は行相、首題は元意、三千は観心。立正観抄の意。
首題は本迹倶に本門、一念三千は本迹倶に迹門、首題は事、三千は理。治病抄の意。
首題は名字即、一念三千は観行即、首題は口業、一念三千は意業、首題は名、一念三千は体、首題は愚者の為、一念三千は智者の為。十章抄の意、観心本尊抄・開目抄の意。
首題は信行にして鈍者の為、一念三千は法行にして利者の為。
首題は能具、三千は所具、首題は総、三千は別、首題は能裹《くは》、一念三千は所裹。観心本尊抄・四信五品抄・唱法華*題目抄の意。

法華　底は「経」

首題は折伏、一念三千は摂受、首題は逆縁下種、一念三千は順縁熟益。

妙法　定遺八四八～九

かくの如く不同ありと云えども、当宗の本意は種・熟、智者・愚者の差異を以て意得べきものなり云云。

口伝の仰せに云く、立正観抄の意は首題を以て法体の元旨となし、三千三観を以て観心修行の能詮となす。まず、首題は元意、一念三千は観心とは、立正観抄に云く、「妙*法は所詮の果徳なり。三観は行者の観門なるが故なり。この妙法を仏説いて言く、道場（所得法　我法妙難思　是法非思量　不可以言宣云云。天台の云く、妙は不可思議、言語道断、心行所滅なり。法は十界十如因果不二の法なり。三諦とも云い三観とも云い三千とも云い不思議法とも云う。天台の己証は天台の御思慮の及ぶ所の法門なり。この妙法は諸仏の師なり。今の経文の如くならば、久遠実成の妙覚極果の仏の境界にして爾前・迹門の教主、諸仏菩薩の境界に非ず。経に唯仏与仏乃能究尽とは、迹門の界如三千の法門をば迹門の仏が当分究竟の辺を説けるなり。本地難思の境智の妙法は迹仏等の思慮に及ばず。何に況んや菩薩・凡夫をや。止観の二字をば観名仏知止名仏見と釈するも、迹門の仏智仏見にして妙覚極果の知見には非ざるなり。その故は、止観は天台己証の界如三千三諦三観を正となす。迹門の正意これなり。故に知んぬ、迹仏の知見なりと云うことを。但し、止観に絶待不思議の妙観を明すと云うとも）只だ一念三千の妙観に且らく与えて絶待不思議と名づくるなり」文。この抄の趣き、妙法とは仏意所詮の極理、言語道断・心行所滅の法体なり。天台の三千三観は可思議の法、思慮の観心にして妙法の法体には及ばず。その上、首題は本仏の内証、本地難思の境智にして、迹仏の知見に及ばず。三千三観は迹仏の知見、天台の己証なれば、迹門当分の思慮、可思議の観門なりと意得べし。相生法橋皇覚*は爾前・迹門・本門・観心・元意の五重の教相を分別せり。その中の観心は三千三観、元意は仏意内証の一言の妙法蓮華経なるべし。「この妙法蓮華経とは本地甚深の奥蔵なり」と云云。

次に、首題は法体、三千は行相とは、上の義とこれ同じ。然りと雖も、小《すこ》しの不同これ有るべし。元意は仏意、法体は法相にして、能覚・所覚の不同なり。立正観抄に云く、「一心*三観とは所詮妙法を成就せん為の修行の方法*なり。三観は因の義、妙法は果の義なり」と判ぜり。三千三観これに同ず。妙法は所詮の法体、三千三観は修行の相なり。

仰せに云く、治病抄に「一念*三千の観法に二有り。一には理、二には事なり。天台・伝教等の御時は理なり。今時*は事なり。中略彼は迹門の一念三千、此は本門の一念三千なり。天地遥に殊なり」と判ぜり。この一念三千の事とは首題、理とは三千三観なり。その故は、観心本尊抄に、「像*法の中末に観音・薬王、南岳・天台等と示現し（出現して）、迹門を以て面となし本門を以て裏となして百界千如一念三千その義を尽せり。但だ理具を論じて事行の南無妙法蓮華経の五字並びに本門の本尊いまだ広くこれを行ぜず」と云えり。この文分明なり。理具は迹門の一念三千、事行の妙法蓮華経と云う故に、本迹は事理の不同なり。またこの一文に、本迹倶に一念三千の理具は迹門と見えたり。既に迹門を以て面となし、本門を以て裏となして理具を論ずと云う故に、表裏の本迹倶に迹門理具と覚えたり。また当体義抄の意、分明なり。当抄に云く、「南岳*大師は観音の化身、天台大師は薬王の化身なり等云云。もし爾らば、霊山に於いて本門寿量の説を聞きし

皇覚　底は「広覚」
一心　定遺八四九
方法　底は「方便」
一念　（富木入道殿御返事）定遺一五二二
今時　定遺は「今」（第一九紙）
像法　定遺七一九
南岳　（当体義抄）定遺七六七

時中略南無妙法蓮華経」と云云。南岳・天台は像法出世の弘法、本迹倶に理具止観なるべしと見えたり。彼の南岳・天台の迹門理具を以て高祖の本門事行の三千を推すれば、本門を以て面となし迹門を以て裏となし、本迹倶に事具の首題なるべしと云うこと疑い無し。この抄を以て彼の治病抄を交合するに、本迹倶に理と名づけ事と名づくと云うこと明かなるものなり。

仰せに云く、首題は名字即、一念三千は観行即と云うことは、蓮師処々の判釈の意を以て分明なり。その中にも、末法行者位*抄・十章抄・開目抄・観心本尊抄等に分明なり。まず名字即とは、妙法の名字を初めてこれを聞きこれを唱う。これを唱うる時は、南無妙法蓮華経と誦するなり。かくの如く口唱し畢って、身口を制して意に止観を修する、これ観行（即）なるべし。仍って首題は名字即、一念三千は観行即なりと云うこと、道理分明なり。蓮師は末法行者位抄に当宗の末代行者の位を定むる時、「*初二三品には戒定の二法を制止して一向に恵の一分を専らにす。恵また堪えざれば信を以て恵に代う。信の一字を詮となす。信は恵の因なり。名字即の位なり」と判じて、次下に問答の釈義を設くる時、名字即位の口唱の題目を顕わさんが為に問難を*致す時、「*汝何ぞ一念三千の観門を勧進せずして唯だ題目計りを勧めしむるや」と問し、また「*その義を知らざる人、唯だ南無妙法蓮華経と唱えて解義の功徳を具するや否や」とも、或いは「*汝の弟子一分の解無くして但だ一口に南無妙法蓮華経と称するその位は如何」等と問する文言に分明なり。名字位は口唱の題目を以て所詮となす。観心本尊抄とは末代名字即の凡夫の為なり。これに依って、「*一念三千を識らざる者に於いては、仏大慈悲を起こし、五字の内にこの珠を裹み、

抄　底にこの字なし

初二　（四信五品抄）定遺一二九六。定遺と小異

致　底は「至」

汝何　（四信五品抄）定遺一二九八

その義　右　同

汝の　右　同

一念　（観心本尊抄）定遺七二〇

この　定遺六〇四
真実　定遺四九〇（第二〇紙）
日本　（十章抄）定遺四九〇
一念　定遺七二〇
一念　定遺二〇二
問う　定遺一二九八

末代幼稚の頸に懸けさしめたもう」とも判じ、開目抄には「*この一念三千も我等一分の恵解もなし」と書き給えり。彼此の所判、末代幼稚の我等衆生は一念三千の意の止観に堪えずと見えたり。堪えたる所は但だ口唱の題目なるべし。観行即は智者の解行なれば、言語の口唱を絶して意業の三千を正行となす。十意抄に云く、「*真実に円の行に順じて口ずさみにすべきことは南無妙法蓮華経なり。心に存すべきことは一念三千の観法なり。これは智者の解行（ママ）なり」と書き給える、分明なり。次下に、「*日本国の在家の者には但だ一向に南無妙法蓮華経と唱えさすべし。名は必ず体に至る徳有り」等と判じ給うは、名字即の凡夫悪人は口唱の題目が正行なるべしと見えたり。これ則ち名字・観行に約し、口業・意業、名・体、智者・愚者に約する相貌自ずから分明なり。末法行者位抄・十章抄に、一念三千は智者の解行、口唱の題目は愚者の為と云うこと顕然なり。観心本尊抄・開目抄また爾なり、上の如し。次に信行・法行、これまた智者・愚者の意とこれ同じ。彼に准じて知るべし云云。

仰せに云く、能具・所具、総・別、能裹・所裹は、名は異なりと雖も義はこれ同じ。観心本尊抄に、「*一念三千を識らざる者に於いては、仏大慈悲を起こし、五字の内にこの珠を裹み」と云云。唱法華題目抄には、「*一念三千・久遠実成の法門は妙法の二字に収まれり」と云云。末法行者位抄に、「*問う、汝何ぞ一念三千の観門を勧進せずして唯だ題目計りを勧めしむるや。反詰して云く、日本国中略領解して云く、如是我聞等云云」と判ぜり。日本の二字は題目、六十六ヶ国は一念三千なり。日本の二字は総・能裹・能具、六十六ヶ国は別・所裹・所具なるべし。法華題目抄等の意、

問う　定遺三九五

妙法　定遺九三一

もし　定遺八一六。定遺と小異

権実　（如説修行抄）定遺七三六～八

また以てかくの如し。「問*う、妙法蓮華経の五字には幾くの功徳を納めたるや。（答えて云く、）大海は衆流を納めたり。大地は有情非情を持ち、如意宝珠は万宝を雨《ふら》し、梵王は三界を領す。妙法蓮華経の五字もまた復かくの如し。一切の九界の衆生並びに仏界を納む。十界を納むればまた十界の依報国土を納む」等と釈し給うこと分明なり。妙法の五字に十界の依正を納むと云う故に、首題は能具、一念三千は所具と云うこと疑い無し。兄弟抄に云く、「妙*法蓮華経の五字の蔵の中より一念三千の如意（宝）珠を取り出して三国の一切衆生に普く与へ給えり」と。

仰せに云く、摂折・順逆・種熟の三義不同なりと云えども、義分に於いてはこれ同じ。摂受は善者の化儀なれば順縁なり。順縁は熟益なるべし。愚者悪人の為には折伏の行儀を以て逆縁に仏種を種ゆるは、上に成ずるが如し。順縁を以て智者の為に一念三千を修行せしめ、愚者の為には逆縁を以て下種を成ず。いわゆる妙法蓮華経これなり。法華取要抄に云く、「も*し逆縁ならば、但だ妙法蓮華経の五字に限るのみ。例せば不軽品の如し」と云えり。しかのみならず、如説修行抄一巻の意、逆縁逆化の為には南無妙法蓮華経なるべしと見えたり。抄に云く、「権*実雑乱の時、法華経の敵を責めず、山林に閉籠りて摂受の修行をせんは、豈に法華修行の時を失うべき物怪に非ずや。されば末法今の時、法華経の折伏修行をば誰か経文の如く行じ給いし。誰人にても御座《おわ》せ（諸経は無得道墮地獄の根源、法華経独り成仏の）法也と（音《こえ》も惜しまずよばわり給いて）諸宗の人法共に折伏して中略南無妙法蓮華経・南無妙法蓮華経と唱えて唱え死にしぬならば（釈迦・多宝・十方の諸仏、霊山会上にして御契約なれば、須臾《しばし》の程に飛び来って手をとり肩に引懸て、

（第二一紙）

およそ （如説修行抄）定遺七三五

摂受 定遺七三六。定遺と小異

設い 定遺六〇七。定遺と小異

十如是抄 以下定遺二〇三〇～一の取意

来 底は「是」

我身 定遺二〇三二。定遺と小異

霊山へはしり給わば、二聖・二天・十羅刹女は受持の者を擁護し、諸天善神は天蓋を指し、旛を）上げて、我等を守護して、慥かに寂光の宝刹へ送り給うべきなり」と云云。この抄の意、首題は逆縁の折伏を以て下種を成ぜんが為なり。一念三千は摂受四安楽行を以て順化の為に熟益を成ずと云うこと、一巻の始末に分明なり。抄に云く、「*およそ仏法を修行せん者は摂折二門を知るべきなり。一切の経論この二つを出でざるなり」と判じて次下に、「*摂受たる四安楽の修行を今の時するならば、冬種子を下して菓を求むるに非ずや。中略山林に閇籠りて摂受の修行をせんは、豈に法華修行の時を失ふべき物怪に非ずや」と釈し給える意は、一念三千の修行とは摂受四安楽の行相なり。これ則ち末代の化儀に非ず、像法上代の智者の解行なりと云える御抄の趣きなるべし。されば開目抄（下）には、「*設い山林にまじわって一念三千の観をこらすとも中略時機を知らず。摂折二門を弁えざれば争《いかで》か生死を離るべき」と書き給う。前後の御抄これに同じ。或いは*十如是抄一巻に、「これまた三千三観の修行は摂受の順化を以て智者の解行を勧めて、熟益を成ぜしめんが為と見えたり。その故は、初めに十如是は三諦・三観・三身なり。これ則ち我身の当体、三身即一の本覚の如来にて有りけることとなり。これを思い妄れて余所に思うを衆生と云い、迷と云い、凡夫とも云うことなり。これを我身の上と知るを如*来と云い、また悟りとも聖人とも智者とも云うことなり。この身が軈《やが》て今生の中に本覚の如来を顕わして即身成仏と云わるるなり」と判じ、さて次下に、「*我身の体性を妙法蓮華経と申すことなれば、経名にては有らず。軈《やが》て我身の体にて有りけりと知れば、我身が軈《やが》て法華経の体にて、法華経は我身の体をよび顕わし給いける仏の御言にてこそありければ中略如説修行の人とは申すなり」と云云。この抄の意、三観三千の修行に依って三身の妙果を証し即身成仏すべしと書き給える故に、一念三千は智者の解行、順化の熟益なりと見えたり。

私に云く、かくの如く首題と一念三千には色々の不同これ有りと云えども、大概これに同ずべし。首題と一念三千は種・熟を以て意得べし。首題は一向下種に限るべし。一念三千は種・熟に亘るべし。下種を成ずる辺は首題・一念三千同じかるべし。全同に於いてまた不同有り。諸仏菩薩乃至在世得脱の者の下*種をば一念三千を以てこれを顕わし、滅後末法の下種には首題を以て下種となす、二つの意これ有り。まず、首題と一念三千の不同なる方をば、智者・愚者、種・熟の差別と定むべし。その旨、上の如し。さて首題と一念三千の同ずる辺は、倶に下種と作《な》る。その相貌、諸御抄に分明なり。観心本尊抄に、「*これ即ち己心の三千具足三種の世間なり」と書き給いて、「*この本門の肝心南無妙法蓮華経の五字に於いては」と判じ給える、これは首題・三千同じと見えたり。また一代大意抄に、上に妙法蓮華経の五字は十界互具なる様を釈したまいて、「*問うて曰く、妙法を一念三千と云うこと如何」と書き給いてこれに答うる時、観心本尊抄に引く所の止の五・弘の五の初後本末の文を出してこれを釈す。知んぬ、妙法と一念三千とは全同なるべし。もし同等ならば、倶に下種と作るべし。これに依って十章抄に云く、「*別名は三世諸仏は南無妙法蓮華経とつけさせ給いしなり。弥陀・釈迦等の諸仏も因位の時は必ず止観なりき。口ずさみには必ず南無妙法蓮華経なり」と判じ給えり。末法行者位抄には、「*荊谿云く、一念信解

種　底は「機」
（第二三紙）
これ　定遺七一二
この　右　同
問う（一代聖教大意）定遺七一
別名　定遺四九〇。定遺と小異
荊谿（四信五品抄）定遺一二九五。定遺と小異

とは即ちこれ本門立行の首なりと云云。その中に現在の四信の初めの一念信解と滅後の五品の第一の初随喜と、この二処は一同に百界千如一念三千の宝篋、十方三世の諸仏の出生の門なり」と云云。開目抄に云く、「*法華経の種に依って天親菩薩は種子無上を立てたり。天台の一念三千これなり。華厳経乃至諸大乗経・大日経等の諸尊の種子は皆な一念三千なり」と判じ、観心本尊抄には「*一念三千の仏種に非ざれば有情の成仏・木画二像の本尊は有名無実なり」と云云。かくの如く、諸御抄、既に一念三千は下種となるべしと見えたり。この時は、首題と一念三千とは全同なり。

次に、首題と三千は倶に下種と作《な》るとて二意これ有りと云うことは、過現の諸仏菩薩得脱の上の下種を沙汰する時は一念三千を以てこれを成じ、滅後の為に首題を以て下種となすと云うこと、その旨諸御抄に分明なり。開目抄に云く、「*華厳経乃至諸大乗経・大日経等の諸尊の種子は皆な一念三千なり。中略*又仏に成る道は華厳の唯心法界、三論の八不、法相の唯識、真言の五輪観等も実には叶うべしとも覚えず。但だ天台の一念三千こそ仏に成るべき道と見ゆれ。この一念三千も我等一分の恵解も無し」と。「*一念三千を識らざる者に於いては、仏大慈悲を起こし、五字の内にこの珠を裹み、末代幼稚の頸に懸けさしめ給う」と判じ、或いは「*弥陀・釈迦等の諸仏も因位の時は必ず止観なりき」等と書き給えり。末法行者位抄には、「*百界千如一念三千の宝篋、十方三世の諸仏の出生の門なり」とも判じて、一念三千をば智者の解行と定めて聖位の種子とせり。末代幼稚の我等衆生は一念三千を以て下種となすに堪えず、と判じ給えり。諸御抄はこれに准じて知るべし。但し、首題を以て三世十方諸仏・菩薩聖衆の下種となることを遮するには非

法華　定遺五七九
一念　定遺七一一
華厳　定遺五七九
又仏　定遺六〇四
一念　（観心本尊抄）定遺七二〇
弥陀　（十章抄）定遺四九〇
百界　（四信五品抄）定遺一二九五（第二三紙）

一念　（富木入道殿御返事）定遺一五二二

脈　底は「眼」

この　定遺八四九

十界　定遺七五七

ず。且く義類に随ってかくの如く分別をなすか。往て凡聖倶に亘るべし。然るに、一念三千は智者の解行なる故に、脱が家の下種なるべし。仍って諸仏菩薩の種子の辺をば、一念三千を仏種となすと云うなり。首題の五字は無智悪人の信行なれば、滅後末法の下種の為と云うに便なる故に、かくの如く云うなり。これ則ち下種が家の種子なるべし。下種と作《な》る一念三千は本門の意なり。迹門の一念三千は熟益なるべし。治病抄に云く、「一*念三千の観法に二つあり。一は理、二には事なり。天台・伝教等の御時は理なり。今の時（ママ）は事なり中略彼は迹門の一念三千、此は本門の一念三千なり。天地遥に殊なり」と書き給えり。像法出世の天台の一念三千の修行は熟益なりと云うこと、この宗として異論無し。「天台・伝教の御時は理なり」と書き給うは、迹門の一念三千は熟益なるべしと云うこと分明なり。本門の一念三千は下種なるべしと云うこと、開目抄等に顕然なり。また、本門の事の一念三千とは南無妙法蓮華経なり。異と云う辺は前の如く、凡聖の種子の不同なり。故に知んぬ、熟益となる迹門の一念三千と本門の南無妙法蓮華経とは天地の如く別なり。さて、本門の首題と本門の一念三千とは同なるべし。同に於いてまた異有ることは前の如し云云。

口伝の仰せに云く、首題と一念三千に種々の差異これ有りと雖も、首題と三千は一法なり。その故は、首題に万法を含む。万法とは三千三観なり。所詮三千三観は首題の義趣・功能なり。立正観抄に潅頂玄旨血脈※を引て云く、「この*一言を聞くに万法茲に達し、一代の修多羅一言に含す」と云云。当体義抄に云く、「十*界の依正は即ち妙法蓮華経の当体なり」と云云。四信五品抄に云く、

「*何を以て知るや、題目に万法を含むと」等云云。「*略して経題を挙るに玄に一部を収む」とも「*略して界如を挙るに具さに三千を摂す」とも判じ、或いは日本の名字に六十六ヶ国を収めたる譬えを設け給えり。妙法は能具・能摂、三千は所具・所摂と覚えたり。能所は唯だ一法なれば、首題と三千とは別物に非ず。倶に本地難思境智の妙法なり。故に蓮師は、在々処々に本門寿量品の南無妙法蓮華経・妙法蓮華経と書き給えり。首題と三千は、本地久遠の本因妙、六即の中には名字・観行なり。名字即は総体門の位、観行即は別体門の位なり。位は別なれども、法体はこれ一法なるべし。本地久遠の本因妙の時、名字即位にして教主釈尊、初めて南無妙法蓮華経と唱えて体分元品の無明を断ず。この時は法位にして義味に堕さず、本智の照境・万法総持の妙語・三世不改転の法体・無作三身の本有の種子、これ則ち本仏下種の位なり。観行即に至れば、妙法の法体を人慮に引き下して宗玄義を正意となして、一念一心を三千三観とこれを照せば、釈尊の思慮の観なり。故に、別修別相の位なるべし。名字即は法位の法体、観行即は行者の思慮の観心なり。人機の心念に下りたり。これを一念三千と名づけ、また熟益智者の解行と名づく。この妙法の義味・功徳の一念三千を以て見思・塵沙を断じて妙法蓮華経に相似せるを相似即と名づけ、分に麁《そ》分の無明を断じ、分に妙法蓮華経を顕わすを分真即と名づけ、細分の無明を断じて南無妙法蓮華経を究竟すれば最初の名字即の総体総持の首題に還るを「*等覚は一転して妙覚に入る」とも「*等覚一転すれば名字即に入る」とも云うなり。故に名字即は体分、観行已下は用（*分なり）。これ従果向因の本門の六即と名づく。名字即が家の観行乃至究竟即なるべし。名字の即身成仏とは

何を　定遺一二九八。定遺と小異
略し　右同

（第二四紙）

等覚は　（記八之一）正蔵三三―二九五ａ
等覚一　（一心戒体秘決）伝全一―四六二
分なり　底は不明

これなり。故に知んぬ、妙法蓮華経は体、一念三千は用、首題は総、三千は別、首題は能開、三千は所開なり。然りと雖も、法体は別物に非ず。首題と三千とは倶に六即に経てこれ有るべし。但だ表裏の不同ばかりなり。首題と三千は法体法位にして天真円明たる方は名字即の位、三千妙法を釈尊本仏の思慮の修行に引き下す辺は観行即已下と定むべし。かくの如く有れども、倶に本門本地仏の所作なれば、随自意悟の法体にして無作の覚体なり。これを蓮師聖人は、本門の妙法蓮華経とも本門の一念三千とも仰せらるるものなり。首題・三千倶に久遠本地なる方は、三世の仏・菩薩・衆生の下種の根本なり。本地の釈尊一仏に約せば、名字即の首題、観行即の一念三千とも云うべし。或いはまた、首題と三千とは倶に種熟脱に亘る意もこれ有るべし云云。

示して云く、今昔倶に妙法蓮華経は衆生最初発心の下種、無智悪人の行相なり。今昔倶に一念三千は智者の解行にして熟益なるべし。所以に、理即の凡夫に初めて一念三千三観を修せしむること更にこれ無し。まず初めには必ず妙法蓮華経、次には三千三観の修行なり。諸御抄の大綱、六十巻の判釈分明なり云云。

（第二五紙）

本・迹の観心のこと

道の仰せに云く、本迹の観心の不同に於いて重々の意これ有り。まず、在世・滅後倶に迹門は

今は　（弘三之一）正蔵四六―二一七b

彼の　（籤一）正蔵三三―八一六b

念々　（止六下）正蔵四六―八五a

一念　（富木入道殿御返事）定遺一五二二。定遺と小異

熟・脱に約す。在世は脱、滅後は熟にして、何れも智者の解行・理観の修行を本となす。故に、迹門をば理円と釈し、高祖も迹門には理の三千を明かすと判じ給えり。天台・妙楽の行儀、摩訶止観の立行これなり。「今*は法華の迹理に約す」とも「彼*の文の妙観は独り円に在り」等と判じ給える、これを思うべし。次に、本門は在世・滅後倶に種に約してこれを論ずる故に、愚者悪人の為に設くる所の観心なり。まず在世の本門とは、迹中権実の教相を以て衆生の得脱成就の上に久遠の本を知見せしむることは、一切衆生に得脱の種子を知らしめて、三五下種の初めは本門寿量品の妙法蓮華経なり、その時は汝等は悉く凡夫悪人なり、法華経に下種結縁して今かくの如く成仏を期するなりと云うことを顕わして、一切衆生の得道は本門に在りと云うことを顕わし、法華最第一の宗旨を示して爾前・迹門無得道の義を成ぜんが為なり。次に末法当時は、本未有善の機の為に本門の妙法を以て下種を成ぜしむ。故に知んぬ、在世・滅後倶に、本門は一向に凡夫悪人最初下種の為なり。仍って、迹門は智者の為に理観を勧め、本門は愚者の為に事行の妙法蓮華経を信ぜしむ。然るに、迹門の観心は観行即にして、「念*々の中に於いて止観現前する」本理の一念三千観なり。本門は名字即の凡人、一念の信心を以て首題の五字を意に宿すなり。これ事行の観心なり。治病抄に云く、「一*念三千の観法に二つあり。一には理、二には事なり。天台・伝教等の御時は理なり。今の（ママ）時は事なり。観念既に勝るるが故に大難また色勝さる。彼は迹門の一念三千、此は本門の一念三千也。天地遙に殊なり」と判じ給えり。本迹の観心既に優劣相い分れて、本門の観心独り諸教に超過し給えり。天台・伝教は而二差別の事相を嫌って唯一絶待の妙観

を修し、心念の所に無相の止観を行ぜしむ。これ則ち思慮憶詫の観心、法体摧伏の修行なり。されば、彼の宗の止観の三千三観をば別相門の修行と云うべきなり。立正観抄に云く、「*三諦と云うも、三観と云うも、三千と云うも、共に不思議の法と立てる天台の己証は、天台の御思慮に及ぶ所の法門なり」等と云える分明なり。三千三観の修行は像法の時分、迹門当分の辺は絶待不思議の観門なりとは云えども、本門の観心に望めば思議相待の観心にして次第門の所摂とも云っつべし。仍って、正直の妙法を止観と説き交らかす、有の様の妙法に非ざる故に止観一部の意、権実対判して約教の釈を面となして円頓の妙観を勧むは、皆なこれ迹門の意なり。

次に本門の観心とは、三毒強盛の凡念の上に本地の妙法を信心せしむる故に、正直の妙法、有の様の法体なれば、本門の妙法の直機なり。これ則ち総体門の観心、愚者悪人の随喜順従の観門なる故に、易行の中の易行、他力の中の他力にして、末世相応の観心なるべし。観心本尊抄に云く、「*一念三千を識らざる者に於いては、仏大慈悲を起し、五字の内にこの珠を裹み、末*法幼稚の頸に懸けさしめたもう」と云える、誠に希有難遭の観門、凡慮の境界に堪うるものなり。「*幸いに末法に生れて一歩をあゆまずして三企を越え、頭を虎にかはずして無*見頂相を得る」観心なり。脱せざるに自ら戒定恵を備え、行ぜざるに一念三千観を具せり。末法行者位抄に云く、「*問う、汝何ぞ一念三千の観門を勧進せずして唯だ題目計りを勧めしむるや。反詰して云く、日本の二字に六十六ヶ国並びにその内の人畜財を具する、何をか漏るや。月氏の二字のその内に摂して漏ること有ること無し云云。然るに妙楽大師云く、記の八に云く、略して経題を挙るに玄に一部を

三諦　定遺八四八。定遺とやや読みが異る（第二六紙）

一念　定遺七二〇

法　定遺は「代」

幸い　定遺一〇二九。定遺と小異

見　底は「聞」

問う　（四信五品抄）定遺一二九八。定遺と小異

収む。また云く、略して界如を挙るに具さに三千を摂す文。文殊師利・阿難尊者総じて三会八ヶ年の間の仏語を括り妙法蓮華経と題す」等と判じ給えり。三千三観の万法を題目に含め、一念の信心を以て六識迷情の凡念にこれを宿すに、法体も摧かず心念もわずらわさず、迷倒の一念妙法に随順して相離することこれ無く、能観・所観但だ一如なり。「*小児の乳を含むにその味を知らざれども、自然に身を益す。耆婆が妙薬誰か弁えてこれを服せん。初心の行者その義を知らざれども、自然にこれを行ずるにその意に当り、一分の解恵無しと雖も信意を以て観心を為さしむものなり」と。故に知んぬ、末代相応の要行、迷者順従の観門なり。高祖大*士は観心本尊抄の題号に「如来滅後五*五百歳始観心」等と題し給えり。本門の観心は真に末法当時の愚者の為なりと云うこと分明なるものをや。

尋ねて云く、当宗の観心をば総体門の修行と名づけ、天台止観の修行をば別修別相の観心と名づく、その意如何。

義に云く、天台止観一部の配立は智者の為に十乗十境の観門を列ね、観境相対してこれを示す故に能所観なり。一念の無明を三千法性とこれを照し、一心の欲心・瞋心等を即空即仮即中とこれを明かし、念々歩々を止観の二法と取りなおす。これ行者の心念に止観を引下して行者の私物と成してこれを解了してこれを行じ、起念即行・念即法界と行解既に成就せり。これ別修別相の観門と名づく。

次に、当宗の観心とは総体門の修行なり。その故は、題目に三千三観の万法を具す。所具の法

小児　（四信五品抄）定遺一二九八（取意）（第二七紙）
士　底は「師」
五五　底は「々五」

（第二八紙）

観心（玄一上）正蔵三三—六八二a
観心（籤一）正蔵三三—八一九a
或い（止一下）正蔵四六—一〇b

に心を懸けず、義味に付かず、能具の妙法五字を一念の信意を以て意に持ち口に唱うるに、思慮を廻らさず私の解行これ無し。但だ法体有りのままなる五字の妙法を、三業に経てこれを信ず。更に本地の法体摧く所無く、また行者の我物に非ず。欲心・瞋心等の念を以て題目を信じ唱うるに、法と念と隔つ所無し。題目並びに所具の諸仏菩薩等の聖衆、行者を照し給えり。行者はこれを知らずと云えども、思わず量らざるに本尊の聖衆と座を並べ不退の勝地に至って、名字即の凡人、即身成仏して悪逆を改めざれども当体即久遠の行人と云わる。これ経王の勝用、本門の観心・総体門の宗旨たる故なり。かくの如き観心には十境十乗の観法も自然にこれを備え、三千三観の修行も法爾としてこれを具す。総持陀羅尼の妙語、万法具得の観心なり。これ則ち信位の観心にして解行に非ず。玄の一に云く、「*観心とは、即聞即行し精進心を起さしむ」文。妙楽これを受けて、「*観心とは、一句を聞くに随って事を摂し理を成ず。観境を待って方に修観と名づくるにあらず」と云えり。本書の文の「即聞即行」の言、顕然なり。「即聞」とは、聞は信の初めなり。聞いて後に信を起こす信の所を「即行」とは云うなり。玄義一部の首題の観心なる故にかくの如く釈せり。首題は名字即の時、「*或いは知識に従い、或いは経巻に従う」の所にこれを置く。この題目とは本地甚深の奥蔵なり。本地の題目は名字即にしてその正体を顕わす故に、「即聞即行」とは云うなり。末書に委しくこれを消する時、題目の一句を聞いて三千三観の事を以て首題総持の理に具し、万法具得の妙法蓮華経を観じて、十乗十境の観境相対して観ずること無きを玄義一部の首題の観心とは云うなりとこれを消し給えり。玄義一部の首題とは本門寿量品の妙法蓮華経なれば、この本末の釈義は本門の観心を釈し給うものなり。事理の約束の不同なり。然るに、今は所具の理の三千三観をば事と云い、能具の事の首題をば理と釈し給えり。これは、能具なる方を摂収総在の意を以て理とは云うなり。これ、法体に約してかくの如く釈せり。行者の観心に約する時は、三千三観は理と云われ、妙法は事と云わるるなり。

示して云く、当宗の本門の観心とは信意の観心なり。信は聞恵の分にして、行者の心念に識知したるまでなり。この信心が仏菩薩最初下種の種子なり。初めの信心の時、高上の妙覚究竟に心を懸け、法体に随順せり。さて、解の位になれば、妙法の体を行者の心念に引下して我が物と成*し、心を当位に懸け、当位の業作を成せり。信は心を法体に懸け、解行は心を断伏に懸く。

三蔵教は本門の朽木書なり。彼の三賢聞教の位をば順解脱分と名づく。心を極果の聖位に懸け、当位を目に懸けず。当宗の信心はこの意なり。信は高々として尤も高しと云えるこれなり。四善根の位をば順決択分と名づく。決択とは決断の義にして、自身の断惑を心に懸け、解脱分の高位に心を懸けず。これ則ち迹門の観心、止観一部の解行の意なり。解は下々として下れるものなり。その上信心は下種の所なり。下種とは、久遠本仏内証の法体をそのまま衆生の心田にこれを宿す。法体くだけては下種を成ずべからず。本門は三世衆生最初下種の法なり。当時既に下種の時分なり。本門の観心を以て一切衆生に勧むべきものなり。

（第二九紙）

成し　底は「成り」

（第三〇紙）

この御聖教は本《もと》閉本たり。この度、裏打ちをなし巻本となす。

貞享二年正月八日

日顕花押

修覆し奉る当家要伝一巻全部

貞享三丙寅年正月二十三日

当家要伝（原文）

凡例

一、本文は、尼崎市大本山本興寺所蔵の日隆真蹟本を底本とした。

一、漢字は原則として常用漢字を用いた。

一、原本には、一部に返り点・送りがな、並びにルビが付されているが、それは忠実に再現した。

一、一行の字数・改行は原本のままとしたが、刊本の一行に収まらない場合は二行とし、二行目の終わりに　」を付して、その旨を示した。

一、原本の行間や字間があいている場合、大凡そのありさまを示した。

一、原本にある＼は改行もしくは強調を示すと思われるが、そのまま再現した。

一、原本にある繰り返しの記号〱も再現した。

一、原文の表記の仕方につき、文字や文節を消して横に訂正を加えている場合はそれを再現し、字間に挿入の○印を付して横に文字・文節等が書かれている場合は、原則として当該本文の右肩に注の番号を付し、その文字を注記した。

一、消去あるいは見せ消ちの場合、可能な限りその文字を示し、不明或は未詳の場合は、凡その字数を■で表記した。尚、見せ消ちについては文字の左横に〱を付した。

一、虫損箇所については□で表記し、判読できる文字についてはその中に書き入れた。

一、原本の紙の継目は――――で示し、冊子本であった時の紙の折目を----で示した。

一、あきらかに誤字と思われる字は訂正を加え、注を施した。

一、頭注の「底」とは、底本とした真蹟本の意である。

一、原本では、殆どの場合、文章が終っても字の間をあけず、次の文章が続けられている。しかし、翻印にあたっては、文章が終ると思われる箇所は、原則として一字アキとした。

一、原本の目次と本文中の標題には、その表現において若干の相違がみられる場合があるが、そのまま再現した。

目　次

題簽　他筆

当家要伝　　全

袖書き　他筆

奉寄進御聖教軸表紙一巻

施主　大坂丁子屋又兵衛

顕師筆　貼紙

此御聖教初目録ゟ奥ニ至マテ整足ス　写本ノ御聖教ヲ以テ

考之一名当家要伝ト一　但御自筆ニハ題号無之一　日顕花押

（第一紙）

（以下、真筆）

①本文中の標題の数を表すか。

（第二紙）

②底は「信」の下「解」を挿入

信解行証事　　三恵四智事
題名相対五時事　　於口唱題目有智者愚者不同事
在世一期説教為滅後流通㆒成序事　　正像二時為末法成序事
神力属累惣別付属事　　本門寿量品首題事
首題与一念三千不同事　　本迹観心事

①七

信解行証事

仰云此ノ信解行証ハ即聞思修ノ三恵六即位也　付之㆒本迹不同可有之㆒云云

信ハ聞恵解行ハ思恵証ハ修恵也　六即ニ相配スレハ信②解ハ名字即行ハ観行即

証ハ相似分真等也　迹門意ハ信解行証如次㆒従浅至深次第也　本門意ハ

①底は「下」の下「解」を挿入

②沖　底は「仲」

（第二紙）

従果向因ノ意也　信位ヲ以解行証ノ根本法体トスル也　花厳経ニ道信是（ママ）道元功徳母云ヘリ　今経ニハ以信得入ト云ヘリ　信ハ是三世十方諸仏菩薩ノ父母也能生也　仍小乗三蔵ハ本門ノ朽木書也　然三賢ハ下種ノ信位也　是名■順解脱分位一　解脱分ハ七聖ノ羅漢果極位也　煖頂等ハ四諦十六行相修之一修行ノ位也　是名順決択分一　四善根ノ当位ニ名タリ　三賢ハ聞教ノ位ニ〆信位也　然ニ当位ニ不〆懸心一極位ニ懸心一順解脱分トハ云也　以小乗一准本門一今経一最初ノ信心ハ堅固ニ〆妙覚究竟極位ニ順随セリ　観行即已下ハ①解行位ナル故ニ自身ノ当体ニ住スル位也　名字即ノ浅位ハ以機一摂法一信ト法トノ力高々ト〆踏仏祖ノ之頭一　観行即ハ解行ノ位ナレハ以法一預機一々根ノ解行ハ下々ト〆自身ヲカヘリミル　六即ノ中ニハ名字即ノ信位ヨリ観行等ハ出生セル也　名字即信位ヲハ蓮師ハ十方三世ノ諸仏ノ出生門也判シ或ハ以信一代テ恵一信ノ一字ヲ為詮一　信ハ恵ノ因也　名字即位也釈給ヘリ　此於信位一即身成仏ヲ成満スル　是則本門寿量ノ②沖微教弥実位弥下ノ宗旨也　当宗ノ妙法受持者ヲ名信者一　是ヨリ外ニ不可求余位一　得脱ノ極ト云ハ名字所具ノ■観行等ヲ経タル者也

三恵四智事

①「ハ」の送り仮名は衍か

尋云三恵四智姿如何　義云四種智恵ト者一生得恵二聞恵三思恵四
修恵也　三恵ト者聞思修也　四智ノ中ニ前三ハ散心後一ハ定心也　六即相配ハ
理即ハ生得恵名字ハ聞恵観行ハ思恵相似①ハ已上ハ修恵也　或ハ名字ハ聞恵
観行已上ハ修恵トモ可云一也　或ハ生得恵聞恵ハ信位思恵ハ解修恵ハ行証也
如此一重々義勢有之一云云　生得恵ト者生便得故ト釈ソ生付ニ物ヲ得意一智也
聞恵ト者依知識経巻ノ教一所生一智也　是名思恵ト者聞恵ノ上ニ自ラ思惟ソ所生恵
也　是聞恵ハ名即《字》即ノ初思恵ハ終ナルヘシ　修恵ト者観心修行ソ三昧開発シ定心
現前スル也　故観行即ニ当ル也　付之ニ本迹不同可有之一　迹門意ハ
聞思ノ信解ヲ名字即ニ置キ修恵ノ行ヲ観行即ニ可置一也　是ハ教弥権ナレハ位弥高スル
意也　像法迹門智者解行ヲ為本一故ナルヘシ　次本門意ハ教弥実
位弥下ト談故ニ聞恵ノ信ヲ名字即ニ置キ思恵ノ解ヲ観行即ニ配タリ　記九ニ解
即属智云ヘリ　蓮師ハ一念信解四字之中ニ信ノ一字四信ノ初ニ可居一解ノ一字ハ被棄
後一故也ト釈給テ記九ノ初無解故ノ釈ヲ引キ給テ信ハ名字即ト書給ヘリ　次下ニ恵
又不ハ堪一以信一代恵一　信一字為詮一　信ハ恵ノ因也　名字即位也　恵解ハ観行即ナルヘシ
開目抄ニ天台ノ一念三千ニハ（ママ）我等一分ノ恵解モ無ト判給ヘリ　名字即ハ信ノ位ニソ
解恵無之一　末代初心行者ヲ為正機一故也　蓮師ハ名字気分ト被タリ仰一
気分ノ信也　当宗ノ意妙法受持ノ者ヲ信者ト云ハ此意也　惣ソ解ハ名

（第四紙）

（第五紙）

①時　底は「前」

（第六紙）

字観行摂属也不定也　以解一摂名字一迹門意也　以解一観行即ノ初随喜ニ摂メ名字即ハ信計也ト云ハ本門意也　本門意ハ名字即ヲ体トシ観行已去ハ体ヲアキラメタル也云云

大田抄等ノ諸御抄ノ趣義明也

神力属累惣別付属事

口伝云在世霊山会上ニメ開迹顕本ノ砌ニ於テ三五七九ノ迹門ノ衆生悉ク本門ノ大人ト成リ畢神力品ニメ十法界ノ衆生霊山一会ノ群類皆悉本化地涌ノ大人ト成リ畢ハ神力品ニメ結要五字ヲ地涌ニ付属セリ　■是惣付属也　所以ニ爾①時仏告上行等菩薩大衆等云ヘル等ノ一字大衆ノ言ニ爾前迹門ノ諸菩薩声聞人天四衆八部等マテモ悉収之一　地■涌体内ノ小権迹ナレハ能具所具倶ニ本化地涌ノ菩薩也　悉ク結要ノ五字ノ付属ヲ受タリ　結要五字ノ体内ニ又小権迹アレトモ■能具所具倶ニ結要ノ題目也　能付人ニモ能具所具能開所開雖有之一倶能開ノ地涌ナレハ上行等ト云テ上行ノ能開ノ人ヲ置也　所付法ニモ能具所具能開所開有トモ之一倶ニ能開ノ妙法ナル故以要言之トハ云也　是則能付所付倶ニ能開ノ地涌妙法ノ

付属ナレハ惣付属也　当知神力品結要ノ惣付属ノ時ハ十界衆生■乃至小権迹諸人悉ク本化地涌ト成テ■本門寿量品ノ妙法経ヲ受持セリ　能《所》付ノ法能付ノ人倶ニ体内ヒ妙ノ小権迹ハ名体倶ニ被破廃一其体亡メ絶待不思議ノ一妙ノ能付所付トナルヘシ成也　仍神力品ノ経文ニ菩薩大衆等云テ説テ如属累品一小権迹ノ諸菩薩声聞人天等ノ名ヲ呼ヒ顕事無之一　但能開ノ本法本人ノ付属ヲ為本一故也　此時ハ正像末ヲモ不分一唯末法ヲ滅後ヲハ惣メ末法ト可云一　末代結縁故ノ聞ノ釈此意也　此釈ハ正像末ヲ末代ト釈セリ　安楽行品ニ末法等云ハ惣メ滅後ヲ云也　神力品ニ■於我滅度後云ヘル滅後ニハ三時倶可摂一　而モ正像ハ所具所開末法ハ能具能開ナルヘシ　故知約要法約地涌約時節一能開所開可有之一　雖然一

神力品ノ惣付属ト云時ハ絶能所一唯■《従》能開一妙法ヲ以地涌ニ付シ為末法一可云一也

能開ハ是万法ノ惣体ナル故也

次ニ属累品ハ別付属也　其故ハ体内所摂ノ小権迹本ノ人ニ体内ノ爾前迹門本門ノ法ヲ付属メ体内所摂ノ正像末ヲ分別メ小権迹本ノ教機時国ヲ定給ヘリ　正法一千年ノ初ニハ一向小乗ヲ迦葉阿難ニ付之二正法後五百才像法ノ初方ヲハ天親龍樹等ニ付之一権大乗ヲ令弘一像法後五百才末法初ヲハ迹化ノ人ニ付之一迹門ノ法ヲ令弘宣一末法ノ当時ヲハ本化人ニ付之一本門妙法経ヲ一閻浮提ニ令広布一　如此一本門体内ノ小権迹本ノ

（第七紙）

人ト法ト時トヲ各々ニ付属ヘハ之別付属トハ云也　故ニ経文ニ上行等菩薩大衆舎利弗等声聞四衆及一切世間天人阿修羅等其ノ名字ヲ面々各々ニ挙之■此等諸人ニ妙法ヲ付属セリ　而モ体内秘妙ノ所開ノ小権迹ノ妙法ヲ付属シ正像末ノ令成導師　流通還迹ト云ル可思之　大田抄云上ニ以要付上行等畢次下ニ自法花経之要外広略二門並ニ前後一代ノ一切経ヲ付属此等大士為正像二千年之機云々嘱累付属ハ事相事自面ニ小権迹本ノ法ヲ小権迹本ノ人ニ正像定ヲ分別シ付之　其時ニ当レハ寂光ノ本土ヨリ出テハ付属ヲ不忘教機時国相応シ各々ノ法ヲ弘宣シ給ヘリ　雖然小権迹ノ人モ内証ハ本化ノ同人ト同ク結要付属ノ人ナレトモ外相ハ物機ニ随順シ小権迹ノ法ヲ其ノ当時ニ弘給ヘリ　高祖ノ観心本尊抄云龍樹天親ハ知而不言之　或ハ迹門一分宣之　或ハ天親龍樹内鑑冷然ノ文ヲ判給ヘリ撰時抄ニハ報恩抄ニハサレハ内証ハ同ケレトモ法ノ流布ハ迦葉阿難ヨリモ馬鳴龍樹等ハ勝馬鳴等ヨリモ天台ハ勝乃至天台伝教ノ弘通シ給ハサル正法有等判シ当体義抄ニハ南岳大師観音化身天台薬王化身等云々　若爾於霊山聞本門寿量説時

雖証得之在生之時不サル妙法流布時故替ヘテ妙法名字号止観修一念三千一心三観也但此等大師等唱南無妙経ト事ヲ自行真実ノ内証ト被思食也判給テ正像末能弘ノ師内証ハ皆本門導師トシ内鑑冷然シ給ヘトモ外相ハ随時宜小権迹ヲ弘給ヘリ　約内証自行辺ニ本門流通ノ導師約時辺ハ小権迹ノ流通弘宣ノ人タリ

①継目文字
（第八紙）

正像末二時本門流通之事

①正像地涌出現

一部八巻倶作下種耶

仰云一部八巻倶衆生成仏ノ作下種一耶事諸御抄義勢不同也　先本迹不同ヲ云事ハ前十四品迹門為本門一被廃一　迹門トテ実体無之一不定也成仏ノ下種ト不成一　サレハ爾前迹門円教非仏因一云一品二半ヨリ外ハ小乗教〇未得道教云云　爾前迹門ニシハ難生死離一至本門一可離生死一云ヘリ　此等諸御抄爾前迹門不成下種一定給ヘリ　雖然一又迹門十四品作下種一判給事有之一　品々供養抄云カヽル法花経ヲ末代ノ女人廿八品ヲ品々コトニ供養セハヤトヲホシメス但事ニハ非ス〇法花経廿八品文字六万九千三百八十四字一々字ハ毎字一如太子一　毎字仏ノ御種子也云ヘリ　本尊供養抄ニハ法花経ノ文字ハ六万九千三百八十四字一々ノ文字ハ為我等一黒文字ト

（第九紙）

見ヘ候ヘトモ仏ノ御眼ニハ一々ニ皆御仏也文　兄弟抄ニハ一字一点モ捨者ハ
千万ノ殺父母一等云　方便寿量両品一部肝心ト書キ　祈祷経ニハ六万九
千三百八十四〇一々文々是真仏等判セリ　此等諸御抄迹門十四品モ作
下種一見タリ　如此一相違ヲ可得意一　当宗ノ本意本迹勝劣ト談ソ爾前
迹門無得道教ト云ヘル事宗旨ナル事不及異論一者也　サテ迹門十
四品作下種一ヲホシキ御抄ヲ可会通一
一義云権実相対意歟　権実相対ト者約教釈意也　前三教計ヲ簡テ爾前
迹門本門円教ヲ仏種トスル也　天台妙楽ノ釈義多分此意ナルヘシ
一義云開迹顕本意歟　如此迹説以是顕本之意ト云ヒ開示悟入雖是
迹要若顕本已即成本要トモ釈給ヘリ　迹門被開会一畢迹ノ
当体本ト成ハ下種トナラン事不可有疑一

一義云意実密歎意歟　迹門ヲ仏意ヨリ見ハ之一本門ナル故ニ一々文々是真
仏トモ云歟　既ニ迹門ハ水中月不定教也　何作下種一耶　然ニ如此一判給事ハ
仏意内証密記ト可得意一　非顕露ニハ一也
一義云一部迹門時ハ本門モ作熟脱二不成下種一　今一部仏種ト判ハ一部本門意也
観心本尊得意抄此意也　諸御抄同之一　本門意ト者本地難思境智
妙法也　妙法ハ必具本迹一　々々ハ三世施化一部ノ意ナレハ一部倶ニ

本地ノ妙法蓮経(ママ)ニ具足〆文々句々悉ク首題ノ体内ニアリ　句々之
下通結妙名是也　此妙経ト者本地甚深之奥蔵也云ヘリ　題目カ
家ノ六万余言文字一部ナルヘシ　以此意一部ヲ見ハ一部下種トナル也
一義云迹門当分ノ脱ニ与種名判歟　所以ニ迹門当分ハ現在ノ脱ナレトモ
其種子久遠本地ニ有故ニ脱ノ自体種ナル故ニ脱ニ種ノ功能ヲモタセテ
迹門当分ノ脱ヲ種ト云歟　雖脱在現具騰本種ト云ヘル此意也
口伝云法花経一部ハ五味主ト云ヘル本門意ニテ一々文々是真仏等云也
五味主ト者根本ト云事也　根本ト者一切衆生成仏ノ本地十方三世微
塵経々ノ本地一乗一妙ノ処ヲ云也　今日現在一期ノ衆生成仏ノ根本種子ハ
大通覆講法花ノ砌也　覆講法花一乗妙法ヨリ一切衆生ニ下種ヲ下テ此ノ下種ノ
衆生十法界ニ散在スレハ随其如影随形ノ化道ヲ施時無量ノ経教無尽ノ
成仏諸経ノ得道有之　一切衆生ノ脱益ハ花厳等諸経ニ雖有之其種
子ヲ尋ハ在大通　々々為元旨(ママ)ト云此意也　故知迹門大通元旨(ママ)五味主也
サテ大通下種ノ々子首題妙法経ヲ尋ハ五百塵点劫ノ本門ニ有之　故ニ

（第一〇紙）

大通下種所ヲ廃〆本地ヲ顕ス　本地独一切仏菩薩人天等ノ下種法体也
故知一切衆生下種ノ在所ハ大通下種ノ法体ハ在久遠　仍大通久遠
両処一切衆生成仏ノ根本八万教門ノ本地也　依之法花経一部

倶ニ五味主トハ判給ヘリ　此時ハ法花経ハ一部ニメ一経三段ナルヘシ　蓮師一経御修行此意也　観心本尊得意抄等此意也

口伝云開会意也　此於開会二名体不同有之一　体開会ト者諸法実相ノ理開会也　余経マテモ無隔事二諸乗一仏乗ト会也　名開会ト者妙法蓮花経ノ五字名題ノ有ル経ヲ本門ノ首題ヲ能開トメ迹門ノ首題ノ名ヲ開スル也　名与名相対メ開之一　爾前ノ経々ニハ首題ニ無妙法蓮花経一迹門ニハ有之一　故迹門即名即本門ノ名ト会メスルニ一部即本門妙法経ナレハ一々文々是真仏ト云也　高祖一部御修行此意ナルヘシ

口伝云於今経体一摂折不同可有之一　摂受体ト者万法円融メ諸法実相ナルヲ云也　折伏体ト者今経体ヲ以テ余経ヲ■破廃スル也　八幡抄云法花経ノ体ト■申ハ爾前ヲ破ル也　爾前不破一法花経ヲ持ト申セシ人ハ愚痴也々々々　当体義抄云問曰一切衆生皆悉妙法蓮花当体者如我等愚痴闇鈍凡夫即妙法体也乎　答当世諸人雖多之二不出二人一　謂権教人実教人也　而信権教方便念仏等人不可云妙法蓮花当体　信実教法花経人

(第一一紙)

即当体蓮花真如妙体是也云云

如説修行抄等ノ意又分明也　此等ハ今経ノ体玄義ノ形也　妙楽ハ若破若立皆是法花之意ト判シ或ハ開廃諸典名為円意ト書キ給フ　是則今経体也　於体一又有待絶二妙一　摂受体ハ絶待妙ノ意折伏体ハ相待妙ノ意ナルヘシ云云

(第一二紙)

(第一三紙)

本門寿量品首題事

仰云本門妙法経ト蓮師在々処々御判釈也　何深ヒ有之一耶ト云事ヲ沙汰シ可明一者也　本門南無妙経ト者三ケヒ法ヲ惣メ但首題ノ一ニ摂テ如此一云也　其意ハ本門本尊本門戒壇本門事①行妙経悉惣持メ之一南無妙経ノ一句ニ摂タリ　本門寿量品妙法経ト云故ニ寿量ノ一品ニテ文義倶ニ可成一　廃迹立本メ々地久遠ノ本因本果ノ二妙ヲ顕メ見ハ之一地涌菩薩受持ノ妙法経也　故今日滅後ノ為ニ召地涌菩薩一付属之一仍具ニハ本門寿量品上行所伝ノ南無妙経ト云ヘリ　涌出品ノ時我従久遠来教

①底は「事」の下「行」を挿入

化是等衆トハ説レタレトモ略開近顕遠ナレハ文義委悉不①ハ顕一　本門寿量其上略開近顕遠ハ在世ノ脱益寿量品ハ願仏為未来演説令開解ト請ヲ為滅後一故ノ寿量品ノ南無妙経トハ判給也

越後本禅寺（ママ）ノ義云開目抄ニ此一念三千ハ本門寿量品ノ文底ニシツメ給ヘリ云云　此一念三千題目ノ立処ハ寿量品ノ然我実成仏已来甚大久遠ノ文ト云云　此一義ノ意也非可非之一

一義云本因本果二文ト非如非異ノ一ト三文合ヲ一念三千首題ノ立処也　蓮師ハ在々処々本因本果二文引給ヘリ之一　天台ハ非如非異ノ文引給ヘリ　如玄一○　此ハ日像門流ノ練磨ノ一義也　其外如来ヒ密神通之力等文此等証拠ニ可備一云云

日像門流秘伝義云本門寿量品ノ南無妙経ト者文義口伝有之一　文口伝ト者我本行菩薩道所成寿命今猶未尽ノ一文也　所以ニ廃迹顕本一事ハ久遠ノ本因本果ノ二妙ヲ顕■事ハ本果妙ハ釈尊ノ脱益ナレハ末法当時ノ②名字即初発心ノ下種ノ位ニ非ハ上行所伝ノ首題ノ非立処ニ一　本果妙ノ脱ヲ廃ソ具騰本種スレハ本因妙ノ我本行菩薩道ノ名字即ノ位為末法本未有善機一妙法蓮経ノ立処也　此事相構〳〵不可為口外一云云

次義口伝者此ニ色々ノ義勢有之一　観心本尊抄ニ但召地涌千界一説於八品一付属之一

■涌出品ヨリ神力属累ニ至ハ召本地サタ一本地妙法ヲ付属ソ末法③能弘ノ師ト定給ヘリ　是上行付属ヲ□（虫損）ナル品也　是八品一向為滅後一釈給ヘリ捨広略一取要一所謂本門寿量品妙法経是ナルヘシ也

一品二半云辺ハ在世ノ脱益ナル也　蓮師ノ但彼ハ脱此種也　④彼ハ一品二半此ハ但題目五字也ト

①この送り仮名は衍か

②底は「時」の下「名字即初発心ノ」を挿入

③底は「法」の下「能」を挿入

（第一四紙）

④彼　底は「此」

判給テ八品ハ末法衆生為ニ下種妙法経五字ヲ地涌菩薩ニ付属シ給ヘリ　是義口伝也　可ヒ之

仰云義口伝ニ於重々相貌有之本門本尊題目五字ノ顕給フ形ヲ判給時①新池抄云此本尊②教主釈尊五百塵点劫ヨリ■■心中ニ■■■■■■■■（納メサセ給ヒ世ニ出現セサセ玉ヒテモ四十余年其後又法花経中ニモ迹門ハセ過テ）迹門捨之宝塔品ヨリ事起テ■寿量③品説顕シ神力嘱累④品ニ事極等■云云」

大田抄ニハ本門本尊ヲ者宝塔■分身釈給時大覚世尊以仏眼鑑知末法為令対治此逆謗二罪留置一ノ大秘法　所謂法花経ノ本門久成之釈尊宝浄世界ノ多宝仏二仏並座宛如日月於此大会挙六難九易流通法花経令諌暁諸ノ大菩薩等釈給ヘリ

⑤如此宝塔品ヨリ本門本尊南無妙経ノ遠序由来ヲ説ト判給フ　サレハ天台（疏八）ハ発起寿量也ト判シ或ハ遠序トモ名給ヘリ　蓮師ハ密序ト被仰　疏九云付属有在者此有二意　一近令有在　付八万二万旧住菩薩此土弘宣　二遠令有在　付本弟子下方千界微塵令触処流通又発起寿量也文　宝塔品玄付属■発起寿量判セリ　既ニ宝塔涌現分身来集三反（ママ）土田儀式本門本尊ノ由来也　地涌大士妙法経主ニテ御座故此妙法経ヲ欲為付属被仰時本化大士躯テ来給ヘリ　而ニ迹化衆不覚知之故重テ涌出品時召之　疏九云如来一命四方奔踊文　記受之所言命者一由宝塔品末○即別命也ト云ヘリ　宝塔品時ハ本化大士ヲ召出ヽ久成ノ妙法ヲ付属セント■（召）給ヘトモ顕然ナル事無之　涌出品ヨリ顕ニ付属召出メ滅後ノ弘経ヲ被付仰　故涌出品已下

①底は「時」の下「新池抄云」を挿入
②底は「尊」の下「教主釈尊」を挿入
③底は「量」の下「品」を挿入
④底は「累」の下「品」を挿入
⑤底はここに見せ消ちの如き線を引く

①底は「法」の上「蓮師」を挿入

（第一五紙）

②この線は後略の意か

③底は「観」の下「以」を挿入

八品ハ地涌妙法付属也　先徳四要品ノ外加宝塔品ヲ五要品トシ給ヘリ云云

仰云義口伝ト者本迹二経倶ニ可有《取》之一　此ハ多分ハ開会ノ意也　開迹顕本ノ見ハ之一

迹門当体即本門□（不明）一部八巻前後廿八品悉本門ノ一部也　①蓮師法花経ハ五味主ト被ハ仰一

□□（虫損）門之法門ハ本門意也ト被仰一　一部倶ニ五味主ニメ本門也　依之一玄九云

開迹顕本者只文殊所述燃灯仏及久遠劫来○還開近迹示其本要耳

釈給ヘリ　或ハ記八云開示悟入雖是迹要若顕本已即成本要　疏四（ママ）三云釈甚

深境界者此是法花之理本諸教之端首釈義之関鍵衆生之依止発心

之凭杖権謀之用体迷悟之根源果徳之理本一化之周窮五時之

終卒　②

玄及以止観③以為主一判給テ一部八巻倶本地ノ一経ニメ以十如実相ヲ一部ノ為主一判給ヘリ

玄一籤一（ママ）方便品初雖近歎五仏権実意実密歎師弟長遠ト云テ方便品ハ密ニハ

本門長寿ヲ説ト釈セリ　蓮師聖人既ニ本化ノ末流トメ本門跨節ノ眼ヨリ前ノ迹ヲ見給ヘハ

□□（虫損）ヨリ久遠ノ妙法経也ケリト会之一部乃至方便寿量品ハ一経ノ肝心也ト月水

抄祈祷経等ニ釈給ヘリ之一観心本尊得意抄等ニ釈給ヘリ　高祖ノ一部ノ読誦ハ法花経一部ハ

五味主ト云意ニテ行之一給ヘリ　此時ハ一部ヲ本門寿量品首題ニ収テ口唱シ給ヘリ　玄八略挙経

題玄収一部トモ■玄二ニハ名既該乎一部トモ判給ヘリ　高祖大師（ママ）ハ本門題目ノ行

者トメ一部誦文単ノ読誦非是則一部読誦南無妙法経ナルヘシ　法花取要
（虫損）□日蓮ハ捨広略㆒好要㆒判（ママ）給ヘリ高祖一部修行ハ非如天台伝教等㆒　彼ハ広略ノ誦文也
高祖ハ本門題目ノ行者トメ一部倶五味主ト得意㆓一代判教得給ヘリ　如此㆒意不知㆒
学者偏ニ本迹実相一致ナル以意㆒修行之㆒云云　可恐々々謬甚故也

仰云義口伝者痿〔開〕迹立本メ立還テ見ハ之㆒十界本有也　仏界ト者円教九界ト者蔵通別也　十界宛然ナレハ四教本有也　十界四教本有トメ也ト■■仏界円教ハ万法本地トメ九界前三教ハ所開ノ権迹也　十界四教宛然トメ仏界円教ハ本地ナレハ法ノ処ニアレトモ本門寿量品功徳義分顕然也　爾サレハ爾前迹門本門ノ円教仏界意ハ本地甚深ノ妙法ノ功徳也　蔵通別ハ迹門ノ功徳也　六十巻ノ中ニ釈給ヘル約教ノ釈還テ本門ノ意ト日像門流ニ相伝シ給ヘル此意也　経三世㆒円教仏意ハ本門蔵通別ハ迹門ナルヘシ　今日迹中ノ

花厳方等般若迹本涅槃経ノ円教ノ仏智即本地久遠ノ妙法経ナルヘシ（ナレハ）開迹顕ハ本迹中①一代ノ円妙本門妙法経也　玄一云此妙経者本地甚深之奥蔵也　妙楽受之㆒初由本証故能説之　迹中雖説推功有在　故云本地ト云ヘリ　此ト云一字ハ今日ヲ云也　今日ノ此ノ妙経ハ本地妙法也ト開迹顕本スル也　在所ハ迹中ナレトモ其ノ功徳本地ナレハ本地甚深トハ云也　記一ニ迹中三一功高一期ト判セル同之㆒　疏十ニ本迹雖殊不思議一　雖一而本円迹三教宛然　故云不二而二ト判セリ　開迹立本メ々地ノ

（第一六紙）

①底は「中」の下「一代ノ」を挿入

（第一七紙）

一妙ヨリ迹中ノ諸経ヲ見レハ本ノ仏意円教九界三教功徳宛然也　此ハ先初ニ権実対判ノ
前三為麁後一為妙ノ教部約教ノ釈ヲ破失シ畢テ次ニ本迹ノ釈ヲ設テ開迹一顕本一畢
唯本無作ノ覚体ノ上ニ於テ再往立還テ約教ノ意本地ノ上ノ本迹也ト云意ナルヘシ
日道ノ示ソ云此法門ハ愚者不ハキマヘ二権実本迹開会観心一対愚者一不可云一　示之一
者像師ノ非門流一　其故ハ従因至果従果向因ヲモ不ハキマヘ一学者ハ起見一長非一

本書ヲ廃失於天台妙楽釈義一生謬解一並ニ高祖ノ失本誓一本迹ノ法門ヨリ権実
約教（虫損）法門勝タリナント、云僻見可起之一　為ハ隠之一闕智者得意一言之一無智謬
解（虫損）充四海一　悲哉末代弘法ノ■■■ル判教ノ指南是非亡此ニ一　相構智者ニ非ソ
此法門不可云一云云　対■無智人一云之一破法罪業因縁必堕無（虫損）間不可有疑云云

仰云義口伝者開迹一顕ハ本一迹当体本門也中ノ諸経悉居久遠ノ本地一常住無
作ノ覚体也　此時ハ迹中ノ四教五時万法ハ根本トハ久遠ノ本地也影久遠ノ本地ハ体也
迹中ノ以影一帰ハ本地一迹中ノ一代諸経本地ノ南無妙法経也　此妙経者本地甚深
之奥蔵也ト云ヘリ　此ノ妙経ト者初従花厳一終至涅槃一一代諸経ヲ収タリ　其ヲ本地本門ト会ハ
今日迹中一代即久遠ノ妙法経也　此時ハ如是我聞ノ上ノ妙法経ハ花厳経ノ上ニ
可有一　一代諸経ハ本地妙法ノ体内ノ権迹ナルヘシ　廃迹立本ト云ハ今日一期ノ説教即
久遠本地ノ一代説教ト令会帰一也　仍今日一期説教ノ本地ハ久遠南無妙経此妙法

（第一八紙）

①端　底は「瑞」

②行間の文字挿入の印あり

体内ニ花厳乃至般若涅槃等宛然ト有之一　此ノ妙法蓮花経ト者如是我聞ノ上ノ妙法蓮花経也

首題与一念三千不同事

仰云首題与一念三千二不同ニ付テ種々義①端有之一　首題ハ法体一念三千ハ行相（首題ハ元意三千観心　立正観抄意）首題ハ本迹倶本門一念三千ハ本迹倶迹門②首題ハ名字即一念三千ハ観行即首題ハ口（虫損）業（首題ハ事三千理　治病抄意）一念三千ハ意業首題ハ能褁一念三千ハ所褁首題ハ為愚者二一念三千為智者一（首題名一念三千体）十章抄意観心本尊抄開目抄意

首題ハ信行為鈍者二一念三千法行為利者一

首題名一念三千体首題元意一念三千ハ観心首題ハ能具三千ハ所具首題ハ惣三千ハ別首題ハ事三千ハ理首題能褁《クハ》一念三千所褁　観心本尊抄四信五品抄唱経（ママ）題目抄意

首題ハ折伏一念三千摂受首題ハ逆縁下種一念三千ハ順縁熟益

如此二不同アリト云ヘトモ当宗本意ハ種熟智者愚者差異ヲ以テ可得意一者也云云

口伝仰云立正観抄意ハ以首題一為法体元旨一以三千三観一為観心修行能詮ト一　先首題ハ元意一念三千ハ観心ト者立正観抄云妙法ハ所詮果徳（ママ）也　三観ハ行者ノ観門故也　此妙法ヲ

仏説言(虫損)道場○只一念三千妙観且①与絶待不思議ノ名也文　此抄趣妙法ト者仏意所詮極理言(虫損)語道断心行所滅ノ法体也　天台ノ三千三観ハ可思議ノ法思慮ノ観心ニソ妙法ノ々体ニハ不及一　其上首題ハ本仏ノ内証本地難思境智ニソ迹仏ノ不及知見一　三千三観ハ迹仏ノ知見天台ノ己証ナレハ迹門当分思慮可思議ノ観門也ト可得意一　椙生法橋広覚(ママ)ハ爾前迹門本門観心元意ノ五重ノ教相ヲ分別セリ　其中ノ観心ハ三千三観元意ハ仏意内証ノ一言ノ妙法蓮花経ナルヘシ　此妙法経者本地甚深之奥蔵也云云

次首題ハ法体三千ハ行相ト者上ノ義ト同之一　■雖然一②小ノ不同可有之一　元意ハ仏意法体ハ法相ニソ能覚所覚不同也　立正観抄云一心三観者所詮妙法ヲ為成就修行方便也　三観ハ因義妙法ハ果義也判セリ　三千三観同之一　妙法ハ所詮ノ法体三千三観ハ修行々義相也

（第一九紙）

仰云治病抄ニ一念三千観法ニ有二　一理二事也　天台伝教等御時ハ理也　今時ハ事也彼迹門一念三千此ハ本門一念三千也　天地遙ニ殊也ト判セリ　此ノ一念三千ノ事ト者首題理ト者三千三観也　其故ハ観心本尊抄ニ像法ノ中末ニ観音薬王示現南岳天台等以迹門一為面一以本門一為裏一百界千如一念三千尽其義　但論理具一事行南無妙経五字并本門本尊未広行之一云ヘリ　此文分明也　理具ハ迹門一念三千事行ノ妙法蓮花経ト云故ニ本迹ハ事理不同也　又此ノ一文ニ本迹倶ニ一念三千ノ理具ハ迹門ト見タリ　既ニ以迹門為面一以本門一為裏一論理具二云故ニ表裏ノ本迹倶ニ迹門理具ト覚タリ

①与絶待不思議名也　定遺は「与名絶待不思議也」

②底は「然」の下「小ノ不同可有之」を挿入

①又当体義抄意分明也　当抄云南岳大師観音化身天台大師薬王化身等云云　若爾者於霊山一聞本門寿量説一時〇南無妙法経云云　南岳天台像法出世弘法本迹倶理具止観ナルヘシト見タリ」

彼以南岳天台迹門理具一推高祖本門事行三千一以本門一為面以迹門一為裏一本迹倶ニ事具ノ首題ナルヘシト云事無疑一　以此抄一彼ノ治病抄ヲ交合スルニ本迹倶ニ名理一名事二云事明ナル者也

仰云首題ハ名字即一念三千観行即ト云事ハ蓮師処々以判釈意分明也　其中ニモ末法行者位（ママ）十章抄開目抄観心本尊抄等分明也　先名字即ト者妙法ノ名字ヲ初テ聞之一唱之一　々々一時ハ南無妙法経ト誦ル也　如此一口唱シ畢身口ヲ制メ意ニ止観ヲ修ル是観（ママ）即ナルヘシ　仍首題ハ名字即一念三千ハ観行即也ト云事道理分明也　蓮師末法行者位抄ニ当宗ノ末代行者ノ位ヲ定時初二三品ニハ制止戒定二法一一向専恵一分　恵又不堪一以信一代恵一　信一字為詮一　信ハ恵ノ因也　名字即②位也ト判メ次下ニ問答ノ釈義ヲ設時名字即位ノ口唱ノ題目ヲ為顕一問難ヲ至時汝何不勧進一念三千観門一唯令勧題目計一哉ト問シ又不知其義一人唯唱南無妙経一具解義功徳一否トモ或ハ汝弟子無一分解一但一口ニ称南無妙経一其位如何等問スル■文言分明也　名字位ハ以口唱題目一為所詮一　観心本尊抄ト者末代行者名字即ノ凡夫ノ為也　依之一於不識一念三千者仏起大慈悲五字之内褁（ママ）此珠令懸末代幼稚頸トモ判シ開目抄ニハ此一念三千モ我等一分ノ恵（虫損）解モナシト書給ヘリ　彼此ノ所判末代幼稚ノ我等衆生ハ一念三千ノ意ノ止観ニ不堪一見タリ

①以下二行は行間に挿入
②底は「即」の下「位」を挿入

（第二〇紙）

①この一行は行門挿入

堪タル所ハ但口唱ノ題目ナルヘシ　観行即ハ智者ノ解行ナレハ言語ノ口唱ヲ絶メ意業ノ三千ヲ
為正行㆒　十章抄云真実ニ円ノ行ニ順メ口スサミス（ママ）ヘキ事ハ南無妙経也　心ニ存ヘキ事ハ
一念三千観法也　是ハ智者解行（ママ）也ト書給ヘル分明也　次下ニ日本国在家ノ者ニハ但一
向ニ南無妙経ト唱ヘサスヘシ　名ハ必至体㆒有徳㆒等判給ハ名字即ノ凡夫悪人ハ口唱ノ題目
正行ナルヘシト見タリ　此則約名字観行㆒首題一念三千ノ不同ヲ判ト見タル也
約口業意業名体智者愚者㆒相貌自分明也　末法行者位抄十章抄一念三千ハ
仰云
智者解行口唱ノ題目ハ為愚者㆓云事顕然也　観心本尊抄開目抄又爾也如上㆒　次信行
①法行是又智者愚者ノ■意ト同之㆒　准彼㆓可知㆒云云
仰云能具所具惣別能裹所裹ハ名ハ雖異㆒義ハ同之㆒　観心本尊抄ニ於不識一念
三千者仏起大慈悲㆒五字内ニ裹此珠㆒云云　唱法花題目抄ニハ一念三千久遠実成法門ハ妙
法二字ニ収レリ云云　末法行者位抄ニハ問汝何不勧進一念三千観門㆒唯令勧題目計㆒哉　反詰
云日本〇領解云如是我聞等云云判セリ　日本二字ハ題目六十六ケ国ハ一念三千也　是
日本二字ハ惣能裹能具六十六ケ国ハ別所裹所具ナルヘシ　法花題目抄等ノ意
亦以如此㆒　問妙法蓮花経ノ五字ニハ幾功徳ヲ納ヤ　大海ハ衆流ヲ納タリ　大地ハ持有情非情㆒
如意宝珠ハ雨万宝㆒梵王領三界㆒妙法蓮花経五字亦復如是㆒　一切九界衆生并ニ
仏界ヲ納ム　十界ヲ納レハ亦十界依報納国土㆒等釈給事分明也　妙法ノ五字ニ十界ノ
依正ヲ納ト云故ニ首題ハ能具一念三千ハ所具ト云事無疑㆒　兄弟抄云妙法経五字蔵中ヨリ一念三千如意珠ヲ取出メ三国一切衆生ニ普与給ヘリ

仰云摂折順逆種熟三義不同也ト云ヘトモ於義分一同之一　摂受ハ善者ノ化儀ナレハ順
縁也　順縁ハ熟益ナルヘシ　為愚者悪人一以折伏行儀一逆縁ニ種仏種ヲ一如上成一　以■
順縁一為智者一一念三千ヲ令修行一為愚者一以逆縁一成下種一　所謂妙法蓮花経是也
法花取要抄云若逆縁ナラハ但限妙法蓮花経①一五字一耳　例如不軽品一云ヘリ　加之一如説
修行抄一巻ノ意逆縁逆化ノ為ニハ南無妙法蓮花経ナルヘシト見タリ　抄云権実雑乱ノ
時法花経ノ敵ヲ不責一山林ニ閇籠テ摂受ノ修行ヲセンハ豈法花修行ノ時ヲ可失一非物恠一耶
サレハ末法今時法花経ノ折伏修行ヲハ誰如経文一行シ給シ　誰人ニテモ御座セ（ママ）◯法也ト
諸宗ノ人法共ニ折伏ソ南無妙法経〱ト唱テ唱ヘ死ニシヌナラハ◯上テ我等ヲ
守護ソ慥ニ寂光宝刹ヘ送リ給ヘキ也云云　此抄ノ意首題ハ逆縁ノ以折伏一為
成下種一也ト見タリ　一念三千ハ摂受四安楽行ヲ以テ為順化一成熟益一云事一巻ノ
始末ニ分明也　抄云凡仏法ヲ修行セン者ハ摂折二門ヲ可知一也　一切経論不出此二
也ト判次下ニ摂受タル四安楽ノ修行ヲ今時スルナラハ冬種子ヲ下ソ菓ヲ求ニ非耶◯山林ニ
閇籠テ摂受ノ修行ヲセムハ豈法花修行ノ時ヲ可失一物恠ニ非耶ト釈給ヘル意ハ一念三千ノ
修行ト者摂受四安楽ノ行相也　是則非末代化儀一像法上代ノ智者ノ解行也ト
云ヘル御抄ノ趣ナルヘシ　サレハ開目抄下ニハ設山林ニマシ一ハテ一念三千ノ観ヲコラストモ時機ヲ
不知一　摂折二門ヲ弁サレハ争可離生死一書キ給　前後御抄同之一　或ハ十如
是抄一巻是又三千三観ノ修行ハ摂受ノ順化ヲ以テ智者ノ解行ヲ勧テ熟益ヲ

①この返り点は衍か

（第二一紙）

令成㆒為ト見タリ　其故ハ初ニ十如是三諦三観三身也　是則我身当体三身即一ノ本覚ノ如来ニテ有ケル事也　是ヲ思妄レテ余所ニ思ヲ衆生ト云迷ト云凡夫トモ云事也
是ヲ我身ノ上ト知ルヲ如是（ママ）ト云又悟トモ聖人トモ智者トモ云事也　此身カ聽テ今生ノ中ニ本覚ノ如来ヲ顕メ即身成仏ト被云㆒也ト判シサテ次下ニ我身ノ体性ヲ妙法蓮
花経ト申事ナレハ経名ニテハ不有㆒　聽テ我身体ニテ有ケリト知レハ我身カ聽テ法花経ノ体ニテ法花経ハ我身ノ体ヲヨヒ顕シ給ケル仏ノ御言ニテコソアリケレハ○如説修行ノ人トハ申也云云
此抄意三観三千ノ依修行㆓三身ノ妙果ヲ証シ即身成仏スヘシト書給ヘル故ニ一念三千ハ智者ノ解行■順化ノ熟益也ト見タリ

（第二二紙）

私云如此㆒首題一念三千ニハ色々ノ不同有之㆒云ヘトモ大概可同之㆒　首題一念三千ハ以種熟㆒可得意㆒　首題ハ一向可限下種㆒　一念三千ハ可亘種熟ニ㆒　■成下種㆒辺ハ首題一念三千可同㆒　於全同㆒又有不同㆒　諸仏菩薩乃至在世得脱ノ者ノ下機（ママ）ヲハ以一念三千㆒顕之㆒■■滅後末法ノ下種ニハ以首題㆒為下種㆒二ノ意有之㆒　先首題一念三千不同ナル方ヲハ智者愚者種熟ノ差別ト可■■定㆒　其旨如上㆒　サテ首題一念三千同スル辺ハ倶ニ作下種㆒　其相貌諸御抄分明也　観心本尊抄ニ此即己心三千具足三種世間也ト書キ給テ■此本門肝心於南無妙法経五字㆒判給ヘル此ハ首題三千同ト見タリ　又一代大意抄ニ上ニ妙法蓮花経ノ五字ハ十界互具ナル様ヲ釈下テ問曰妙法ヲ一念三千ト云事如何ト書キ給テ答之㆒時観心本尊抄ニ所引㆒①止五弘五初後本末ノ文ヲ出メ釈之㆒

①底は「引」の下「止五弘五」を挿入

知妙法一念三千可全同一　若同等ナラハ倶可作下種一　依之一十章抄云別名ハ三世諸仏ハ
南無妙法蓮花経トツケサセ給シ也　ミタ釈迦等諸仏モ因位時ハ必止観也キ　口スサミニハ必南無
妙法蓮花経也ト判シ給ヘリ　末法行者位抄ニハ荊谿云一念信解者即是本門立行之首云云
其中ニ現在四信ノ初ノ一念信解ト滅後五品第一ノ初随喜ト此二処一同ニ百界千如一念三千ノ宝
篋十方三世諸仏出生門也云云　開目抄云法花経ノ依種二天親菩薩種子無上ヲ立タリ　天
台ノ一念三千是也　花厳経乃至諸大乗経大日経等ノ諸尊種子ハ皆一念三千也ト判シ観心本
尊抄ニハ非一念三千仏種一者有情成仏木画二像之本尊有名無実也云云　如此一諸御
抄既ニ一念三千可為下種一見タリ　此時ハ首題一念三千全同也　次ニ首題三千倶ニ作
下種一トテ二意有之二云事ハ諸仏菩薩過現ノ諸仏菩薩得脱ノ上ノ下種ヲ沙汰スル
時ハ以一念三千一成之一［①為滅後一以首題一為下種二云事］其旨諸御抄分明也　開目抄云花厳経乃至諸大乗経大日経
等諸尊ノ種子ハ皆一念三千也〇又仏ニ成ル道ハ花厳ノ唯心法界三論八不法相ノ唯識
真言ノ五輪観等モ実ニハ可トモ叶二不覚一　但天台一念三千コソ可成仏ニ一道ト見レ　此一念三千モ
我等一分ノ無恵解一　於不識一念三千者仏起大慈悲五字之内褁（ママ）此珠令懸末代幼
稚頸一判シ或ハミタ釈迦等ノ諸仏モ因位ノ時ハ必止観ナリキ等書キ給ヘリ　末法行者
位抄ニハ百界千如一念三千宝篋十方三世諸仏出生門也トモ判ソ一念三千ヲハ
（第二三紙）
智者ノ解行ト定テ聖位ノ種子トセリ　末代幼稚ノ我等衆生ハ一念三千ヲ以テ為
下種一不堪一判給ヘリ　諸御抄准之二可知一　但以首題一三世十方諸仏菩薩聖衆ノ

①行間の文字挿入の印あり

①行間の文字挿入の印あり

為下種事ヲ非遮スルニハ　且如此分別スル也随義類ニ如此為分別歟　往テ[redacted]凡
聖倶ニ可亘　然ニ一念三千ハ智者ノ解行ナル故ニ脱カ家ノ下種ナルヘシ　仍諸仏菩薩ノ種子ノ辺ヲハ
一念三千ヲ為仏種云也　首題五字ハ無智悪人ノ信行ナレハ滅後末法ノ為下種云ニ便ナル故ニ
如此云也　是則下種カ家ノ種子ナルヘシ　此時ノ一念三千ハ作下種一念三千ハ本門意也
迹門ノ一念三千ハ可熟益ナル　治病抄ニ云一念三千観法有二　一理二事也　天台伝教等御
時ハ理也　今時（ママ）ハ事也○彼ハ迹門之一念三千此ハ本門之一念三千也　天地遙殊也書キ給ヘリ
像法出世天台一念三千ノ修行熟益也ト云事此ノ宗トノ無異論　天台伝教御時ハ理
也ト書キ給ハ迹門ノ一念三千ハ熟益ナルヘシト云事分明也　本門一念三千可下種云事開目
抄等[redacted]顕然也　又本門事一念三千ト者南無妙法蓮華経也　異ト云辺ハ如前凡聖ノ種子ノ
不同也　故知熟益トナル迹門ノ一念三千ト本門ノ南無妙法蓮花経トハ天地ノ如ク別也

サテ本門ノ首題与本門一念三千可同　於同又有異事ハ如前云云

口伝仰云首題一念三千ニ種々ノ差異雖有之首題三千ハ一法也　其故ハ首題ニ含
万法　々々ト者三千三観也①所詮三千三観ハ首題ノ義趣功能也　立正観抄ニ云引玄旨潅頂（ママ）。血眼云聞此一言万法茲ニ
達一代スタラ含一言云云　当体義抄云十界ノ依正即妙法蓮花経ノ当体也云云　四信
五品抄ニ云以何知ヤ題目ニ含万法等云云　略挙経題玄収一部トモ略挙界如具摂
三千トモ判シ或ハ日本ノ名字ニ六十六ケ国ヲ収タル譬ヲ設給ヘリ　妙法ハ能具能摂三千ハ

（第二四紙）

①底は「唱」の下「体分」を挿入

所具所摂ト覚タリ　能所ハ唯一法ナレハ首題三千非別物一　倶ニ本地難思境智ノ妙法也
故ニ蓮師在々処々ニ本門寿量品ノ南無妙法蓮花経々々々々々ト書キ給ヘリ
首題三千ハ本地久遠ノ本因妙六即中ニハ名字観行也　名字即ハ惣体門ノ位観
行即ハ別体門ノ位也　位ハ別ナレトモ法体ハ是一法ナルヘシ　本地久遠ノ本因妙ノ時名字
即位ニシテ教主釈尊初テ南無妙法蓮花経ト唱テ①体分元品ノ無明ヲ断シテ至観行即ニ一　此時ハ法位ニシテ
義味ニ不堕一本智ノ照境万法惣持ノ妙語三世不改転ノ法体無作三身ノ本有ノ種子
也是則本仏下種ノ位也　至ハ観行即一妙法ノ々体ヲ人慮ニ引下テ宗玄義ヲ為シテ正意一
一念一心ヲ三千三観ト照之一釈尊ノ思慮ノ観也　故ニ別修別相ノ位ナルヘシ　名字即ハ法位法
体観行即ハ行者ノ思慮ノ観心也　人機ノ心念ニ下タリ　是ヲ名一念三千一又名熟益智者解
行一　此妙法ノ義味功徳ノ以一念三千一見思塵沙ヲ断シ妙法蓮花経ニ相似セルヲ名相似即一分ニ
断無明一麁分ノ無明一名分真即一分ニ妙法蓮花経ヲ顕ヲ名分真即一細分ノ無明ヲ断シ
南無妙経ヲ究竟スレハ最初ノ名字即ノ惣体物持ノ首題ニ還ルヲ等覚一転入于妙覚トモ入
等覚一転入于名字即トモ云也　故ニ名字即ハ体分観行已下ハ用□□（虫損）ナルヘシ　是名従果向因ノ
六即一本門六即一　名字即カ家ノ観行乃至究竟即ナルヘシ　名字ノ即身成仏是也　故知妙法
蓮花経ハ体一念三千ハ用首題ハ惣三千ハ別首題ハ能開三千ハ所開也　雖然一法体ハ
非別物一　首題三千倶ニ経六即ニ一可有之一　但表裏ノ不同計也　首題三千法体法位ニシテ
天真円明タル方ハ名字即位三千妙法ヲ釈尊本仏ノ思慮ノ修行ニ引下辺ハ観行即已下ト

（第二五紙）
①継ぎ目文字

可定一者也　如此一有トモ倶ニ本門本地仏ノ所作ナレハ随自意悟ノ法体ニシテ無作覚体也
此ヲ蓮師聖人ハ本門妙法蓮花経トモ本門一念三千トモ被仰一者也　首題三千
倶ニ久遠本地ナル方ハ三世ノ仏菩薩衆生ノ下種ノ根本也　本地釈尊一仏ニ約ハ名字即ノ首題
観行即ノ一念三千トモ可云一　或ハ又首題三千倶ニ亘種熟脱ニ一意モ可有之一云云
示云今昔倶ニ妙法経ハ衆生最初発心ノ下種無智悪人ノ行相也　今昔倶ニ一念三千ハ
智者解行ニシテ熟益ナルヘシ　所以ニ理即ノ凡夫ニ初テ一念三千三観ヲ令修一事更無之一
先初ニハ必妙法蓮経次ニハ三千三観ノ修行也　諸御抄ノ大綱六十巻ノ判釈分明也云云

①位　本因　下種　熟　観境相対　不二　事理　惣別　思慮法体

本迹観心事

道仰云於本迹観心不同一重々意有之一　先在世滅後倶ニ迹門ハ意ハ約熟脱一
在世ハ脱滅後ハ熟ニシテ■何モ智者解行理観修行ヲ為本一　故ニ迹門ヲハ理円ト釈シ
高祖モ迹門ニハ明理三千一判給ヘリ　天台妙楽ノ行儀摩訶止観ノ立行是也　今約法花迹
理トモ彼文妙観独在於円トモ等判給ヘル可思之一　次本門ハ在世滅後倶約種一論之一
故ニ為愚者悪人一所ノ設一観心也　先在世本門ト者迹中権実教相ヲ以テ衆生
得脱成就上ニ久遠本ヲ令為知見一事ハ一切衆生得脱ノ■種子ヲ令テ知二三五下種ノ初ハ
本門寿量品ノ妙法蓮花経也其時ハ汝等悉凡夫也悪人也法花経ニ下種結縁シ今

如此ニ成仏ヲ期スル也ト云事ヲ為顕①メ一切衆生ノ得道在本門ニ云事ヲ顕シ法花最第一ノ
宗旨ヲ顕示メ謗者ヲ為対治ニ也爾前迹門無得道義ヲ為成ニ也　故知次末法当時ハ
為本末有善機ニ以本門妙法ニ令成下種一　故知在世滅後倶ニ本門ハ一向凡夫悪人最
初下種ノ為也　依之■《仍》迹門ハ為智者ニ勧理観ニ本門ハ為愚者ニ事行妙法経ヲ
令信一　然ニ迹門観心ハ観行即ニメ於念々中止観現前スル本理ノ一念三千観也　本
門ハ名字即ノ凡人以一念■信心ニ首題五字ヲ意ニ宿也　是事行ノ観心也　治病抄云
一念三千観法有二　一理二事也　天台伝教等ノ御時ハ理也　今《(ママ)》時ハ事也　観念既ニ勝ル、カ
故大難又色勝サル　彼迹門之一念三千此ハ本門之一念三千也　天地遙ニ殊也判シ給ヘリ
本迹観心既ニ優劣相分テ本門観心独超過シ給ヘリ諸教ニ一　天台伝教ハ而二差別ノ
嫌事相ニ唯一絶待止観《妙》ヲ修シ観行心念ノ所ニ無相ノ止観ヲ行セシム　是則思慮憶
詑ノ観心法体摧■《伏》ノ修行也　サレハ彼彼宗止観ノ三千三観ヲハ別相門ノ修
行ト可云ニ也　立正観抄云三諦云モ三観ト云モ三千ト云モ共ニ不思議ノ法ト立■ル天台ノ

(第二六紙)

己証天台ノ御思慮ニ所及法門也等云ヘル分明也　三千三観修行ハ像法時分
迹門当分ノ辺ハ絶待不思議ノ観門也トハ云ヘトモ本門望観心ニ思議相待ノ観心ニメ次第
門ノ所摂トモ可云ッ一　仍正直ノ妙法ヲ説交止観ニ有様ノ非妙法ニ故ニ止観一部意
権実対判メ約教ノ釈ヲ為面ニ円頓妙観ヲ勧皆是迹門意也　次本門観心ト者
三毒強盛凡念上本地ノ妙法ヲ令信心セ一故ニ正直ノ妙法有様ノ法体也《ナレハ》仍本

①この返り点は衍か

門妙法ノ直機也　是則惣体門ノ観心愚者悪人ノ随喜順従ノ観門①故ナルヘシ〻〻易
行之中ノ易行他力之中ノ他力ニソ末世相応ノ観心ナルヘシ　観心本尊抄云於
不識一念三千観者仏起大慈悲五字ノ内褁(ママ)此珠一令懸末法幼(ママ)稚頸二云ヘル
誠希有難遭ノ観門堪凡慮境界ニ一者也　幸ニ末■法ニ生テ一歩ヲアユマスソ
三企ヲ越ヘ頭ヲ虎ニカハスソ無間頂相ヲ得ル観心也　不ルニ脱一自ラ備戒定
恵二不行二一念三千観ヲ具セリ　末法行者位抄云問汝何不勧進一念三千観
門一唯令勧題目計一哉　反詰云日本二字ニ六十六ケ国并其内人畜財
具何レカ漏ル哉　月氏二字其内摂無有漏一云云　然妙楽大師云記八云略
挙経題玄収一部　又云略挙界如具摂三千文　文殊師利阿難尊者
惣ソ括三会八ケ年之間仏語一題妙法蓮花経一等判給ヘリ　三千三観万法ヲ
含題目二一念ノ信心ヲ以テ六識迷情ノ凡念ニ宿ニ之一法体モ不摧一心念モ不ハツラハ一
迷倒ノ一念妙法ニ随順ソ無為相離②一スル「無之一③能観所観但一如也　小児含乳不知其味一自然
益身一　耆婆妙薬誰カ弁テ服之一　初心行者不トモ知其義一自然行之一当
其意一雖無一分解恵一以信意一令為観心一者也　故知末代相応ノ要行
迷者順従ノ観門也　高祖大師ハ観心本尊抄ノ題目号ニ如来滅後
々(ママ)五百才始(ママ)観心■■等題シ給ヘリ　本門観心ハ真ニ末法当時ノ為愚者一也ト
云事分明ナル者ヲ耶

①底は「ヘシ」を消して「故易」を挿入
②この返り点は衍か
③底は「之」の下「能観所観但一如也」を挿入
（第二七紙）

尋云①当宗観心ニハ惣体門ノ修行ト名天台止観修行ヲハ名別修別相観心一其意如何
義云天台止観一部配立為智者一十乗十境ノ観門ヲ列子観境相対メ示之一
故能所観也　欲瞋心瞋心意ヲ即空即仮即中ト取ナヲシ一念ノ無明ヲ三千
法性ト照之二一心ノ欲心瞋心等ヲ即空即仮即中ト明之一念々歩々ヲ止観ノ
二法ト取リナヲス　是行者ノ心念止観ヲ引下メ行者ノ私物ト成シ■テ解了之一行之一
起念即行念即法界ト行解既ニ成就セリ　是名別修別相②一観門ト一　次当
宗ノ観心ト者惣体門ノ修行也　其故ハ題目■■具二三千三観万法一　所具ノ法ニ
不懸心二不付義味一能具ノ妙法蓮花経五字ヲ以一念信意一持意ニ一口ニ唱ルニ不廻思
慮一私ノ解行無之一　但法体有リノマヽナル五字ノ■妙法ヲ経三業一信之一　更ニ本地ノ法
体無所摧一又非行者ノ我物ニ一　以欲心瞋心等念一③信唱ルニ題目一法与念一無所隔一　題
目並ニ所具ノ諸仏菩薩等ノ聖衆行者ヲ照シ給ヘリ　行者ハ不知之一云ヘトモ不思ハ一不ルニ量ラ■一
本尊聖衆ト並座二不退ノ勝地ニ至テ名字即ノ凡人即身成仏メ不改悪逆一当
体即久遠ノ行人ト被云一　是経王ノ勝用本門観心惣体門ノ宗旨タル故也　然間
如此一観心ニハ十境十乗ノ観法モ自然備之二三千三観ノ修行モ法爾トメ具之一　惣
持タラニノ妙語万法具得ノ観心也　是則信位ノ観心ニメ非解行一　玄一云観心
即聞即行起精進心文　妙楽受之一観心者随聞一句摂事成理　不待観境
方名修観ト云ヘリ　本書文即聞即行ノ言顕然也　即聞ト者聞ハ信ノ初也　聞テ

①底は「云」の下「当宗観心ニハ」を挿入
②この返り点は衍か
③底は「念」の下「信」を挿入

（第二八紙）

後ニ起信一々ノ所ヲ即行トハ云也　玄義一部ノ首題ノ観心ナル故ニ如此一釈セリ　首題ハ名字
即ノ時或従知識或従経巻ノ所ニ置之一　此ノ題目ト者本地甚深之奥蔵也　本地
題目ハ名字即ニメ其ノ顕正体一故ニ即聞即行トハ云也　末書ニ委消之一時聞題目ノ一
句一以三千三観事一摂具首題惣持ノ理ニ一万法具得ノ妙法経ヲ観メ十乗十境ノ
観境相対メ無ヲ観スルコト一玄義一部ノ首題ノ観心トハ云也ト消給ヘリ之一　玄義一部ノ首題ト者本
門寿量品ノ妙法経ナレハ此ノ本末ノ釈義本門観心ヲ釈給者也　事理約束不同也　然ニ
今ハ所具ノ理ノ三千三観ヲハ事ト云ヒ能具ノ事ノ首題ヲハ理ト釈給ヘリ　此ハ能具ナル方ヲ摂収摂惣
在ノ以意ヲ一理トハ云也　是約法体一①如此一釈セリ　行者ノ約観心一時ハ三千三観ハ理ト被云一妙法ハ
事ト被云一也

示云当宗本門観心ト者信意ノ観心也　信ハ聞恵ノ分ニメ行者ノ心念ニ識知シタルマテ
也　此ノ信心カ仏菩薩最初下種ノ法体也種子也　初ノ信心ノ時高上ノ妙覚究竟ニ
懸心一法体ニ随順セリ　サテ解ノ位ニナレハ妙法体ヲ行者ノ心念ニ引下テ我カ物ト成リ
心ヲ懸当位一々々ノ修行所作ヲ業作ヲ成セリ　信ハ心ヲ懸法体一解行ハ心懸断伏ニ一
三蔵教ハ本門ノ朽木書也　■彼ノ三賢聞教ノ位ヲハ名順解脱分一　心ヲ懸極
果ノ聖位ニ一当位ヲ不懸目ニ一■　当宗ノ信心此意也　信ハ高々トメ尤モ高ト云ヘル
是也　四善根ノ位ヲハ名順決択分一　決択ト者決断ノ義ニメ断惑ヲ自身断惑ヲ懸心一

①底は「体」の下「如此一釈セリ」を挿入

（第二九紙）

解脱分ノ高位ニ不懸心一　是則迹門観心止観ノ立一部行解行ノ意也　解ハ下々トソ下レル
者也　其上信心ハ下種ノ所也　下種ト者久遠本仏内証法体ヲ其ノマヽ衆生ノ心田ニ

（第三〇紙）

宿之一　法体クタケテハ不可成下種一　本門ハ三世衆生最初下種ノ法也　当時既ニ
下種ノ時分也　以本門観心一一切衆生ニ可勧一者也

顕師筆

此御聖教本為閉本　此度為裏打
為巻本　貞享二年正月八日
日顕花押

奉修覆当家要伝一巻　全部
貞享三丙寅年正月廿三日

六即私記（訓み下し）

凡　例

一、本文は、尼崎市大本山本興寺所蔵の日隆真蹟本を底本とし、適宜、刊本（『皆久問題資料集』第五巻所収）を参照した。
一、原文にある返り点・送り仮名に従って本文を構成したが、理解の便を考慮し、句読点及び助詞をなるべく多く用い、また適宜、段落（改行）を設けた。
一、漢字は常用漢字を原則とし、略字・異体字・約束字、および通常漢字表記の語をカナで表している場合などは、適宜、通常の漢字に改めた。
一、妙法蓮華経・法華経などについては、「華」の字体に統一した。
一、妙○経・妙法経などは適宜、妙法蓮華経とした。
一、付属は「付嘱」の字体に統一した。
一、惣在・惣名などについては、「総」の字体に統一した。
一、是・以・此・之・斯・其・復・亦・於・従・在・有・無・不・非・自・耶・可・也・為・者・物・玉・爾・事・先・又・争・加之・所謂、等の字は、適宜、仮名書きとした。
一、仮名はひら仮名表記とし、現代仮名遣いを原則とした。
一、ルビは、原本にあるものの他、必要と思われるものに付した。
一、引用文は、「　」で括り、できるだけ訓み下しとし、可能な限り現行刊本の巻数・頁数を示した。
一、原文にはないが、補った方が理解に便であると思われる時など、編者が加えた箇所は（　）を付して、明了ならしめた。

一、頭注の「底」とは、底本とした写本の意である。
一、引用文中の省略記号の「〇」は、適宜「全略」「前略」「中略」「後略」とした。
一、原本では、観行即の部分にだけ目次が付けられているが、読者の便を考慮して、他の箇所についても本文に従って目次を作成した。
一、原本の目次と本文中の標題には、その表現に若干の相違がみられる場合があるが、そのまま再現した。
一、略号は次の通りとした。

定遺	昭和定本日蓮聖人遺文	籤	法華玄義釈籤
正蔵	大正新脩大蔵経	記	法華文句記
玄	法華玄義	弘	摩訶止観輔行伝弘決
疏	法華文句	伝全	伝教大師全集
止	摩訶止観	仏全	大日本仏教全書

例えば、「正蔵九―一九a」は、大正新脩大蔵経第九巻一九頁上段の意であり、他もこれに準ずるものとする。

目次

題簽　他筆

六即私記　三巻の内、総釈

袖書き　他筆

寄進し奉る御聖教軸表紙二巻の内

施主　大坂大津与市右衛門

（第一紙）

（以下、真筆）

六即の下《しも》

問う、六即・七位の同異は如何。

答う、天台学者はこの六即をば本覚の立行と云って、迹門に猶をこれを明かすべからず。況んや爾前に於いてをや。仍って、七位は教位にして名別義円の次位、従因至果の配立にして、断而不断の次位、即ちこれ始覚の断道なり。六即は本覚の立行にして名義倶円の次位、従果向因して不断而断の断道なり。いかでか権迹の諸教にこれを明かすべきや。これに依って弘の一に云く、「*この六即の義は一家より起こり、深く円旨に符して永く衆過無し」と云云。この六即は天台一家の深旨、観心最要の本覚の観位と覚えたり等と云うなり。

この（弘一之五）正

蔵四六―一七九ａ

止観は迹門に依ること

問うて云く、当流の相伝には、この止観の六即をば、天台・妙楽外適時宜の辺は迹門の六即な

（第二紙）

り。迹門の六即は、本体は開権唯円の上にこれを立つ。而して、約教の意を兼用し、開未開の諸部の円を共同してこれを立つと定め給えり。何ぞ天台学者の義に違するや。

答う、玄文止の教相の大旨はこれ同じと雖も、その異り無きにあらず。所以に玄義の意は、まず教に約し、次に部に約す。部妙開顕の上に本迹の教相を判ずるなり。止観一部は、住前未証の凡位、名字・観行の上に権実不思議の観心を示す間、且く本迹釈をば指し置きて来世の果報の時を期して、これを釈せず云云。但し、権実教部に約して観心を釈する時、開権顕実の止観一部を宣べ、約部妙の止観を以て面に立て、而して約教々円の止観を兼用して開未開・諸部の諸円共同の円頓止観を論じ、助に漸・不定を用い、正助合行して三種止観を立つ。三種止観共に三円相対して円教の止観の内に華厳・方等・般若・迹・本・涅槃の諸円を置き、三種止観総在の摩訶止観と名づくるなり。されば今経迹門の意、迹の十妙の意、体玄義の意は、止観一部の意と全同なり。この意を以て弘の三には「*今は法華の迹理に約す。中略故に知んぬ、一部の文共に円乗開権を成す」と定判し、籤の一には「*彼の文の妙観は独り円に在り」と云云。「独り」とは、諸部の円を一独すと云うことなり。しかのみならず、止の一の通・別の序に所開と祖承人法共に諸部共円の意なり。仍って円頓止観には先ず華厳の初めの仏恵を引いて、後に法華の方便品の十如実相を引いてこれを結す云云。止の五の十乗観を釈し畢って結する時は方便品に依る。次に観不思議境の理境三千を釈するに、初めに華厳を引き、後に迹門の十如実相を引いて界如三千を釈す。次に修境化他境を結成するに、迹門乃至中論の四句の文、並びに浄名の三観、次に四安楽行を以てこれを釈

今は（弘三之一）正蔵四六—二一七b～c

彼の（籤一）正蔵三三—八一六b

（第三紙）

す云云。その後、止観第七の末に至って一箇の十乗を釈し畢って二重にこれを結する時、初めにはこの十乗観法は迹門方便品の法説に依ってこの観を立つと云い、後には迹門譬喩品の大白牛車の文に依ってこの十乗観を立つと云云。次に、止の八に第二煩悩境の下の十乗観も譬喩品等の一大車の文に依ってこれを釈す。第三病患の下、十乗の結文も前に同じ。第四業相境の下の十乗の結文も前に同じ。第五魔事境の下の十乗結成も前の如し云云。止の九の第六禅定境の下の十乗観も前の如くこれを結す云云。止の十に第七諸見境の下の十乗観も皆な悉く譬喩等の一大車の譬文に依ってこの十乗観を立つ。第八の下々以てこれに同じ。意を一々にこれを釈す。この外、玄義・文句の諸文、悉く止観は法華の迹門に依ると定判する上は、今の六即も迹門開顕の六即にして諸部の円頓を兼用すると意得るは、尼崎流の相承の正義なり。但し、諸天台宗の学者の謀義に至っては、先ず一宗の内に於いて檀那流の義に背く。檀那流の義は、止観は法華の迹門に依って相承したるなり。恵心流の一義として、止観は根本法華に依り、結句は本迹にも依らずと云って、止観法華・天台法華の両宗各別なり。天台と真言の止観は全同と云うは大僻見なり。天下第一の謗法なり。仏滅後二千余年の間、未曽有の大邪義なり。委しくは四帖抄・二帖抄・名目見聞法華下の如し云云。

疑って云く、この六即の義の下に、この六即は開権観位の上に諸部の円を共せしめると云う証文有りや。

答う、文義分明なり。これを疑うべからず。仍って、弘の一の「この*六即の義は一家より起こり、深く円旨に符して永く衆過無し」の釈これなり。いわゆる「円旨」とは、諸部共円の円旨と云うことなり。この六即を釈し畢って末に問答釈を作る時、蔵通別の三教には即の義を明かさず、円教には即を明かす。故に、六即を立つる由を釈するなり。仍って、「問*う、何の意ぞ円に約して六即を説くや。答う、円に（諸法を観ずるを皆な六即という。故に円意を以て一切法に約して悉く）六即を用いて位を判ず」と云云。弘にこれを受けて、「答*えの意は、前の三教は諸法即にあらず。通をば即と名づくと雖も、但だこれ界内なり。この故に、即の名は唯だ円教*に在り。中略もし即を明かさざるには、将に何を以て円の前三に異なることを弁ぜん」と云云。しかのみならず、諸文分明なり。

（第四紙）

問う、三処の即身成仏は如何。

答う、総じて即身成仏に於いて、三処の即身成仏と云うことを沙汰するなり。謂く、一には三周の即身成仏なり。二には龍女の即身成仏なり。三には止観の即身成仏なり。この三種の中には天台学者は止観の即身成仏を以て本意となすと云うなり。

当流の義に云く、三種の中に三周と龍女は在世なれば、脱の即身成仏なり。止観は滅後像法熟益の即身成仏なり。共に迹中の即身成仏なり。これ等は、久遠下種の即身成仏に望むれば、聖身の成仏なり。これ爾前・迹門には久遠下種の名字の生身を覆蔵して、熟益の調停種に下種の名を

この　（弘一之五）正蔵四六―一七九a

問う　（止一下）正蔵四六―一二a

答え　（弘一之五）正蔵四六―一八一a

教　底は「説」正蔵による。

爾前（一代聖教大意）
定遺七三（取意）

与える故に、落居は聖人の成仏なり。一代大意抄に「*爾前には権者の成仏を明かす」と釈し給うこの意なり。本門の意は、十界聖衆の根本、生身の名字即の久遠下種を明かす間、久遠本果釈尊も名字即の生身の即身成仏なり。また、本因妙上行も名字の即身成仏なり。十界久遠と云う久遠も名字下種の即身成仏なり。この十界久遠の久遠下種の衆生、本を退して大通迹の名字・観行に移り、今日寂場華厳の座に来り、阿含に来りて熟し、八万は脱し、方等の三教は熟し、円は脱し、般若も又これに同じ。迹門に至って分脱す。これ等は、熟脱の辺は聖位の成仏なり。久遠下種に望めば、本門の即身成仏の人なり。これらの権迹にはこれを知らず、本門にはこれを知るれば久遠下種の即身成仏なり。これ即ち過現相対の本門六即の即身成仏なり。観心抄・稟権抄・法蓮抄・大田抄・玄の十の初め・玄の一の第三教相の意なり。

日道の仰せに云く、三処の即身成仏を次位に配せば六即なり。この三処は、熟と脱とは名字下種の即身成仏を立てず。故に、本因妙下種が顕われて還り見れば、三周も提婆・龍女も、正像の衆生の止観の機も、久遠下種の者なり。久遠下種とは、本因妙名字即なり。仍って下種に随えば、三処は六即倶本の名字の即身成仏にして、本門六即の即身成仏と成るなり。

（第五紙）

尋ねて云く、迹門六即の即身成仏は如何。

答う、止の一の六即の下毎に止観の二字を置く。理即の止観、名字の止観、乃至、究竟即の止観と云云。止観は実相・法身仏なり。これ六即六仏なり。これに依って南岳の心要に、「六即共に仏と云って、理即仏、名字即仏、乃至、究竟即仏」と云云。この六即経歴の止観の行者は、初縁実相して初後不二なり。故に凡聖一如にして、聖は聖ながら、凡は凡ながら、本有の成仏なり。即の一字、これを思うべし。この即をば、爾前の四教は隔歴する故にこれを明かさず。迹門には法身仏に即して、久遠の釈尊・上行に即さず。仍って、九界と九界、九界と法身仏とは即すといえども、報応と報応と即さざる六即なり。故に、止観一部に本迹釈を作らざるなり云云。

示して云く、この迹門流通止観の六即の即身成仏は、観行即の即身成仏を顕わさんが為なり。観行即の即身成仏とは、解行の上の仏母実相・一念三千の即身成仏なり。弘の五に云く、「当に*知るべし、身土は一念の三千なり。故に成道（の時、この本理に称うて一身一念）法界（に遍ねし）」と云云。

当に　（弘五之三）正蔵四六―二九五c

（第六紙）

尋ねて云く、本門六即の即身成仏は如何。

答う、本門も迹門の如く六即六仏なり。但し、迹門の六即六仏と云うは法仏なり、実相の仏なり。本門六即の仏と云うは、一品二半在世の仏は因果不二の本果の仏なり。本門八品上行要付の辺の仏は、因果一如の本因妙名字即、久々堅信の本仏なり。仏かとすれば凡夫なり、凡（夫）かとすれば仏なり。生仏一如の本覚の仏を性得に具するを理即仏と云い、始めて修に聞いて信ずるを名字の仏と名づけ、信行相続するを観行の仏と名づけ、乃至、生仏一如の本因妙の仏に究尽するを究竟即仏と名づくるなり。

故に、この本因妙の仏は妙法蓮華経を信行せしめ、三世本有として滅後末法に出でて本尊と成るなり。もとより一切衆生は生仏一如の生界なれば、仏と末法衆生と一如にして父子天性は久遠なり。この本因妙の父仏とは上行菩薩なり。上行本因妙と本果釈尊と総在すれば妙法蓮華経なり。仍って、本門八品に説く六即六仏の仏とは妙法蓮華経なり。この妙法蓮華経は本地久遠無作三身の総号なり。

故に知んぬ、本門八品所説の六即の仏は、三業総持の口業言説の「*一心三観を一言に伝う」の口唱の妙法蓮華経なり。これ則ち末法一切衆生下種の本仏、口密利生の易行の仏なり。この仏に六の不同を立つ。即と云うは、本因妙上行堅信の妙法蓮華経なり。六は、本因妙名字堅信の体惑の断を、観行よりは用惑を研く形なり。もとより即身成仏の実体は名字一即にてこれを極め体の三惑を断ずる故に、観行・相似已去は名字即仏の応用なり。この本門の六即は、爾前・迹門に分絶たる易行なり。御抄に云く、「*迹門より本門は下機を摂するなり。教弥《いよいよ》実なれば位弥《いよいよ》下し」と云云。

口伝に云く、本門八品上行要付の妙法蓮華経に十界皆成の種熟脱を明かす。熟脱は迹中に在る故に難行道に似たり。この故に、迹中の熟脱を破廃して、本因妙久遠下種を顕わす。十界皆成は名字即の成仏にして易行なり。本門にしては名字即仏にて有りしを、退本取迹して多劫を経るなり云云。仍って本門は、過去を以て根本の所となして、仏々に経て開近顕遠をなすことは、久遠本因妙名字信行の凡夫即極の易行を顕わさんが為なり。最秘の口伝に、本門は種子下種を顕わすと

一心（顕戒論上）正蔵七四―五九〇c

迹門（四信五品抄）定遺一二九六。定遺は「本門は機を尽すなり」

相伝するも、十界聖衆の過去の凡地は本門の本因妙名字即仏の易行なりと云うことを顕わすなり。法然聖人はこれを弁えず、本門の脱益の一辺を以て難行道と謗じて獄に堕す。結句は法華宗の中に本迹一致と云って、難易・種脱を混合して末法下種を失って謗法を成すなり云云。

（第七紙）

問う、上に聞こえたりと云えども、本門の六即一即の習いは如何。

答う、迹門流通止観の意は、様も無く観行の一即なり。但し、余りに飛び上る法門を好む程に、「等*覚は一転して妙覚に入る」の文を料簡する時、「妙覚に入る」の「妙覚」を理即と云って六即は本覚と云うなり。六即共に理即にては、但だ舎衛三億の衆生の如く、理性の眷嘱の如し。笑うべし、笑うべし云云。止観一部の道理は、前は観行の一即なり。

日蓮宗には諸御抄・如説抄・四信五品抄の如く、異義もなく名字の一即なり。この名字の一即をば爾前・迹門に明かさず、本門の久遠下種の時これを明かす。この名字の下種とは「或*いは知識に従い」の父は国王、「或いは経巻に従う」の母は妃、この父母和合の種子下種をば大通已下今日権迹の諸経に曾てこれを明かさず。

止観の名字即は、「或いは知識に従い」の父は華厳寂場の始成土民、「或いは経巻に従う」の母妃の諸経共円と父母和合する前六重の名字の妙解なる故に、熟益と成り下種とは成らざるなり。本門の末法相応の止観の名字即は、父は大王、母は妃の境智冥合、下種の名字即なり。この名字の一即を所詮となして六即を立つるなり。故に、六即倶本、本因妙名字総在の六即と云うなり。

等覚（止一下）正蔵四六―一〇c

或い（止一下）正蔵四六―一〇b

止の一の六即を廃迹立本してこれを見れば、観心本尊抄の総名総在の六即と成るなり。

（第八紙）

問う、玄の一、止の一の六即の不同は如何。

答う、大旨は教観の不同と云うべきか。六即は立所は観位なれども、玄義は教なり、止観は観なり。玄義の六即は、教が家の観位なり。然れば、妙法蓮華経を釈す七番共解の中の観心なる故に、名字即の観心なりと覚えたり。謂く、*玄の一に云く、（「観心とは即ち聞き即ち行じて精進心を起こさしむ」と）籤にこれを受けて、「*観心とは、一句を聞くに随って事を摂して（理を成ず。観境を待たず、）方に修観と名づく」と云云。この文、名字の観心と見えたり。この観心を以て下の六即を取り、六即共に妙法蓮華経の観心が家の六即なれば、ただ名字が家の六即にして、「*この妙法蓮華経は本地甚深の奥義なり」の本因妙名字即が家の六即となれば、還って久遠本覚の本因妙観心の六即と云われるなり。

次に止観の六即は発大心の下なり。この発大心は名字即なる故に、これも名字即が家の六即なれば、六即総在の名字即を大通下種の名字に還帰せしめ、またこの名字を久遠本因妙の父上行・妃の所に会帰して、「或いは経巻に従う」の慈母の境と成り、「或いは知識に従い」の上行父の智と境智冥合して下種を成じ、本地難思境（母）智（父）の妙法を顕わすなり。この時は、玄義の六即は父と智と名玄義と本とを顕わし、止観の六即は母と境と体玄義と迹とを顕わす。これ等の二辺を合すれば、名体不二の本門妙法蓮華経を顕わすなり。これを秘すべし云云。

玄の（玄一上）正蔵三三—六八二a
観心（籤一）正蔵三三—八一九a
この（私序王）正蔵三三—六八一c

（第九紙）

問う、一切の円人は必ず六即を経るや。

答う、天台学者の云く、一切の円人は必ず六即を経るべきなり。たとい直行の円人なりとも、即聞即行する処に名字・観行等を頓に経る義これ有り。一念の所にも微細の昇進これあれば、六即を経歴すと云うべきなり。日蓮宗の意も、信行・法行共に六即を経るべきなり。本門流通の因果は六即なり。その機は不軽なり。不軽既に六即経歴の行者なり。

日道の仰せに云く、一切の円人は必ず六即を経るべきなり。この円人は、名字の信心を下し、解行証を尚《たっと》ぶ円人に取ってのことなり。本門流通の本因妙名字信行の円人は、六即を名字の一即と経て、信心信行より外を経ず移さず、但だ名字信心の一念を以て神通乗の人の如く、飛鳥の如く、名字即妙覚の妙法蓮華経と堅信して、父母所生身即昇大覚位と即身成仏するなり。経に云く、「*須臾もこれを聞かば即ち阿耨多羅三藐三菩提を究竟することを得」と云云。豈に爾前の如く迹門の如く、六即具さにこれを経んや。これ併しながら信力・経力なり。全く自力に非ざるなり。記の十に云く、「*行は浅く功は深し、以て経力を顕わす」と云云。

私に云く、六即を経ずと云うは堅信の一節なり。然るに、*堅信の裏に如許の恵有り。如許の恵の辺にては次位を経るべきなり。この時は、名字が家の六即、信心が家の解行証と云われ、六即の即は信行の一面にて六の不同無く、而して如許の恵の裏には解行証の六の不同宛然なり。仍って、一心信心の妙法蓮華経の上に宛然として三千一念に帰する時は、六即一即の名字の本因妙上行なり。十界久遠の名字は三千周遍の名字即にして、権迹の諸仏菩薩は名字即の応用の解行証な

須臾（法師品）正蔵九―三一a

行は（記中十）正蔵三三―三四四c

堅信（弘五之四）正蔵四六―三〇三c（取意）

（第一〇紙）

一身　（弘五之三）正蔵四六―二九五c

は　底は「に」の送り仮名なるも「は」と読む

（第一一紙）

諸の　（玄一之上）正蔵三三―六八六a

り。また名字堅信の自然恵を法界遍照すれば、解行証十界の六即、三千世間依正宛然の六即は本有なり。我等一念の信心を以て総名を唱うれば、十界三千円備の六即は一心に帰し、一心に本分の六即を顕わし、「*一身一念法界に遍ねし」の本覚の成道を唱うることは信心の得なり、経力なり、釈尊・上行の護念力なり。仍って、六即は六即に非ず、只だ六即倶本の名字即なり。一即は一即に非ず、十界久遠の六即、六即倶本の本因本果、本因本果総持の南無妙法蓮華経なり。

天台宗の蓮華因果の口伝、これを思うべし。六即は唯だこれ本因本果なり。故に知んぬ、一返も南無妙法蓮華経と唱うれば、経力に引かれて一念の間に六即を経て、六即倶本の本因妙本覚の成道を唱うるなり云云。本迹一致の六即にては、日蓮宗の宗旨顕われ難し。疑い無く謗法なり云云。南無阿弥陀仏に六即を備えず、大日如来*は非因非果の法身にして六即倶本の名字即を具せず。これ久遠成道を明さざる故なり。委しくは別紙の如し云云。

問う、本迹の六即の不同は如何。

答う、玄義の六即は首題を釈す。観心の下の六即なる故に、本迹に約してこれを釈すべし。本迹は、廃迹立本して現在迹中の観行等の五即の熟脱を去って、久遠下種本因妙を顕わす。本因妙は名字即なり。玄の一に云く、「*諸の過去仏に於いて、もし一句をも聞くこと有るは名字即なり」と云云。「過去仏」とは本因妙上行なり。「一句」とは妙法蓮華経、世間相常住の一句なり。この名字即を以て迹中熟脱の小権迹の諸位の根源となす。これを従果向因の六即と名づく。これ本因妙の名字の凡位を根本となし、中間今日の観行・相似・分*真・究竟を以て所生となし枝末となす間、凡位・易行・本覚の六即なり。仍ってこの六即の時は、名字即に於いて元品の無明を断ず。元品の無明とは体の三惑なり。体の三惑とは、涌出品の時の断疑生信の疑惑なり。本門妙法蓮華経に相い副うて、元品の無明を疑と名づくるなり。当時日本国謗法の物これを起こす。治病抄に「*見思未断の凡夫の元品の無明を起こすこと、これ始めなり」と云云。この時、門流に名字易行の断惑を云うなり。かくの如きの六即は、六即倶本、本因妙が家の六即なり。

示して云く、玄の一の本門六即は、六即一即名字即の上にこれを立つ。故に、六即の即は妙法蓮華経の一句なり。玄の一に理即を釈するに、「*まさに六即を聞くべし。妙法蓮華経は理即なり。諸の過去仏に於いて、もし妙法蓮華経を聞くこと有らば名字即なり。深く妙法蓮華経を信ずるは観行即なり。妙法もて六根清浄となるは相似即なり。妙法蓮華経の中に安住するは分証即なり。唯だ仏と仏とのみ妙法蓮華経を究尽するは究竟即なり」と釈すべきと云えども、迹化の天台は猶を迹習に引かれて本化の付嘱を恐れらるるかの故に、妙法蓮華経をば略して只だ「*世間相常住は理即なり」と釈せり。世間相常住を妙法蓮華経と意得らるる為なり。その故は玄の一の本序に云く、「*この妙法蓮華経は本地甚深の奥蔵なり。中略世間の相は常住なり。三世如来の証得する所なり」と云云。文の心は分明なり。「世間の相は常住なり」とは即ち妙法蓮華経なり。故に知んぬ、妙法蓮華経は理即なりと書くべきなり。諸御抄の意、本門六即の即は妙法蓮華経なり。この法門は日存聖人の御己証なりしを、日隆これを伝授す云云。これを秘すべし、これを秘すべし。

真 底は「身」

見思 （富木入道殿御返事）定遺一五二二

まさに （玄一上）正蔵三三—六八六a（取意）

世間 （玄一上）右同

この （私序王）正蔵三三—六八一c（第一二紙）

真　底は「身」

真　底は「身」

脱は　（記一上）正蔵三四―一五六c

等覚　（止一下）正蔵四六―一〇c

（第一三紙）

口伝に云く、本門八品上行要付の南無妙法蓮華経に本因本果を備う。本因本果は即ち六即なり。本因妙とは、理即・名字・観行・相似なり。本果妙とは、分真*・究竟なり。この六即倶本の六即を従本垂迹する時、三五下種は名字即なり。或いは、久遠下種は名字即なり。大通結縁と書くは本種を退する故なり。故に釈の如く、観行即に属す。退大取小已来、今日の前四味までは、本の相似を体外の迹に経、迹の相似を体外に経る時、前四味に見思を断じ、密に塵沙を伏断し、迹門に体内に還り分真*に叶うて無明を断じ、本門に至って廃迹顕本して本の六即、終りの究竟即に叶い、「脱*は現に在りと雖も具に本種を騰ぐ」して、一品二半の脱の妙覚を以て久遠本因妙の名字の下種に還るなり。「等*覚は一転して妙覚（本因妙の名字）に入る」等と云云。「妙覚に入る」の「妙覚」は、本因妙名字下種の所に還入して、皆な悉く十界久遠の地涌の菩薩と成る。十界久遠の成道と云うも名字の成道なり。この覚より立って見れば、釈尊・上行並びに三世十方の諸仏も名字の成道なり。仍って、三惑断と云うも、金剛長寿の信心智の功用にてこれを断ずるなり。

口伝に云く、本門六即とは、本門八品にこれを説く。謂く、涌出・寿量に説く三世益物の三世衆生の本有の三因仏性の世間相常住の妙法蓮華経は理即なり。涌出品は本因妙、寿量品・分別品の一生八生の増損法身の脱益等は本果妙なり。また、未来の為にこの本因本果を総じて四信五品と説く。謂く、名字・観行・相似の因果なり。別して随喜品よりこれを説く。随喜の一品は本因妙名字即なり、功徳品は本果なり。不軽は本因果の証人なり。神力・嘱累の時、釈尊・上行は本因妙に住在して、本因妙口密の総名を以て本因妙上行の口密に付するなり。この時は、釈尊の口

（唱）を上行の口唱に付す。所付の法の口唱の総名は、皆な悉く本因妙名字即の上の所作仏事なり。仍って、本門六即は名字一即の上に上行要付を顕わさんが為なり。薬王品已下は分*真・究竟の応用を説いて正像に擬するなり。

私に云く、松林十三帖抄に、寿量品より妙音・観音品に至りて本門六即を習うこと、件の本覚と云う飛上りの義には子細無しと雖も、日蓮宗の「迹門より本門は下機を摂す」と云う本門の易行に背き、上行要付の経旨に違する間、これを用うべからざるなり。これを思うべし云云。

尋ねて云く、迹門六即の相は如何。

答う、迹門六即は七位に苻せられ、従因至果して断而不断に向い、始覚土民の父智と仏母実相不思議三諦三千の境と境智冥一して中道を顕わし六即を示す。謂く、止観一部の大旨はこれなり。この六即は、文は六、義は五なり。文は六即に経て信解行証と示すと雖も、名字の信心を方便に属し、前六重に置いて仮名と称し、虫の木を食むに譬え、三世の仏菩薩能生の根源たる名字即をば、位無し、或いは位短し、始覚なり等と云って、天台・妙楽は多分は名字の信行を以て五品の初随喜に摂し、有名無実の名字即と立て、結句は堅信の名字を捨て、観行・初随喜同等の解了に通達せる名字を取り、前六重に置いて、名は名字、義は観行の初めなり。故に、止観に機を定めて、「*高尚なる者は高尚なり」と云うなり。

ここに知んぬ、止観の六即は解行証の高機の為にこれを立てる故に、久遠の下機の名字並びに

真　底は「身」

高尚　（止五上）正蔵四六―四九ａ

今は　（弘三之一）正蔵四六―二一七b
（第一四紙）
迹門　（籤一）正蔵三三―八二〇c

信行を簡ぶ。故に、熟脱の上に六即を立てるなり。熟脱は迹中の所作なれば始覚なり。謂く、熟脱は権実、権実は実相、実相は迹門の正意なり。この実相に依って止観を立つ。止観をば「今*は法華の迹理に約す」と云云。ここに知んぬ、止観一部の六即は迹門の六即なり。六即の中には観行即を以て最要となす。六即一即は観行の一即なり。然りと雖も、今の六即は名字の位にこれを立つ。発大心・菩提心を勧むるは、観行即の正行を顕わさんが為なり。

疑って云く、本迹六即の相、聞こえたりと云えども、猶々当流の己証は如何。

答う、当宗の意は、本迹六即の約束は、本門六即は総名より起こる。その総名に本迹を備う。本は智なり、父なり、大王なり。迹は実相の境なり、母なり。この父母が境智冥合して下種を成ずる時、智父の大王を以て面となし、境の母妃を以て裏となして、本地難思境智の妙法蓮華経を成じて六即を経歴せしめるなり。

次に、迹門六即は体玄義の体妙実相より起こるなり。謂く、体理実相を「迹*門の正意は実相を顕わすに在り」とて迹門に有り。迹門と実相は共に権実を以て実体となす。この権実は仏母実相を論ず。智父は寂場始成の権仏土民なり。境母の円教の妃を顕わさんが為に権実を論ず。前三教の麁権の女は実母に非ず。円教の仏母実相を以て実母の妃となし、その妃と大通寂場の始成土民の父と和合して諸部共円の迹門□□（虫損）実相並びに円頓止観を成じ、六即の主となして六即を論ず。六即共に仏母実相の為に六即を経歴するなり。

仍って、名字即は智父を以て正となし、種子を論ず。故に、本門にこれを取って、六即は名字の一即と定めるなり。迹の六即は、智父は土民の故に、名字即をば仮説と下して、三諦仏母の名字即と云って観行・相似乃至妙覚までも体妙を顕わし、仏母実相の妃と父の土民旃陀羅とを顕わす。母は面、父は裏なる境智が冥一して六即を顕わし、止観を示してこの菩提心を顕わすなり。

猶を疑って云く、止観の六即、六即の実体は仏母実相なり、迹門の意なりと見えたる証文有りや。

答う、まず十如の中に、相は智父なり、性は境母の三諦なり。仍って、相如是は末法を顕わし、謗国の由を示す。御抄の如し云云。されば玄義に、本門妙法蓮華経の六即の理即をば「*世間相常住は理即なり」と云う。この文を玄の一の本序の初めには、「*本地の妙法蓮華経は即ち世間相常住なり」とこれを釈す。或いは本朝大師は、「世間相常住は本門の意」とこれを尚ぶ云云。

止観の六即を仏母実相の体と云うことは、初めの理即を如来蔵理の仏母三諦と釈し、名字即をも三諦一実の菩提を聞くと定判するなり。前六重の妙解、名字もまた三諦の名字なり。第七正観章に観行・相似の正行、一念三千の重と云うも、仏母実相の三千なり。この三千観に酬いたる果報、乃至、旨帰なれば、六即共に仏母実相の三千なり。故に、止観一部は三諦三千の解行の観心なり。仍って、一部の詮要は三種の止観なり。三種共に仏母実相の観なり。その中の正行、円頓止観をば初縁実相と云云。

世間（玄一上）正蔵 三三―六八六a
本地（玄一上）正蔵 三三―六八一c（取意）
（第一五紙）

迹門（籤一）正蔵三三―八二〇ｃ

これ等の文義、止観一部は仏母実相の「迹*門の正意は実相を顕わすに在り」の六即止観なりと云うこと疑い無きものなり。

修覆し奉る六即私記三巻の内　六即の下《しも》

貞享三丙寅年正月二十三日

日顕花押

題簽　他筆

六即私記　三巻の内、理即・名字即

袖書き　他筆

寄進し奉る御聖教軸表紙二巻の内

施主　大坂大津屋与市右衛門

（第一紙）

理即の下《しも》

（以下、真筆）

理即（止一下）正蔵
四六—一〇b

止に云く、「*理即とは一念の心、即ち如来蔵の理なり。中略具して不可思議なり」と云云。

日道の義に云く、一念心は即ち如来蔵の理云云。いわゆる一念とは、妙解を経たる正観の重ならば、八・九識と云うも子細無きか。それも止観一部の習いは機を以て法に摂す。法位の観心の重にてこそ九識・八識とも云うべきなり。機は未断惑なり。自力の八識・九識は叶うべからざることなり。今は前六重、なかんずく発大心の名字の凡人の初発菩提心の下なる故、但妄の理即なる間、第六識の一念なり。次に、本門六即の理即の意ならば、十界久遠の理即は本有の三因仏性一念なる故に、久遠質多の第六識なり。

世間（玄一上）正蔵
三三—六八六a

疑って云く、玄の一に理即をば、「*世間相常住なるは理即なり」と釈して、相常住を以て理即となす。今は性常住の三諦を以て理即となす。相違は如何。

この（私序王）正蔵三三―六八一c

迹門（籤一）正蔵三三―八二〇c

（第二紙）

答う、当流の意は、名体・本迹の不同と云うべきなり。所以に玄義一部は総名を釈し、総名は本門の意なる故に、六即共に妙法蓮華経の上にこれを立つ。向《さき》に書くが如く、妙法蓮華経は理即なり。妙法蓮華経は顕本事円にして相常住なり。文は迹に有りと雖も、義は本地の妙法蓮華経なり。これに依って玄の一に云く、「*この妙法蓮華経は本地甚深の奥義なり」と。文に云く、「世間相常住」と云云。仍って玄の一の六即は本門総名体具なる故に、世間相常住の文を引いて理即を釈するなり。猶も直に総名を引かざることは、付嘱に非ざる故、また上行付嘱を恐るる故なり。

次に、止の一の理即に三諦の文を引いてこれを釈することは、三諦は実相、実相は体玄義、体妙は即ち「*迹門の正意は実相を顕わすに在り」なる故に、迹門止観の大旨を存して、三諦を以て理即を釈するなり。故に、止観の六即は体妙より起こる故に迹の意なり。玄義の六即は総名より起こる間、本門の意なり。幸いに総名の観心は名字なる故に、観心の下の六即なれば、六即一即の名字即なり。名字即はまた爾前・迹門にこれを明かさず、必ず本因妙にこれを明かす。故に、玄の一の六即は、末代相応の易行の六即名字即なり。

尋ねて云く、理即に稟教修行の義有りや。

答う、心要に云く、「一切衆生の心性は即ち理即仏なり」と云えり。何ぞ聞かず知らざる理性に稟教修行の義有るべきや。もしこれに依って爾なりと云わば、四味三教の行人法華に来りて始めて名字に叶う。また迹中に断証の人、本門に来って初めて妙法蓮華経を聞いて名字の位に叶

法華（曽谷入道殿御返事）定遺一四〇八

（第三紙）

或い（止一下）正蔵四六―一〇b

もし（弘一之五）正蔵四六―一七九b

う。爰に知ぬ、爾前・迹門に三惑断の諸菩薩も権迹の当分は理即なり。これに依って曽谷抄に、「*法華経より外は理即の凡夫なり」と云云。何ぞ当分に於いて稟教修行の義なきや、如何。

答う、六即の大旨に任せば、理即に稟教修行の義これ有るべからずと云うこと、一辺の難の如し。但し、高祖師の御判釈に至りては、爾前・迹・本転入の理即の権迹当分の稟教修行は、元より論ぜざる処なり。今は本門の理即、本門の稟教修行これ有りやと云うことなり。仍って、本門の理即と定めながら、本門の稟教修行これ有るべからずと云うことなり。もし難の如くんば、名字即と不同なき者なり。稟教修行は名字・観行の得分なり。

義に云く、天台宗は理即に於いて五重有り云云。当宗には本迹の理即を沙汰すべきなり云云。

名字即の下《しも》

止に云く、「*或いは知識に従い、或いは経巻に従って中略皆なこれ仏法なり。中略但だ法性を信じてその諸を信ぜず」と云云。

弘に云く、「*もし名をも聞かずんば何によりてか能く了せん。中略誤れるかな、誤れるかな」と。

問う、当宗の意は、末法相応の次位は六即の中には何ぞや。

答う、諸御抄並びに如説修行抄・四信五品抄の説相は、末法の次位は名字即なるべしと云うこ

後の　（勧発品）正蔵九―五四c
悪世　（分別功徳品）正蔵九―四六a
唯だ　（譬喩品）正蔵九―一四c

（第四紙）

と分明なり。まず、法華経一部は六即なり。謂く、在世正宗は分証・妙覚なり。流通は名字・観行・相似なり。正法には相似を体外に経て、像法は観行・相似の位、止観これなり。諸御抄の如く、末法はこれ本門流通、名字下種の時機なり。仍って経文には、「後*の五百歳」乃至「悪*世末法時」と云云。廃迹立本すれば、悪世末法の時機は本門教弥実位弥下の名字信行の得分なり。本門は理極事変して顕本事円、本覚の教観なり。仍って、極善最極の深妙は極悪最下の悪人を摂す。されば、三世の悪人をば本門唯一仏乗のみこれを助く。熟脱の時は諸仏菩薩力を加え、三五下種乃至滅後末法の名字の下種は釈尊・上行「唯*だ我れ一人のみ能く救護をなす」の力なり。故に、本門は三世に顕本を以て所作となし種子無上と号す。種子は名字の位に有り。故に、法華経は迹中脱熟の面を以てこれを見れば、聖人を助くる様に見るといえども、顕本して三五下種の位を見れば、迹本一部共に名字即の易行を神《たましい》となし経旨となすと見えたり。仍って、二乗作仏・久遠成道をば、法然聖人は難行道と邪見して謗に堕し、天台と日蓮大士とは名字の凡夫の易行即極の経王を顕わすと示し給えり。一所の御抄に記小・久成を以て凡位の即身成仏の手本となす。謂く、三五下種の名字を退本取迹して熟脱の聖者と成るといえども、今経に至って顕本して脱を以て久遠の種に還れば、名字凡位の記小・久遠なり。なかんずく、本因妙の時は妙法蓮華経・釈尊上行は末法時の如く名字の凡夫なり、易行の妙法蓮華経なり。故に、釈尊は三世に経て上行を以て滅後の唱導となす。本門八品の経旨はこれなり。猶を一品二半の辺の脱の仏母実相の辺は聖道門に似たり。それも、父国王久遠下種の辺は名字の易行なり。況んや、八品上行要付の辺は、滅後の

後の（勧発品）正蔵九―五四c等

悪世（分別功徳品）正蔵九―四六a

後の（疏一上）正蔵三四―二c

末法（記一上）正蔵三四―一五七b

流通（四信五品抄）定遺一二九五

一念（記十上）正蔵三四―三四二b

而も（常不軽菩薩品）正蔵九―四五b

本尊大慈大悲の上行、三世に本因妙の名字に居し、貪体即覚体の本覚の信行を名字の信者に授く。末法は能所悉く名字の位なり。これ本門経王の易行の勝用なり。

疑って云く、猶々経釈に証拠ありや。

答う、前に出すが如く、経文には「*後の五百歳」並びに「*悪世末法時」と云云。疏の一に云く、「*後の五百歳、遠く妙道に沾わん」と云云。記に云く、「*末法の初め後略」と云云。伝教の釈に云云。一経の中に迹本の流通を合して十六品半は、四信五品抄に「*流通の一段は末法の明鏡なり」と云云。随って記の九の「*一念信解は即ちこれ本門立行の首」の文を出して初随喜と合し、二処一同に諸仏出生の門なりと示して、この位は相似・観行・名字の中には二所を去って「*而も毀呰せず」の言は名字即なりと定判し給う。これ等の経釈・御抄は一同に末法は名字の位と定め給えり。

猶を不審して云く、天台・妙楽は迹本の十六品半の流通を五品・相似と釈し給えり。止観には前六重に名字を以て方便に属し、正修を以て観行の位となすこと如何。

答う、諸御抄に粗ぼ分明ならず。正像末弘なんど判じて、玄・文ことに止観を以て恐くは有余不了の説と定め給うはこれなり。経文に賞翫あり。本門流通の名字の易行をば尚ばず、方便の仮説に属して深位の観行を以て最要となす。故に不了義の止観なり。さる間、法然聖人は止観を捨て念仏宗に移り、本門八品上行要付の本因妙名字下種の易行を了せず、謗法を成ずるなり。

（第五紙）

問う、日蓮宗の意は、本門名字即の位に於いて退位の義有りと云うべきや。

四信五品抄　定遺一二九五

答う、諸教准望の辺は計り難しと雖も、本門名字即に於いては退失すべからずと答うべきなり。

これに付いて明らかならず。夫れ、六即に就いて退不退を論ずる時、観行即猶を以て退位と定む。仍って、処々の釈に退位なるべしと定判し給えり。既に外凡は未断惑の位なり。諸教は皆な外凡をば退位と定めたり。観行既に爾なり、況んや名字に於いてをや。余教に准望するに、外凡の賢位は皆な悉く退位なり。何ぞ名字に限って不退なりと云うべきや。もしこれに依って爾かなりと云はば、*四信五品抄に記の九を引て云く、「一念信解とは即ちこれ本門立行の首なり」と判じて、「信解」の「信」と「之首」の「首」とは名字即なりと意得て次下に、「三釈の中に名字即は経文に叶うか」と云って「而も毀呰せずして随喜の心を起こす」の文を引いて、五十展転の「第五十人は初随喜の外なりと云うは名字即なり」、「本門は下機を摂するなり。教弥《いよいよ》実なれば位弥《いよいよ》下し」と云云。仍って、戒定恵を去って信心を取り、信心の名字即をば天台は「名字・観行の益は中略或いは忘ぜざるも有り」と云云。「忘ぜざる」は本門の名字不退なりと云う心を得てこれを結する時、「我が門人等は福十号に過ぎたり」と云云。

名字不退なりと云うこと分明なり、如何。

答う、本門の名字即は退すべからずと云うこと、一辺の証文の如し。但し一辺の難に至っては、六即に於いて本迹の不同有り。迹の六即は六即共に従因至果にして始覚なれば、観行退する上は名字も退失するなり。玄の六に「*名字・観行の益は隔生すれば即ち忘ず」とはこれなり。本門六即は六即共に従果向因にして、本覚の久遠本因妙・六即倶本の名字即を上行に付し、三世に仏滅後末法本門立行の次位と定むる間、名字即は即身成仏する故に、縦い隔生すれどもその位は不退なり。聽《やが》て玄の六に「*名字・観行の益は隔生すれば中略或いは忘ぜざる有り」の釈、その誠証なり。或いは「*一句も神《たましい》に染めぬれば微劫にも朽ちず」とも、或いは「*聞法の種子は永劫に失せず」とも釈して、たとい行人は隔生すといえどもその功徳は廃せずして終に覚りを成ずるなり。

次には本門名字の行人は、「*行は浅く功は深し、以て経力を顕わす」として、五十展転の功徳を備え、八十年の布施に超え、好賢樹・頻伽鳥の如く、天子・龍子の如く、既に*熈連一恒の物なり。仍って四味三教の極位の薩埵に越え、諸部の円人に勝れたる福十号に過ぎたる物なり。これに依って疏の九に云く、「*円教の初心は即ち退せず。寿量を聞くの功徳中略薫ず」と云云。記の九に云く、「*信心の中に於いて本地円門の妙智を信ず。中略位同じ」と云云。既に迹門の観行六根より本門の名字の信心勝ると云う処は、本門の名字不退は疑い無きものなり。或いは、法華信心の者をば諸仏護念し、鬼母・十女の神呪は護持力を相い副うて「*法華の名を受持する者は福量るべからず」の経力・護念力にて必ず不退を被らしむるなり。但し、これは五番神呪の「法華の名を（受持する）者は福量るべからず」の依他の不退なり。全く自力の不退にあらざるなり。

疑って云く、経力・諸仏の護念力に依って不退なりと云う証文有りや。

名字（玄六下）正蔵三三―七六一b

名字（玄六下）正蔵三三―七六一b

一句（維摩経略疏五）正蔵三八―六二四c（第六紙）

聞法（籤四）正蔵三三―二五六c（取意）

行は（記十中）正蔵三四―三四四c

熈 底は「竪」

円教（文句十上）正蔵三四―一三七c

信心（記十上）正蔵三四―三四三a

法華（陀羅尼品）正蔵九―五九b

*我れ（如来寿量品）正蔵九―四三c
*悉く（譬喩品）正蔵九―一四c
*唯だ 右 同
*行は（記十中）正蔵三四―三四四c
*縦使（弘一之四）正蔵四六―一七〇c
*もし（弘一之四）右同

答う、この経は諸仏より百千万倍勝れたる根本の本仏釈尊・上行護念の御経なり。軈《やが》てこの経を信ずる者は釈尊・上行の御子なり。「*我れまたこれ世の父」、「*悉くこれ吾が子なり」、「*唯だ我れ一人のみ能く救護をなす」と云云。随って五番妙経の神呪に、鬼母・刹女の擁護、福量るべからずの勝利いかでか退失すべきや。また、随喜品に説くが如く経力余経に勝れ、「*行は浅く功は深し、以て経力を顕わす」と云云。経力不退の故に、信浅き人も不退なり。これに依って弘の一に云く、「*縦使《たと》い発心の真実ならざる者も、正境を縁とせば功徳猶を多し」と云云。また云く、「*もし正境に非ずんば、縦い妄偽無くともまた種を成ぜず」と云云。いわゆる正境とは、「或いは経巻に従い」の妙法これなり。いかでか名字の行者退失すべきや。

（第七紙）

尋ねて云く、何の深旨有って迹門の名字即は退、本門の名字（即）は不退なるや。

答う、名字即は下種の位なり。玄の一の三種教相の如く、下種は必ず三五の過去に有り。三を去って、五の久遠下種を顕わす。久遠下種の位は本因妙なり。この本因妙は名字即なり。故に久遠本覚の名字即なり。この名字即の本主は上行なり。本涅槃妙末法の一切衆生は上行の御子なれば、この位を譲り、父上行と衆生の御子と父子天性冥一にして久本の名字即に居し、諸仏菩薩の頂上に居す。いかでかこの名字即を退すべきや。

仍って、断惑は知徳なり。智徳の浅深に依って退不退を顕わすなり。本門の父智は久遠本覚釈尊・上行の金剛智と仏母の経巻と境智冥合する故に、名字不退なり。「或いは知識に従い」の知

正直　定遺七九五～六

○

次下　定遺七六五

菩薩　（記九中）正蔵三四―三二四c

不退位　底は「退位」。「不退位也。不ノ字脱セリ。臨時ノ御失念」と貼紙あり。（第八紙）

識は久遠の金剛智釈尊・上行なり。「或いは経巻に従う」は仏母実相の十如の体妙なり。故に、母は冥密の益これ有り。真言秘密の教これなり。父智は顕益なり。故に、最初下種は必ず修顕の父に有り。父母境智冥合して惑を破すと雖も、破惑の功は智徳なり。仍って爾前・迹門は、智父は始成応仏の土民、母は円理なり。父の智力下賤なる故に、不退の位も本門に望めば退位と成る。況んや名字の退位をや。この故に、迹門の名字即は退失、本門の名字即は不退と云うなり。仍って、当体義抄一巻は悉く名字不退の証文なり。謂く、「*正直に方便を捨てて但だ法華経を信じ南無妙法蓮華経と唱うる人は、（煩悩・業・苦の）三道（法身・般若・解脱の）三徳（と転じて三観三諦即一心に顕われ、その人所生の処は）常寂光土なり」と云云。*次下に記の九の「*菩薩は已に無明を破す。これを称して解となす。大衆仍ち賢位に居す。これを名ずけて惑となす」の文を引き、権迹の断無明の衆を本門に望めば賢位となすと云う賢位は、本門の名字即なり。いかでか退失あるべきや。

口決に云く、爾前・迹門には信心・信行を明かさず。故に名字即を明かさず。されば、迹門六即の時は名字に位無く、位短しと云うなり。止観一部はこの意なり。仍って、仮名と云う故に退位なり。本門の意は、六即倶本の本因本果の六即なる間、因果総在の本因妙の六即を以て上行に付す。故に、名字の位は長しと云って、本地甚深の妙法蓮華経の所在なる故に*不退位なり。

口決に云く、迹門の智父は土民の始覚、境の母は実相の妃なり。本門は、智父は久成の釈尊大王なり。境母は実相の妃なり。然るに、久遠の名字即の下種の時は、智父大王と仏母実相と冥合

（第九紙）

智は（止六下）正蔵四六―八一c

法華（曽谷入道殿御返事）定遺一四〇八

法界（玄一上）正蔵三三―六八三b

して名字の信行を成ずるなり。故に、智父の久遠金剛智力に引かれて名字位は不退なり。迹門は、智父土民の始覚に引かれて名字下種の位を退するなり。

尋ねて云く、名字の位に断惑の義有りや。

答う、迹門の名字即は解行の故に未断惑なり。本門の名字は信智を用いる故に断惑なり。迹は六即を従因至果する故に、名字は未断惑なり。その上、迹門の六即の智は土民始覚の智なる故に、「*智は還って惑を成ず」して智光これなく、智還って惑に同ず。仍って、権迹の諸菩薩は当分に元品の無明を断ずと雖も、本門に至って動執生疑して、また元の名字の凡位に還って始めて本門を聞き、断疑生信して始めて名字の位に叶うなり。曽谷抄に云く、「*法華経より外は理即の凡夫なり」と云云。次下に、法華に至って始めて名字即に叶うと釈し給えり。この断疑生信の疑は、迹中の元品の無明が本門に来りて名字が家の疑惑と成る。信は本因妙の信智なり。この断惑は名字の摂属の分なり云云。

次に、本門六即は従果向因して六即共に六即倶本して、只だ本因本果の内にこれ有り。本因妙の名字の信智は、久遠金剛長寿の信智力賢固にして、一念の信心を以て疑惑を断ず。疑惑は元品の無明、元品の無明は体の三惑なり。相以・初住已上に用の三惑を断ずる行なり。これに依って「*法界の信を起こし円妙の道を増し、根本の惑を断じ、変易の生を損ず」の文、これ名字断惑の証なり。所詮、名字の信行を以て疑を断ず。疑は即ち無明なり云云。信行とは、廃迹立本の妙法蓮華経これなり。この妙法蓮華経を唱うれば元品の無明を断ずるなり。御抄に云く、「*生死の長夜を照す大灯明、元品の無明を切る大利剣はこの法門には過ぎず」と云云。この文は、信行を障る物は疑惑、疑惑は元品の無明と釈し給えり。治病抄に、「*見思未断の凡夫、元品の無明を起こすこと、これ始めなり」と云云。知んぬ、妙法を謗る疑心は元品の無明と聞こえたり。仍って、信者は自ら元品の無明を断ずと聞こえたり云云。

（第一〇紙）

問う、名字即の位は必ず折伏行を用うと云うべきや、如何。

答う、これに於いて種々の義これ有るべし。まず、迹門の止観所立の名字即の三諦仏母の或従経巻は、久遠下種の父大王の或従知識の裏に住して境と成る。故に、一向に父を簡ばず、母を簡ぶ。四教を用いるに、前三教の生無生無量の権理の母をばこれを捨て、諸部共円の仏母実相これを取り、四安楽の初随喜の名字は摂受なり。爾前の権と法華の実と、共にこれを用いる故なり。

次に本門の名字即は、或従経巻の母、三諦の実相をば、それ程これを簡ばず。堅く或従知識の父を重々にこれを簡ぶ時、弥陀・大日もこの娑婆界の衆生の為には父に非ず、今日寂場の妙覚の仏も権父なり、実父に非ず。迹門の大通覆講の父も実父に非ず。観心抄に云く、「*爾前・迹門の円教すら尚を仏因に非ず」と云云。その後、本門一品二半脱益の所を尋ね、法身実相の妃母は面に立ち、父大王の報仏は裏に立ちて脱益を施す間、玄・籤の七に、「*乃至、寿命を聞きて増道損生するは、皆なこれ迹中の益なり」乃至「*既にこれ今世は迹の中の本」と猶々これを糺明して、先

生死（諸経与法華経難易事）定遺一七五一
見思（富木入道殿御返事）定遺一五二二
爾前 定遺七一四
乃至（玄七下）正蔵三三—七六九b
既に（籤十五）正蔵三三—九二三c

ず久遠本果の父を置いて、復倍上数の本因妙の実父の大王を取って、止観実相の或従経巻の妃母の境と境智冥合して、本地難思境智の妙法蓮華経の下種を下す。仍って、本門の名字即は父の種子に約して折伏を用いるなり。迹門流通止観の名字は、或従経巻の三諦・三千の実相の母に約して摂受の法則を論ずるなり。但し、発大心の下は方言を簡び、苦諦に約して十非心を簡び、次に四教・四諦並びに十種の発心を簡び、四教・四弘・四重の三諦を簡び、六即に付いてこれを簡ぶ。これ等は摂受が家の折伏、熟益が家の下種、天台内鑑本門密意、名字下種の折伏なり。これ等は法理・法体の折伏なり。この法相は本迹勝劣の重なり。

（第一一紙）

尋ねて云く、この外の名字の折伏義は如何。

答う、理即・名字の衆生は、四土の中、浄穢の中には、この穢土・娑婆悪世にこれ在り。その悪人は真俗に於いて謬り多く、孔丘の五常は世間の折伏なり。仏出世して小・権・迹・本の折伏を示すなり。観行・相似より界外に移るなり。謂く、観行は意を移し、相似已上は色心共に移すなり。名字即は娑婆悪世の行位の正体なり。仍って、三五下種名字即の本土も娑婆穢土なり。本国土妙は即ち娑婆界なり。その能居の本因妙の名字即も行・位・土も娑婆なり。本涅槃妙滅後末法の名字下種の土なる日本国も本時の娑婆なり。三世に経て、名字下種の土は本時の娑婆穢土なり。故に、六即の中に、名字即には折伏を用いるなり。

次に、名字即は仏法に入る初門にして、初心始行の時機なり。その時機は無智にして、邪正を

この（玄六下）正蔵三三―七五五b

余教（籤二）正蔵三三―八二五c

爾前（観心本尊抄）定遺七一四（第一二紙）

分別せず。仍って謗法を起こす。それを捨邪帰正するは折伏なり。勧持の三類・不軽の四衆はこの意なり。

次に、名字即の人と云うは娑婆の衆生なり。この本時の娑婆界は、「*この土は耳根利なるが故に、偏に声塵を用う」とて、声塵を以て仏事を成す。音声に名字あり。名字に小・権・迹・本の分別を存す。無分別は謗法なり。それを分別するは捨邪帰正の折伏なり。

次に、名字即は下種の位なり。種子を下す父を簡ぶことは向《さき》の如し云云。今、下種の法と云うは、熟脱の法とは一代の大小に通じ、諸部の円に亘る。止観の如し云云。下種の法は、下種は権乗に亘らずと云って、小・権の法を簡ぶ。止観には法種を明かす故に蔵通別を簡び、諸部の円を簡ばず。故に、「*余教を以て種となさずと」云うなり。仏種の辺は、爾前・迹門・大通までも実仏これ無し。何を以て仏種となすや。観心抄に、「*爾前・迹門の円教すら尚を仏因に非ず」等とはこれなり。仍って仏種は、在世は一品二半に有り、滅後は八品に有り。八品は本因妙、一品二半は本果妙なり。且く本果を置いて、久遠本因妙名字下種の南無妙法蓮華経を撰び取って、仏・菩薩・一切衆生の最初下種とする。これ、下種の法は即ち折伏なり。

次に、玄の一の妙法蓮華経の為の三種教相は、種熟脱を以て久遠下種を顕わさんが為なる故に、初重教相は熟脱なり。この熟脱の根源、大通下種を第二に顕わす。第二の下種を以て、中間今日の小・権の得道は大通下種に取らるれば、皆な悉く別教と成り、有教無人・無得道なりと折伏せしむ。念仏・禅・律は無得道とはこれなり。猶を第二の大通下種を去り、廃迹立本して第三

本門（疏十上）正蔵三四―一三七a。「の衆」正蔵は「の数」

円の（止一上）正蔵四六―二a

但だ（止一下）正蔵四六―一〇b

（第一三紙）

直ち（疏十上）正蔵三四―一三八a

の本因妙名字即上行の下種を取って大通・今日得道の諸の衆生を照見すれば、久遠下種の得道にして、更に小・権・迹の経々の得分に非ず、皆な悉く本門の得道なり。*「本門の得道の衆は衆経に倍せり」とはこれなり。謂く、真言・天台を呵責するはこれなり。これは、本因妙名字即下種の折伏なり。

次に、名字即は教位なり信位なり。謂く、*「円の法を聞いて円の信を起こす」の位なり。諸教に通じ、皆な悉く教信の重には浅深勝劣を論ずるなり。況んや本門の名字即に於いてをや。本門を事円と云い、事教と云い、随縁真如と云い、三千宛然と云うは、皆な悉く本覚名字の教観なり。謂く、止の一に云く、*「但だ法性を信じて、その諸を信ぜず」と云云。教の重の分別・折伏は申すに及ばず。この釈は、名字即観心の重を書き顕わすなり。この時は、教理・開観共に、体内の権迹は体内の実本に及ばずと口伝すべきなり。この旨、諸御抄に分明なり。仍って、日蓮宗は顕本事円宗、理極事遍宗、四門倶有の有門宗、有無共有の有相宗、事理倶事の事相宗、摂折共折の折伏宗なり。故に知んぬ、名字の位は三世本有として事相折伏の本覚宗なり。故に、権実・本迹は法爾法然として、小・権・迹の諸宗は無得道なり。恐らくは、諸流の末学はこの正旨を得ず、謗を起こす者なり。

次に、名字即は信位なり。信行は、その機は初心始行にして、一法に心を留めば必ず得益有り、余に心を移せば正行を破廃せしめるなり。本門流通の分別品已下に四信五品を説くに、初二三品に事の五度・事の戒定を制し、信恵を取って廃事存理して、*「直ちに専らこの経を持す」の旨を示し、不軽品に至って「*読誦経典を専らにせず。但だ礼拝を行ず」と心狭くこれを行ず。「*これ無智の比丘」と謗られ、神力品に広略を簡んで、「*要を以てこれを言わば」とこれを付し、「*まさにこの経を受持すべし」と要法の成仏を示す。これ等は名字初心の信行、広を簡び要を取り、一行三昧に住せしめる行儀は自ら折伏なり。

尋ねて云く、天台宗は名字に於いて五重有り云云。しからばこれを用うべきや。

答う、当宗は広略を捨て要を取る初心始行の宗旨なり。故に、広学多聞を却き、信の裏の略恵を取り、折伏の恵を示す。故に、本迹の名字即を用い、五重の智教門を用うべからざるなり云云。

（第一四紙）

問う、本門の名字即身成仏の相は如何。

答う、このことは六即の即身成仏・名字不退・名字断惑の義に聞こえたり。然るに、まず意得べきことは、爾前・迹門の意は、信行を下し、信心を斥い、信行を去って法行に移り、解行証を以て宗旨となすなり。本門の意は、熟脱の解行証を下してこれを軽しめ、三世諸仏出生の本所なる久遠本因妙名字下種の信心・信行を最要となしてこれを尚ぶなり。仍って、本門には一念信解の功徳を宣ぶ。記の九に云く、「*一念信解とは、即ちこれ本門立行の首なり」と云云。「立行の首」とは、本因妙名字即の信行これなり。この信心はこれ「*道の元、功徳の母なり」と仏説き給えり。但し、成仏の無有《（ママ）》は信不信に依るべきなり。不信は名字を退し、堅信の人は不退なり。信心

読誦（常不軽菩薩品）正蔵九―五〇c
これ 右同
要を（如来神力品）正蔵九―五二a
まさ 同五二c
一念（記十上）正蔵三四―三四二b
道の（華厳経）正蔵一〇―七二b

致　底は「至」（第一五紙）
数々　（勧持品）正蔵九―三六c
我れ　右同
何な　（南條兵衛七郎殿御書）定遺三二一

堅固なれば、「或いは知識に従い、或いは経巻に従う」して、経巻の妙法蓮華経と知識の上行と冥合して信者と放れず、互いに随順して生仏一如なり。一如なる故に、煩悩即菩提・生死即涅槃なり。故に、我等の身体即久遠成道なり、これ上行なり。上行の行住坐臥即我等が行座なり。堅信の色心の歩々念々即上行・釈尊なり。声々は即妙法蓮華経なり。かくの如き行人、豈に即身成仏に有らざらんや。

　示して云く、諸御抄並びに観心抄・四信五品抄・如説修行抄・日朗抄は名字の即身成仏の証文なり。然るに、当宗の成仏に於いて、即意成仏と即身成仏の二意これ有り。謂く、但だ常途の如き平信の物、或いは観心自解の即身成仏の類は、法華経を口に信じ、意に信じたる信者なり。この分は即意の成仏なり。全く即身の成仏に非ざるなり。例せば生身得忍の如し云云。この上に折伏を*致し、如説修行抄並びに勧持品の如く三類に値い、僧俗に怨嫉せられ、流罪死罪に処せられ、「*数々《しばしば》擯出せられ、塔寺を遠離せん」の記文を顕わし、身軽法重して「*我れ身命を愛せず、但だ無上道を惜む」の受記を蒙り、不軽の如く軽毀の四衆に値い、杖木瓦石を以て打擲せられ、悪口罵詈は申すに及ばず、身口意に経て難を蒙り、謗家謗国の難を脱がる。これ真の如説修行の人なり。これを即身成仏の人と名づくべきなり。南条抄に云く、「*何なる大善を作り、法華経を千万部書写し、一念三千の観道を行じたる人なりとも、法華経の敵を責めざれば得道有り難し」と云云。その外、開目抄・報恩抄・如説修行抄・秋元抄・依智抄・初心成仏抄、これ等に盛んに身に法華経を行ずるを如説の行人と名づくと云うことを遊ばされたるなり。身に法華経を読む者は、本門名字即の即身成仏なり。しかのみならず、日朗抄に云く、「今*夜のさむきに付けても、籠の中の有り様、思いやられていたわしくこそ候え。殿は法華経一部を色心二法共にあそばしたる御身なれば、父母・六親・一切衆生を助け給うべき御身なり。法華経を人の読み候は、口と心は読めども身に読まず。色心共に遊ばされたるこそ貴く候へ」と云云。日像聖人は花洛*開発として勧持品の如く三類に値い、「数々擯出せられ、塔寺を遠離せん」並びに「及び刀杖を加うる者」乃至「外道の論義を説く」と云云。「国王大臣に向って」の大難に値い奉り、「我れ身命を愛せず、但だ無上道を惜む」の信心・信行に廃退なし。これ即ち日像門流の本門名字即の即身成仏の相なり。諸門徒に分絶えたる未曽有の即身成仏なり。恐らくは、諸門流には即意成仏の一分なり云云。日像京都開白(ママ)御弘通の大難、擯出は数度に及ぶ。その時に公方の追放の院宣を勧持品の文に引き合わす云云。聴《やが》て赦免せらる。その旨、日像の御抄に委悉なり。仍って、日朗・日像門流計りは如説の即身成仏なり。これに依って依智抄に云く、「今*日蓮は末法に生まれ、妙経五字を弘めてかかる責に値えり。中略数々見擯出の明文は但だ日蓮一人なり。一句一偈我皆与授記は我なり。阿耨多羅三藐三菩提は疑い無し」と云云。この文は名字不退・名字の即身成仏の証文なり。

難じて云く、勧持の三類と不軽の四衆とは、御抄の如く三世の不同これ有りと雖も、その義は以てこれ同じ。この四衆・三類の中に謗国の王難これ有り。経に云く、「国王大臣に向って」と云云。高祖大士は関東に御弘通と云云。日像は花洛*に向国王大臣等の大難を身に蒙り、身に法華経を読むこと、恐らくは高祖に勝れ給うか、如何。

今夜　（土籠御書）定遺五〇九（小異）

洛　底は「落」

今日　（種々御振舞御書）定遺九七一（第一六紙）

洛　底は「落」

は　底は「に」なれど「は」と読む
この　（如来神力品）正蔵九―五二c

（第一七紙）

事を　（籤一）正蔵三三―八一九a

答う、口伝に云云。諸門流は、口と意とに法華経を読む故に如説の門弟に非ざるなり。日像門流は*三業相応大白善の如説修行の門流なり。末法相応の本門名字の即身成仏の門徒なり。これを貴むべし、これを貴むべし。経に云く、「前略*この人仏道に於いて決定して疑い有ること無けん」と云云。即身成仏の未来記なり。

問う、末法相応の本門名字下種の観心の相は如何。

答う、教観一致なり。向《さき》に教相を示し畢って、その教相を動ぜず入我々入して、己心の名字下種を顕わすべきなり。観心本尊抄これなり。その義味は諸御抄に多々なり。まず、観心抄に止の五の本理三千の本末の文を引いて事具三千を釈するなり。理の三千は迹なり、熟なり。事の三千は本門なり、下種なり。既に文義相違と云うべし。然れば、開迹顕本観心本尊抄なり。

謂く、理境三千の仏界は法身実相の仏なり。これ熟脱の教主なり。この実相の仏と九界と互具して三千を成ず。その仏母実相を以て裏に成し、本因果国の報仏を以て面に立てて一念三千を成ず。在世は一品二半に置き、滅後末法上行要付の本門八品の辺は本因妙名字下種の所に置いて大通・今日を還り照せば、この本因妙これ無し。故に、妙法蓮華経の妙名の唱え出す初めは久遠本因妙名字即の所にこれ有る故に、名字即と号す。名字は妙名なり。故に、名字即は爾前・迹門に曽てこれ無しと云うなり。もし爾らば、五味主の本因妙を以て名字の観心となすべきなり。

次に、この名字即は信位にして初心なり。初心始行は必ず「事*を摂して理を成ず」して枝葉に意を懸けず根本に心を置く。もし枝葉の権迹の事に心を置けば正行を乱すなり。これに依って四信五品抄に文句の九を引いて云く、「*初心は縁に紛動せられて（正業を修することを妨げんことを畏る。直ちに専らこの経を持つは即ち上供養なり）事を廃して理を存す」と云云。玄の一に総名の観心を釈して云く、「*観心とは、一句を聞くに随って事を摂して理を成ず。（観境を持ちて方に修観と名づくるにあらず）」と云云。これ等の釈義の意は、名字の初心始行の観心は「事を摂して理を成ず」と打ち向って、根本を信じて枝葉の権迹を信ぜず。仍って、名字の位は信行なり。信は人の言と書けり。「或いは知識に従い」とはこれなり。仍って、名字即の観心を止の一に釈して云く、「*但だ法性を信じて、その諸を信ぜず」と云云。法性とは、「*諸の過去仏に於いて、もし一句を聞くこと有れば名字即なり」と云って、過去仏の本因妙の名字即に一句を聞いて、妙法蓮華経に心を懸けて信を致し、その諸の権迹を信ぜずと定むる故に、体内の権迹は体内の実本に及ばずと観心せしむべきなり。十章抄に云く、「*猶を体内の権は体内の実に及ばず」と云云。この分は名字即初心始行の信行観心なり。

後心深位の観行即の観心は、法性とその諸と本末の体用を論ぜず。爾前即法華経、法華経即爾前なり。迹に即して本、本に即して迹、迹本不思議一して、弥陀・大日即法華経、法華経即弥陀・大日なり。更に已心に分別を論ずべからざるなり。止の一に云く、「*必ず須く心観明了にして理恵相応し、（所行所言の如く、所言）所行の如くすべし」と云云。弘に云く、「*則ちこの心観と理と相応す。所行はこれ理に依って観を起こす。所言はこれ行に依って説くなり」と云云。また云

初心（疏十上）正蔵三四—一三八a

観心（籤二）正蔵三三—八一九a

但だ（止一下）正蔵四六—一〇b

諸の（玄一上）正蔵三三—六八六a

猶を　定遺四九二（第一八紙）

必ず（止一下）正蔵四六—一〇b

則ち（弘一之五）正蔵四六—一七九b

く、「観行はこれ恵」と云云。天台をば智者と名づけ、十徳を具え、自ら仏乗を解し、玄に法華の円意を悟る云云。悟解弘経、天機秀発の観行の観心なり。故に、止観の観心は権実不二なり、本迹一致なり。

尋ねて云く、向《さき》に名字下種の観心の文義は委悉なり。猶を諸御抄に証文有りや。

答う、本門八品は上行要付の本因妙名字信行の功徳を説くなり。観心抄に云く、「但*だ地涌千界を召して、八品を説いてこれを付嘱し給う。中略此れは種なり。中略此れは但だ題目の五字なり」と云云。仍って、この八品は開迹顕本総名体内の前三後三の簡別、本化・迹化の付嘱なり。故に、体内の迹化は体内の本化に及ばず。故に、総名体内の小権迹は総名体内の実本に及はずと云う心地を説くなり。これ則ち総名所在の名字下種の開会・観心の形なり。これに依って一代大意抄に云く、「絶*侍妙の意は、一代聖教即法華経なりと開会す。また法華経に二つのこと有り。一には所開、二には能開なり」と云云。この文、絶侍妙の上にまた能開・所開を分つ。これ名字が家の開会なり。

次に、開目抄の上に記小・久成を以て三千を成じ、本因本果を以てこれを結し、真の十界互具百界千如一念三千なるべし。かうて顧れば、花厳・阿含・方等・般若・阿弥陀経・大日経等の権仏等は、この寿量品の仏の天月暫らく大小の器に浮べ給えり」等と判じ給えり。既に一念三千の体内に本迹を分つこと明らかなり。

但だ（観心本尊抄）定遺七一二～五

絶侍（一代聖教大意）定遺七三（第一九紙）

又本　定遺七一四

但だ（当体義抄）定遺七五九～六〇

初方（止一上）正蔵四六―四a（取意）

次に、観心抄に本門三段を釈し畢って云く、「*又本門に於いて序正流通有り。過去大通仏の法華経より中略皆な寿量品（ママ）の序分なり。一品二半よりの外は小乗教中略未得道教（と名づく。）中略禽獣に同ずるなり。爾前・迹門の円教すら尚を仏因に非ず」と云云。向《さき》の本門三段の中の正説たる唯本の上に三段を分つ。故に「又本門に於いて」とは釈するなり。これまた名字の信行観心体内の本迹勝劣は分明なる者なり。

次に、当体義抄に妙法蓮華経の体理を釈するに、十如実相の文を引いてこれを成ず。この妙法実相の体内に権実・本迹の信謗を分ち、「*但だ法華経を信じ、南無妙法蓮華経を唱える中略本門寿量の当体蓮華の仏とは日蓮が弟子檀那等のことなり」と云云。この文は、本門総名が家の実相の体に本迹を分つ明文なり。これ等の諸文、皆な悉く名字下種の開会・観心の相なり。これを秘すべし。これを秘すべし。

尋ねて云く、天台・妙楽の釈の中に、名字即の観心に於いて所観の法を簡ぶ証拠これ有りや。

答う、止観一部は天台己心中の不思議観なり。然るに、前六重並びに大意の下の発大心は名字の位なり。謂く、下種種子を顕わさんが為に、章々段々に是非を簡ぶなり。仍って、*初方言の下に、矣梨駄・汗梨駄の二心を簡んで、質多の慮知心を取る。この慮知心有る十非心の中に猶を九縛一脱とこれを簡び、この菩提心を示し顕わして、猶をこれを顕わす中に三重に簡ぶ時、四教・四諦に就いて三円を簡び、十種発心に就いてこれを簡ぶ。次に、四教・四弘に就いて三と円とを

もし（止一下）正蔵四六―九c
発心（弘一之四）正蔵四六―一六七a
もし（弘一之四）正蔵四六―一七〇c

（第二〇紙）

簡び、次に六即に就いて止観を顕わし、これを以て名字の為にこの菩提心を顕わすなり。これに依って止の一に云く、「*もし能くかくの如く非を簡び是を顕わし、権を體《さと》り実を識りて発心する者は、これ一切諸仏の種なり」と云云。また云く、「*発心僻越すれば万行徒らに施さん」と云云。また云く、「*もし正境に非ずんば、縦い妄偽無くともまた種を成ぜず」と云云。名字即の観心の心内に正境・正法を簡ぶことは、下種は権迹に亘らざる故に、観心の重に於いて猶をこれを簡ぶ者なり。

左手《さて》、第七正修止観の観不思議境の一念三千の重にはこれを簡ばずと雖も、猶を開権の上に三円を立て思議・不思議を顕わして、思議に即して思議・不思議倶にこれ法界独朗の止観なりとこれを示す。況んや前六重の名字の観心に於いて所観の法を簡ばざるをや。故に、還って前六重の妙解の名字は、天台は本門の密意と成すを、且く外適時宜の迹の流通の辺に、妙解の名字の下種を以て方便に属するなり。この辺は、止観は有余不了の説なり。

両師の口伝に云く、止観第五の正修止観の観不思議境の心地とは、理極事遍して、一心即三観、法界一念即三千法界にして、万法の依正は自然と自受法界して自受用本有の智体なり。故に、天真の上に独朗円明の智光法爾なり。仍って、三千の名相も久遠なり。三千の体性も本有なり。これ即ち不思議の上の思議、寂照不二の上の寂而常照なり。かくの如き自受用本有の智は、本覚名字即の観心の重なり。三千の事々、その体は宛然としてこれ有りと云うに、体在れば名在り、名・体は久遠本有として自受用智なり。智は名なり、名は事なり。事智即久遠本因妙の名字

（第二一紙）

即なり、名字の事智なり。故に、不思議の上の三千本有の事智の辺は、本覚名字即の観心なり。その故は、天台の内証も、まず妙解を経て観不思議境に至るかと思いたれば、初めの妙解・名字に還って名字即極と観達する故に、観不思議境の上の事智、名相の三千自受用智は、即ち本因妙の名字即なり。この天台の内鑑は、久遠本覚本因妙の名字信行の止観なりといえども、迹化の面、外適時宜の辺は、名字を下して観行を尚ぶなり。

天台内鑑本密の辺を以て見れば、南岳・恵文、乃至、龍樹等も、本因妙名字即の行人なり。仍って三世の諸仏も、仏名と口業の仏事は名字の成道なり。釈尊・上行の転法輪、口密の仏事は本覚の名字即なり。然りと雖も、名字即の観心の心地は、体内の権迹は体内の実本に及ばずと落居する。これ本門八品上行要付の観心なり。

（第二二紙）

問う、六即を名字一即と云う習いは如何。

答う、天台学者の六即一即と云うは、理即の一即と云うなり。その故は、世間相常住の理即なりと云う故に、六即を経已って「*等覚は一転して妙覚に入る」する妙覚は、世間相常住を妙覚する故に、妙覚は理即に還ると云うことなり。故に意は、「理即に入る」となり云云。然りと雖も、止観一部の大旨に任せば観行の一即なり。これまた諸御抄の義に相い叶うものなり。この時の六即は、悟解弘経・自解仏乗・天機秀発・智者解行の六即一即なり。

次に、末代相応の本門流通下種の六即一即というは、名字の一即なり。故に、天台の止観は観

等覚（止一下）正蔵四六―一〇c

一念（記十上）正蔵三四―三四二b。定遺一二九五所引

観心（玄一上）正蔵三三―六八二a

観心（籤一）正蔵三三―八一九a

（第二三紙）

総じ（疏九下）正蔵三四―一二九b

行即を以て観心の位となし、日蓮大士は名字即を以て観位と定む。謂く、如説修行抄・四信五品抄・開目抄・観心抄これなり。その中にも四信五品抄に分明なり。「*一念信解は即ちこれ本門立行の首なり」と云う立行に名字・観行・相似の三位有り。その中に、名字即を以て最要となし宗旨となす。故に知んぬ、末代は六即一即は名字即なり。この本門の名字即と云う名字は、妙法蓮華経の名字を聞く位に名づける時、名字即と云うなり。この本地甚深の妙法蓮華経を心性に具するを理即と名づけ、初めて妙名を聞くを名字即と号し、相続してこれを唱うるを観行即と名づけ、乃至、妙法蓮華経を至極するを究竟即と名づくるなり。この時の六即の即は妙法蓮華経なり。妙法蓮華経の観心を、玄の一には名字即と釈するなり。玄に云く、「*観心は即ち聞き即ち行ず」と云云。籤にこれを受けて、「*観心とは、一句を聞くに随って（事を摂して理を成ず。観境を待たず、方に）修観と名づく」と云云。この文、名字を観心と釈するなり。故に知んぬ、末代相応の本門流通の六即一即は名字即なり。

問う、本迹の名字即の不同は如何。

答う、本迹の名字の不同とは、上の本迹の六即の不同・六即の即身成仏の下に大概聞こえたり。然るに、本門流通の名字即とは、正説一品二半の時に廃迹立本して、脱を以て久遠本因妙の名字信行下種の南無妙法蓮華経に還って、上行も三五七九の衆も共に「*総じて如来の寿命海中に在り」して、十界久遠の成道を唱う。十界久遠の成道とは、本因妙名字の成道なり。仍って、無

始無終の久遠劫に釈尊初めて南無妙法蓮華経と唱え出して、名字即に叶う処の妙名を、また上行の御口に移し、妙名を以て上行の御口に唱え出して、権迹の九法界に唱えしむ。この時、初めて本門の名字の位に叶い、上行体内に流入せしむ。然るに、本果釈尊は本涅槃妙の由を唱え、恒例に任せて本門八品を説いて、上行に本因妙の南無妙法蓮華経を付す。今昔異なりといえども、能付の釈尊、所付の上行、本時の娑婆国土、所付の法位、本因妙名字即所在の妙法蓮華経とは同じ物なり。かくの如く、本門八品上行要付の会場は、十界久遠総在の本因妙の儀式なり。観心抄に云く、「*末法の初めと中略此れは種なり中略此れは但だ題目の五字なり」と云云。末法と下種と題目と、豈に本因妙久遠の名字の会場に非ずや。これより出でたる本覚の名字即は、迹門に曽てこれを明かさざるなり。止観の前六重に名字即を釈すと雖も、肝心の信を捨てて解を取って名字となすなり。これ高尚の名字即なり。

*末法　定遺七一五

尋ねて云く、迹本の名字の不同、猶を委悉にこれを示すべし、如何。

答う、当流の意は、迹本流通の大旨を論ずる時、迹門流通の意は五重玄の中には体理実相の境妙を以て本主となす。故に、六即の時も体妙実相を以て即の主となして六即を作る故に、三諦の名字を聞くを以て名字となすと云うなり。止の一の心要にこれを釈す云云。故に、信心の口密の辺を捨て解を取って名字即の正体となす間、名字をば仮名・仮説と云うなり。これ恐らくは聖道門の名字即なり。法然聖人はこれを捨つ云云。但し、熟益に名字即の名を与え、観行即・五品の初随

（第二四紙）

云う　底になし

等覚　（止一下）正蔵四六―一〇c

（第二五紙）

喜に且らく名字即の名を与う故に、「名字の位短し」とも「名字の位無し」とも「仮説なり」とも*云う。故に、名字即は正観に入る方便なりと云うなり。

本門流通の意は、五重玄の中には総名を以て本となし、五義総在の総名を以て本意となし、一切諸経の根本の本主となす間、これを以て六即の主となす。六即の即は妙法蓮華経なり。仍って、妙法蓮華経を一切衆生の心性に具するを理即と云う。故に、初めて妙法蓮華経の御名を聞く故に名字即と云うなり。曽谷抄の如く、相続して南無妙法蓮華経と唱えば本門の観行即なり云云。この名字即は、解行の名字即を捨てて易行を好んで信心を取って実体となし、十法界の根本種子となす。故に、この総名は本迹釈を好んで、廃迹立本して久遠の因果総在の本因妙名字の信位に有って、十方三世の諸仏菩薩等十法界の根本種子と成る。

されば、この本因妙の名字即を根本となし、下種となし、第二番の大通乃至今日前四味の間に観行・相似と調熟せしめ、今経迹門の時に分証に居し、一品二半の時に究竟即に叶い、「*等覚は一転して妙覚に入る」の妙覚は即ち久遠本因妙の名字に会帰して、十界名字久遠の成道を唱え、名字の即身成仏を顕わす。故に従果向因の名字即と称し、本覚の名字即と名づく。この従果向因の本覚の六即の時は、名字即にて元品の無明を断ず。元品の無明とは疑惑なり。これ体の三惑なり。観行乃至相似より初住の妙覚に至って、用の三惑を断ずるなり云云。故に、この名字は不退なり。迹の名字は退なり。

次に、迹門六即は始覚にして、従因至果の断道なり。故に権実釈を用い、熟脱を成じ、解行証を以て本意となし、名字の信位を下す。故に下種を明かさず。下種を明かさざる故に、熟益・観行の所摂なり。されば、「名字の位無し」と云って、名字即を以て観行の初めに摂す。これ智者の自力の名字なり。経力・信力の名字即に非ず。故に知んぬ、「教弥《いよいよ》権なれば位（弥）高し」の名字即にして、過時の名字即なり。

疑って云く、何の深意有って、本門の名字は信力を以て惑を断じ不退、迹門の名字は解行を用い結句は惑を断ぜず退位なるや、如何。

答う、本門の意は、爾前・迹門に名字の位を明かさず。名字の位は久遠の本因妙上行の所居に在り。仍って、「或いは知識に従い」の父は、釈尊・上行の金剛長寿の智なり。「或いは経巻に従う」の母は、本極法身の実相なり。この父母が境智冥合して、境の母を以て裏となし智の大王を以て面となして信智を成ず。信智は久遠金剛の智力なり。この堅信大王の智を以ての故に、その行人は初心なりと雖も、用いる所の信智の力に依って元品の無明を断ずるなり。故に、六即の中には名字の一即を以て本意と為すなり。これ六即総在の名字即なり。この名字即は、「教弥《いよいよ》実なれば位弥《いよいよ》下し」にして、貪体即覚体の名字即を至極となして、一切の凡人を居せしむるなり。仍って、神力品の以要言之の上行要付の要の時、これを付し畢んぬ。

次に、迹門流通の止観の名字即は、薬王等の天台これに居す。故に、「或いは知識に従い」の父は迹門の仏菩薩の土民、「或いは経巻に従う」の母は三諦実相なり。父を以て裏となし、母を

（第二六紙）

以て面となす父母が境智冥合して解行を成ず。故に、父の智は土民無常にして始覚の智なる間、智力弱くして名字を賤しみ観行を尚び、名字は仮説と観心する故に、惑を断せず。惑を断ぜざる故に退位なり。「名字・観行の益は隔生すれば即ち忘ず」*とはこれなり。故に、この名字即は六即兼別の名字即にして悪人を助けず。悪人を助けざる故に、像法の衆生を益す。恐らくは「教弥《いよいよ》権なれば位弥《いよいよ》高し」の位なり。この故に、爾前諸経の円に共同して摂受の四安楽行を用い、権実兼用して下種を覆蔵し熟益を成ずるなり。故に、嘱累品の広略体妙の付嘱の時これを付し、即これを請け取って像法の時、止観の前六重にこれを置いて方便に用いるなり云云。かくの如く本迹の名字即を意得て宗旨を了すべきなり。

尋ねて云く、日蓮宗に助行に用いる所の迹門の名字即と止観の名字（即）との不同は如何。

答う、大いに不同なり。まず、迹に於いて重々これ有り。謂く、第三本地総名体具の迹門、体外は第二大通下種唯一仏乗の迹門、今日一代分別説三の熟益教妙の迹（門）、法華前十四品の部妙の脱益と一品二半の脱益は迹中之本の迹門等なり。かくの如く種々なりといえども、在世脱益の迹は何れもこれを用いず。但し、下種の迹を取って、末法の本門下種の助行に備うべきなり。下種の迹とは、高祖の三五下種と書き給う三の大通下種なり。この下種の迹は、今日一代の諸迹の為の一乗の根源と成って、前四味の得道は分別説三の熟脱と成る間、爾前の得道も大通下種に随えば法華迹門の得道にして、爾前無得道なり。観心抄に「毒発等の一分」*と書き給うが如し。

名字（玄六下）正蔵三三―七六一b

毒発（観心本尊抄）定遺七一四

この迹門の時、諸宗無得道と折伏を成ずるなり。この五味主の大通下種*の迹を日蓮宗には助行に用いて諸宗を呵責せしむるなり。止の弘の五に云く、「*十法既にこれ法華の所乗なり。（この故に還って法華の文を歎ず。）もし迹の説に約せば、即ち大通智勝仏の時を指して以て積劫となす」と云う下種の迹を当宗にこれを用い、嘱累品の広略迹門の付嘱の中には略の迹をば大通下種と取るべきなり。この迹は同じ迹なれども、今日の諸迹の為には根本と成る。前四味の四教・諸部の円に共せずして結句、菩薩の処々の得入*も下種に随えば無得道と成るなり。故に、止観にはこれを用いざるなり。

次に、止観の前六重の名字即と云うは、化城品の大通の種には依らず、今日脱益の迹門の法・譬に依って、爾前諸部の円に共して妙解を成ずる名字即なり。弘の五に云く、「*同じく共に一の円解を成ずるを以ての故に」と云云。この止観の名字は、諸部の円に共して約教釈を帯するなり。この迹の分を弘の五に釈して云く、「*もし迹の説に約せば、（即ち大通智勝仏の時を指して以て積劫となす。）寂滅道場以て妙悟す後略」と。止に云く、「*身子の三たび請う所、法譬の三たび説く所、正しく玆に在り」と云云。この脱益の迹を止観に移して熟益を成じ、妙解の名字を示す。故に、信心を去って解を取り、解行相対して止観を成ずる故に、高祖は智者の解行を「*過時の迹」と遊ばされるなり。この止観の名字と第二教相の大通下種の名字と大いに別なり。この迹は部妙の迹にして、爾前に共せざるなり。高祖の観心本尊得意抄に、「*過時の迹」に対して、「*我が読む迹」と書き給う迹はこれなり。

の　底は「を」（第二七紙）
十法　（弘五之二）正蔵四六―二九二a～b
も　底は「を」
同じ　（弘五之一）正蔵四六―二七七b
もし　（弘五之二）正蔵四六―二九二a～b
身子　（止五上）正蔵四六―五二b
過時　（観心本尊得意抄）定遺一一二〇
我が　定遺一一二〇

口伝に云く、本門体外の大通下種の迹を廃迹立本して、本因妙の名字所在の妙法蓮華経の本地難思の境智の境に共して、本智の父と境智冥合して、智は面、境は裏にて同体の境智の妙法蓮華経にてこれ有るなり。籤の一に云く、「妙*法の両字は通じて本迹を詮す。（蓮華の両字は通じて）本迹を譬う」と云云。記の十に云く、「況*んや法華の号は一門を専らにせず」と云云。玄の一に云く、「こ*の妙法蓮華経は本地甚深の奥蔵なり。世間相常住」と云云。これを秘すべし。これを秘すべし。

問う、末法名字即の教信の機に対する宗旨なれば、教外別伝と示すは天魔謗法なりと云うべきや。

（第二八紙）

答う、末法は下種結縁の時機なる故に、教信の外に宗旨を立つるは天魔なり。これに付いて明らかならず。夫れ、一代聖教の大綱は浅きを去って深きに就き、四教の教々の教行証、思議・不思議宛然として、浅位の教信を去って不思議の極位に付く習いなり。天台も自解仏乗して教に依らざる故に、前六重の名字の教信を去って観不思議境に就く。「こ*の止観は、天台智者己心中（の所行の法門を）説く」と云云。「南*岳に稟承し、証他に由らず」と云云。三種の止観を立て、猶を教信を簡んで一心の止観を顕わすに、何ぞ天魔なりと云うべきや、もしこれに依りて爾なりと云はば、在々処々に闇証の禅師を簡ぶなり。弘の一に云く、「も*し聞かずんば、名を何に従ってか能く了せん。世人は教を蔑にして理観を尚ぶは誤れるかな、誤れるかな」と判じ給えり。当世の禅宗は疑い無く教外闇証の禅人なり、如何。

妙法（籤一）正蔵三三―八一八b
況ん（記十中）正蔵三四―三四九a
この（私序王）正蔵三三―六八一a
この（止一上）正蔵四六―一b
南岳（記一上）正蔵三四―一五一b
もし（弘一之五）正蔵四六―一七九b

答う、一辺の解釈、御抄等の如きなり。但し、一辺の難に至っては、教機時国教法流布の正法は、爾前・迹門にこれを明さざる本門上行要付の玄旨なり。縦い在世・滅後なりといえども、観行・相似已去の行証の時機には教外と示すべきなり。仏法初入の初信始行は、法を聞いて信を成ずる信行を以て下種を成ず。これ名字の位、これ諸仏の本懐なり。仍って、在世は分証・究竟の位なり。教信に依って一生に妙覚に至るなり。滅後正法は相似を体外に経、像法の止観は観行即に住して観心の行進む故に教信を以て方便となし、観不思議境の「証他に由らず」を修せしむるなり。末法は一向に下種結縁の時機なる間、名字の位と定判するなり。これに依って記の一に云く、「*序より正に至るまでは得脱の者に於いてす。故に開示悟入と云う。この降《のち》の外、余は皆な種熟なり。故に、未脱の者は益流通に在り。故に遠沾妙道と云う」と云えり。この文、仏滅後の流通は、種・熟の益と云う故に、正像は相似・観行に当る故に、自ら熟益に当るなり。爰に知んぬ、種の下種は自ら末法と聞えたり。妙楽の「*末法の初め冥利無きにあらず」と云う冥利は、名字の顕利は観行・相似已上なり。故に、末法の初めの冥利と云うは、名字の結縁下種を云うと聞こえたり。この外、諸御抄の証文は云云。

序よ（記一上）正蔵三四—一五七b

（第二九紙）

末法（記一上）正蔵三四—一五七b

尋ねて云く、日蓮宗に禅は天魔と云うこと不審なり。既に天台宗の元祖五大院の先徳は諸宗の浅深を判ずる時、第一は真言宗、第二は仏心宗、第三は法華宗と云云。何ぞ禅は天魔なりと云うべきや。

（第三〇紙）

答う、玄文止の三部を見るに、在々所々に闇証の禅師を破す。殊に観心の下にこれを破す。玄の一の観心の下に、六即の時、偏観の禅門を破す。止観の五の初めに、止観の機を定めて一種禅人これを非す。また当文の六即の下に、闇証の禅師を破す。弘に云く、「*世人は教を蔑にして理観を尚ぶは誤れるかな、誤れるかな」等と重々にこれを破す。これ等の諸文は疑い無く当時の禅宗と覚えたり。但し、教時*諍論の文に至っては以ての外の大僻見なり。真言のことは天台の時にこれ無し云云。然るに、本迹釈は自解仏乗、真言破文の未来記なり。真言経に本迹を明かさず。化道の始終・種熟脱を明かさず。土は界外の法界宮、これまた諸大乗に明かす。大日の法身また諸経に通じ、印を明かすこともまた諸経に通じて、更に希有に非ざるなり。法華本門は三世益物の過去の頂上に住して、唯一の仏乗となす。これを根本となして已下、大通已下の華厳・真言等の諸経を出生せり。仍って、大日はこの娑婆界の本主に非ず。久遠の釈尊・上行はこの本時の娑婆国の衆生の為に、久遠より主師親なり。主師親を知らざれば謗法なり。

次に、禅宗の依経起観は天台より已前・已後に繋きなり。伝教示して云く、「諸宗の勝劣をば経に尋ね、宗に定むべし」と云云。禅宗は教外といえども、西天に二十八祖、東土に六祖、六祖の初めの達磨より已来、金剛経を以て宗旨となし朝夕に誦す。もし爾らば、法華以前の権宗なり、或いは外道なり。但し、教時*諍論に、諸仏の心要を示す故に仏心宗と名づくることは無案内の妄見なり。所以に、天竺の外道も仏前より仏後は仏法を盗み入れて見計巧みなり。孔丘俗道また以て前に同じなり。爰に、天台より出世以前は、諸宗の宗義は正直にして依経立行をなすなり。天

世人　（弘一之五）正蔵四六―一七九b

諍　底は「浄」

諍　底は「浄」

（第三一紙）

台出世已後の諸宗は、玄文止を見て約教釈を見出し、諸宗所依の経と法華経とを混合して皆な悉く大乗宗と成り、小乗宗と云う物は更々無きものなり。十章抄の如く、「*日本国の謗法は天台の約教釈より起こるものなり」と。

この約教の上に約部、約部の上に迹本、猶を廃迹立本して本門八品上行要付の神力・嘱累の広略の体妙、小・権・迹の付嘱より諸宗は出生する故に、法華本門上行付嘱の本門の本尊を以て能生の根本となすことを、夢にも知らざる安然和尚はかかる大邪見を云い出して、慈覚大師と同じく天台の智水を切り放して真言宗と成り、禅宗に移ってより已来、天台宗は悉く絶え畢ぬ。

疑って云く、安然の禅宗に迷惑する由来、委悉にこれを聞かんと欲す、如何。

答う、我が朝に禅宗繁昌して寺領充満する故に、無力の天台学匠は多く禅宗に移り、天台の止観一念三千本覚の心地を以て禅宗に移し、禅法を高上に匠出して、猶を恐らくは天台止観の観心より勝れたる趣きを師資伝来してこれ有るを安然これを知らず、禅宗を以て第二と立つるなり。伝教の未来記の如く、経を尋ねて宗を定めば爾前の権宗なり。御抄の如くんば、外道なり。

尋ねて云く、本門法華宗を以て真言・禅宗等の諸宗の頂上となす口伝は如何。

答う、本門八品上行要付の神力・嘱累の本門の本尊妙法蓮華経を以て根本となして、正像の諸宗は出生したるなり。この上行付嘱の妙法蓮華経を以て本尊となして日蓮宗を立つ故、法華宗を

日本　定遺四九〇（取意）

以て諸宗の頂上となすなり云云。

（第三二紙）

問う、名字即下種の教相は如何。

答う、六即中に名字は下種の位なり。下種は信行なり。観行・相似は熟、熟は解行なり。分真*・究竟は脱なり、証位なり云云。謂く、名字（即）は下種の故に本迹釈を用い、観行・相似は熟益の観心にして意の止観を示す故に権実釈を用い、初住已上の脱益にまた本迹を用いて、廃迹立本して久遠の父国王を顕わすなり。観心抄に、「一品*二半より外は未得道教」と云云。仍って、先師の相伝に、本迹は下種種子を顕わし、権実は熟脱を顕わす。但し、一品二半の脱に本迹を用いて廃迹立本せしむるなり。然るに本門の意は、義味を以て諸教に亘して六即を作れば、即の義を闕くと雖も、教々賢位の聞教に名字の位はこれ有り。これ当分の下種の位なり。これを廃権立実すれば、大通下種の名字即計りこれを存す。この上に猶を廃迹立本すれば、久遠本因妙の名字即（第三三紙）計り真実の名字即なり、下種の位なり、信行なり。故に知んぬ、爾前・迹門には調停種の上に信行と名字の位とを立てたるなり。これ則ち、名は下種、義は熟なり。これに依ってこの宗の意は、名字即と信行と下種とは爾前・迹門に曽てこれを明かさず。本門の本因妙名字の信心下種の所にこれ有りと廃迹立本して、この本因妙名字信行の妙法蓮華経を取って本門八品を説いて上行に付し、上行より日蓮大士に付して本門法華宗を立つ。故に信者と号し、意業の一念三千観を置いて、本国土娑婆の声塵言説の三観総在の南無妙法蓮華経の妙名を取って口業に宗旨を立て、妙

真　底は「身」

一品　（観心本尊抄）定遺七一四

法蓮華経宗と名づく。この妙名開発の位を名字即と号す。この名字即は三世十方諸仏出生の本所なり。諸仏の根本下種の位なり。当時末法はこの名字下種の位に当る。故に四信五品抄等の諸御抄の本意は、本迹の能釈を以て久遠本因妙の名字の下種を顕わし、凡位の十界皆成を示すは、爾前・迹門の熟脱無得道の宗旨を顕わさんが為なり。

猶を尋ねて云く、名字下種の教相は如何。

答う、本門に廃迹立本する立本に本因本果有り。「*復た上の教に倍せり」と説き、釈に「*本門は本因を以て元*始となす」と云って、本因妙を以て本上の本となす。この本因妙名字信行の下種を修習して、諸仏・菩薩・三五七九の十法界と成る。然るに、衆生は退本取迹して大通に至り、中間・今日寂場の前四味・迹門・涅槃に来って熟脱するを、その現坐を以てこれを論ずればその経々の得益に似たれども、久遠本因妙下種の辺に約すれば本門の得道なり。故に、爾前・迹門・涅槃は無得道と成るなり。されば、大通下種と云うも久遠下種の功用なり。今日前四味の菩薩の処々得入と云うも、久遠下種の毒の発する故に三惑を断ずるなり。全く当分の力に非ず、久遠下種の功用なり。迹門・涅槃の得道も更に当分の力に*非ず、久遠下種の功力なり。故に、爾前・迹門・涅槃は無得道にして、本門独り有得道なり。文句の第九に本門正説の得道を釈して云く、「*本門の得道は数衆経に倍す後略」と云云。この得道の内に爾前・迹門の得道有りと雖も、下種に随えば本門に取られて、本門の得道と云うことなり。大田抄に籤の十を引いて云く、「*本地真因の

復た　（如来寿量品）正蔵九―四二c
本門　（籤一九）正蔵三三―九四九a
始　底は「旨」
非ず　底になきも意を取って補う
本門　（文句十上）正蔵三四―一三七a（第三四紙）
本地　（籤十九）正蔵三三―九四九c

今日　（弘三之四）正蔵四六―二五一b～c

日蓮　（富木入道殿御返事）定遺一五八九

諸経　（曽谷殿御返事）定遺一六五四

初住より已来、遠く今日（乃至未来の大小の衆機を）鑑みたもう。（故に知んぬ、今日の逗会は昔成就せるの機に赴く）」と。止の弘の三に云く、「*今日の声聞の禁戒を具することは、良に久遠（の初業に常を聞くに由る）」と云云。これ等の文義の意は、三種教相の中の第三の教相なり。御抄に云く、「*日蓮が法門は第三の法門なり」と云云。

疑って云く、名字即の教相の文義聞こえたり。諸御抄の証文これを出すべし、如何。

答う、諸御抄の証文のこと、総じて諸御抄の本意は、一代諸経は熟脱の上に本迹を以て廃迹立本せしめ、本因妙の名字の下種を取って本門八品に移し、上行要付の本因妙名字の信行を顕わして末法の衆生に授けて信行せしむること、出世の本壊なり。仍って、教機時国教法流布の教観を以て先代未聞の宗旨となすなり。末法の正位は名字即、名字即は下種、下種は信行なり。この名字の信心下種の根本は本因妙なり。この本因妙の教観を顕わさん為に、本迹釈に依って五味主の教相を示す。五味主とは三五の下種なり。三とは、三種教相の中の第二の大通下種なり。この下種を以て今日前四味の熟脱これを破して有教無人ならしめ、真言・天台を除いてその余の諸宗を破すなり。五とは、第三の本門久遠の下種なり。この廃迹立本の本種を以て大通・今日の小権迹を破して果頭無人ならしめ、久遠下種計りを以て五味主となすなり。曽谷抄に云く、「*諸経は五味、法華経は五味の主と申す法門は本門の法門なり」と云云。いわゆる「諸経は五味」とは、今日前四味並びに迹門脱益の辺、涅槃等の熟脱の経々なり。この諸経は三五下種より起こりて、廃

彼等（曽谷入道殿許御書）定遺八九六（第三五紙）

稟権抄（富木入道殿御返事）定遺一五八九（取意）

初め（法蓮抄）定遺九四九～五〇

観心抄 定遺七一四

迹立本の本因妙名字の下種を顕わすなり。これに依って大田抄に、爾前諸部の円の得道は三五下種の功力なる間、下種に随えば法華の得道なりと釈して云く、「*彼等の衆は時を以てこれを論ずればその経の得道に似たれども、実を以てこれを勘うるに三五下種の輩なり。中略（今日の逗会は昔）成就するの機に赴く」等云云。この文も、三の下種を以て爾前の得道を廃し、廃迹顕本して小権迹一切の得道を破するなり。次下に引く処の文句一の本末、籤の十はこの意なり。また*稟権抄に、「過去に寿量品を聞くを木に譬え、今日熟脱の五時八教、当分・跨節の大小の益を影に譬え、中略日蓮が法門は第三の法門なり」と云云。法蓮抄に、「*初め寂滅道場に十方世界微塵数の大菩薩（天人）等（雲の如くに集りて候し）大集・大品の諸聖も大日経・金剛頂経等の千二百余尊も、過去に法華経の自我偈を聴聞して有りし人々、信心弱くして三五の塵点を経しかども、この度釈迦仏に値い奉りて法華経の功徳進む故に、霊山を待たずして爾前の経々を縁として得道成ると見えたり」と云云。この文は、前四味諸経の得道は過去に自我偈の下種を成ぜし故に、下種が今日毒発して爾前の経々を助縁として、本門の一品二半を待たずして得道を成ずる間、更に爾前諸経の得分に非ざるなり。*観心抄に云く、「*爾前・迹門の円教すら尚を仏因に非ず。中略設い法は甚深と称すとも、未だ種熟脱を論ぜず。中略化道（ママ）の始終無しとはこれなり」と云云。爾前・迹門の円妙の王女が畜種を懐妊す。寂場・大通の父は畜生始成の仏なり。母の円理と畜種とに随えば、爾前・迹門の得道に似るといえども、久遠本門の天子の種子に随えば本門の得道なり。仍って、今日一代の権・迹・涅槃諸部の円妙の母と久遠の国王と和合して得道を成ずることは、本門の一品二半に

一品（観心本尊抄）定遺七一四
在世　定遺七一五
今本（観心本尊抄）定遺七一二
（第三六紙）

極成するなり。「*一品二半より外は中略未得道教と名づく」と判じ給うはこれなり。この一品二半の得道と云うは、過去久遠の種子に随う脱益のことなり。また、末法の為に始めて下種を作《な》すことは、本門八品上行要付の辺なり。観心抄に云く、「*在世の本門と末法の初めと中略彼は脱、此は種なり。彼は一品二半、此は題目の（ママ）五字なり」と云云。この文は、上の「*今本時の娑婆世界は三災を離れ」等と云うより下の、殊には本門三段より已下を結成する文なり。謂く、「在世の本門」と「彼は脱」と「彼は一品二半」と云うは、同じことなり。脱益の円理実相の母は今日に在りて、顕本久遠の父国王の種子と合する脱益は一品二半に限ると云うことをここに結す。それに対して、末法下種の辺は上に書くが如く本門八品なりと云うことを釈すとして、「末法の初め」と「此は種」と「此は題目の五字」と云うは、同じく本門八品上行要付の末法下種の辺なり。但し、一品二半の脱の辺は、本果を以て面となし本因を以て裏に置いて、因果一如の本果妙を以て正となす。八品上行要付の滅後下種の辺は、因果不二の本因妙を以て正となし、末法の為の下種の本尊なり。三箇秘法これなり。

この外、開目抄の上下は皆な悉く本迹を以て事具三千を成じ、廃迹立本して本因果国互具の一念三千を顕わし、この一念三千を以て三世十方の仏菩薩の根本種子となし、一切衆生の慈父・本尊となす。その本尊出現の時機は末法なり。当時の諸宗は娑婆界に住し乍ら、娑婆界の本主釈尊本果妙・上行本因妙・本時の娑婆本国土に住して、釈尊・上行の陰生二世間と娑婆界本国土の国土世間と互具して事具三千・事行の妙法蓮華経の本尊を成じ、本門の本尊を顕わす処に、娑婆界の諸宗の御子、娑婆有縁の父の本門に背くは畜生なりとこれを責む。これ下種種子の折伏なり。開目抄の上巻*に、記小・久成・本因本果の一念三千と云云。下巻*に云く、「この過去常顕わるる時、諸仏皆な釈尊の分身なり。中略今久遠実成顕われぬれば、東方の薬師如来中略これ皆な本尊に迷えり。妙楽云く、一代教の中、未だ曽て（父母の寿の遠を）顕わさず。（もし父の寿の遠きを知らざれば、復た父統の邦に迷いなん。徒らに才能と謂うとも）全く人の子に非ず等云云。秀句の下に云く、他宗所依の経は一分仏母の義有りと雖も中略諸大乗経・大日経等の諸尊の種子は皆な一念三千なり」と云云。この抄の意は、仏母実相は諸宗所依の経に通じ、「及び菩薩心を発せる者の父」の父国王の種子は一品二半に有る故に、久遠に限って、爾前・迹門にこれ無し。本門久遠下種の父本尊の大王は、日蓮その主なり。仍って、「*日本国の衆生の為には主師父母なり」等と釈し給う。これ皆な名字下種の判教なり。この外の諸御抄は余りに繁き間これを略す云云。

日道の仰せに云く、日蓮宗の教相をば但だ一言に示すべきなり。謂く、「*諸経は五味、法華経は五味の主」と云云。この一言には漏るべからざるなり。

日存の仰せに云く、高祖御出世の本意は、「*広略を捨てて要を取る」と。要の教相とは、末法名字下種の教相なり。三種教相の中の第三重これなり云云。一言の教相とは、法華経は下機を摂す。「*迹門より本門は下機を摂するなり。教弥《いよいよ》実なれば位弥《いよいよ》下し」と云云。

私に云く、両師の御義、何れも相違無く同意なり。仍って、両義を一義に合せば、諸経は五味、法華経は五味の主。迹門より本門は下機を摂するなり。教弥《いよいよ》実なれば位弥《いよいよ》下し云云。

上巻（開目抄）定遺五五二

下巻（開目抄）定遺五七六〜五七九

日本（開目抄）定遺六〇八（取意）（第三七紙）

諸経（曽谷殿御返事）定遺一六五五

広略（法華取要抄）定遺八一六

迹門（四信五品抄）定遺一二九六

示して云く、この当宗の下種の教相を知らざる末学等、上代の破文の本迹一致を宗旨の正義と意得て、諸御抄を他宝に成し、高座に登って本迹一致と詠*じて、時機に当らざる止観に同じて、熟益を勧め、智者の解行を示し、時機を乱せり。任運に謗法と成る。本迹一致は天台己心中の止観に事旧《ふ》り畢んぬ。末法は、先代未聞の廃迹立本の希有の教観を示すべきなり。

修覆し奉る六即私記三巻の内　理（即）の下《しも》

貞享三丙寅年正月二十三日

日顕花押

（第三八紙）

詠　底は「永」

題簽　他筆

六即私記　三巻の内、観行即已下四即

袖書き　他筆

寄進し奉る御聖教軸表紙一巻

施主　大坂膏茱屋太右衛門母儀

（第一紙）

観行即の下《しも》

（以下、真筆）

この本末釈に於いて、天台宗と日蓮宗との料簡のこと

この観行即と四安楽行と同異のこと

観行即とは、有相・無相の二行の中には何れぞや

観行即の位は下種を成ずるかのこと

本迹の観行即のこと

本迹の五品のこと

観行即の位に智の一心三観を現前するや

観行即は退・不退のこと

観行五品の初二三品に戒・定の二法を制するや

（第二紙）

必ず　（止一下）正蔵四六—一〇b〜c

必ず　（弘一之五）正蔵四六—一七九b

（第三紙）

観行即の下《しも》

止に云く、「*必ず須く心（境・三千）観（智・三観）明了にして、理（境・三千）恵（智・三観）相応し、所行は所言の如く、所言（総名妙法蓮華経）は所行の如くすべし」と云云。

弘に云く、「*必ず須くの下は、重ねて誡勧するなり。中略所言はこれ行に依って説くなり」と云云。

問うて云く、この止と弘の本末釈を天台宗に口伝すると、当門流の口伝と不同は如何。

答う、天台宗の二・八帖抄・口伝抄等には、「必ず須く心観明了にして」の文をば、「心」とは一心、「観」とは三観、次の「理」とは境の一心、「恵」とは智の一心三観、「所言」とは言説の一心三観なり云云。

当門流の義は、この六即の立所は発大心の妙解の下なりといえども、この観行即をば止の五の正修止観の意にてこれを釈す。故に、今の本末釈も下の正観の意にて料簡すべきなり。謂く、「必ず須く心観明了にして、理恵相応し」の文は、初めの「心」は止の五の如くんば陰心、謂く三千、謂く境なり。「観」は止の五の如く、十観、謂く一心三観なり、智なり。次に、「理」と云うも三千・境なり。「恵」とは三観・智なり。この境智を止観に成就して、法爾の言説の一心三観をはき出すなり云云。この本末を、天台内証の本門流通の意を以てこれを見れば、初めの所観の「心」と次の「理」とは己心の本尊なり。さて、初めの能観の「観」と次の「恵」とは、信心堅信なり。後の「所言」とは、南無妙法蓮華経なり云云。口伝に云く、初めの「心観」とは己心の本門の本尊なり。次の「理恵相応」とは、本門の戒壇なり。「所言」とは、事行の南無妙法蓮華経なり云云。この時、観行即は曽谷抄に書くが如く本門の観行即の意にて、三箇の大法を以て口伝をなすなり。

（第二紙）

問う、この観行即と迹門流通の四安楽の修行と同か異か。

答う、天台の内鑑密意の辺は不同なりといえども、外適時宜の辺は同なり。所以に、迹門流通四安楽の行は、「委*く相状を釈すること、具には止観の如し」とて止観の修行なる故に、止観も四安楽も共に観行即の位、智者の解行なる間、彼此共に戒定恵を用い、行者の定恵・理観の禅定落居の上に言説利生するなり。仍って、今の止の「必ず須く心観」の文に、まず解行・理恵冥一して、自然に「所行は所言の如く」して下化を成すなり。かくの如く、四安楽行の時も助行に戒定恵を用いて十悩乱を離れ、能く能く心地の理観を調え、自行を成じて後、利生を示すなり。経に云く、「菩*薩、時有って静室に入り、正憶念を以て、義に随って法を観じ、禅定より起ちて諸の国王（王子・臣民・婆羅門等の為に開化し演暢して）この経典を説く」と云云。この経文の意と、今の観行即の心地を釈する本末釈の意と、全同なり。この法則は、正像二世の智者の修行、摂受門の意なり。

委く　（記九上）正蔵三四—三三一a（取意）

菩薩　（安楽行品）正蔵九—三七c

問う、この観行即とは、有相・無相の二行の中には何れぞや。

答う、止の二に云く、全略。弘の二に云く、「菩薩*の法華を学するに二の修行を具足す。一には有相行、二には無相行なり。後略」と云云。止観一部の本意は、円教の空門を以て本意となす。この時は、無相行を以て正意となすと云うべきなり。但し、学者の一義に、正行三千観の行人は、還って有相行を用うと云うなり云云。

当門流の義に云く、止観は迹門立行の故に、迹門は開権理円にて、不変真如を以て本意となして脱益を成ず。この脱益の理円を止観に移す間、玄の籤の八、止の五の如く、「円教*の空門は止観」と云うべきなり。もし爾らば、無相行を用うと云うべきなり。これ即ち迹門流通の意は智者の解行にして、高尚の機を以て正意となす故なり。然るに、天台の内鑑本門密意の易行止観の辺は、有相行なり。有相行とはこれ信行なり。信行とは、本地の総名を行ずる故に、言説名相の修行なる故、事行の南無妙法蓮華経と名づく。事行はこれ有相行なり。これ即ち「教弥《いよいよ》実なれば位弥《いよいよ》下し」の易行なり。仍って、日蓮宗は事行の南無妙法蓮華経を信行する故に、宗旨を事相に示し、事の三世を用い、事の本迹を示し、口唱総名の本因妙を顕わし、有相行を用いるなり。これ末代相応の修行なり。これに依って、当文に「所行は所言の如く」と云うは、自受用本覚の有相行なりと云うことを顕わしたるなり。

問う、観行即の位は最初下種と成ると云うべきや。

菩薩（弘二之二）正蔵四六―一九二c

円教（籤一七）正蔵三三―九三八a（取意）

（第四紙）

今発（弘一之五）正蔵四六―一七九a
円の（止一上）正蔵四六―二a
或い（記八之二）正蔵三四―三〇三b
久遠（観心本尊抄）定遺七一六

今は（弘三之一）正蔵四六―二二七b

答う、最初下種をば、「*今発心を明かすこと名字の位に在り」と云って、名字即と定むるなり。これ「*円の法を聞いて円信を起こす」の位なり。高祖の三五下種と仰せらるるは名字の下種なり。止観にも発大心の下に下種を釈し給えり。但し、この観行即は下の正観の位なり。故に熟益の位なり。但し、大通下種を「*或いは五品の初めは未だ相似に入らず」と釈することは、観行即なる様に見えたれども、「五品の初め」と云う「初め」は名字の初随喜と聞こえたり。但し、大通下種を第三の久遠下種に望めば、観行五品の初めと取るも相違無きことなり。されば、観心抄には「*久遠下種・大通結縁」と書き給えり。結縁は浅深に亘る間、観行即を結縁と云うと意得て更に相違無きものなり。仍って、名字は下種、観行・相似は熟、初住已上は脱なり。

（第五紙）

問う、本迹の観行即は如何。

答う、天台外相の辺の止観の観行即は迹門の意なり。この時は、観行即・三千・三諦・三観と云うも、迹門の十如実相の境妙より出生したるなり。故に、この観行即は爾前諸部の円に共同して四種三昧を行じ、四安楽行を用いて権実を兼用するなり。故に摂受行なり。仍って、十乗十境を用いると雖も、開未開の諸部の止観を一同して、絶待不思議の止観を用いるなり。弘の三に云く、「*今は法華の迹理に約す」と云云。

次に、天台内鑑の本門の観行即とは、曽谷抄の如くんば、口唱の題目を相続するを観行即と名づくべきなり。或いは、総名を唱うるを名字即と名づけ、三類の怨嫉に値って流罪死罪に及び、

末書（弘一之五）正
蔵四六―一七九b
この（弘五之一）正
蔵四六―二七七c

（第六紙）

必ず（弘一之五）正
蔵四六―一七九b

身軽法重して日朗・日像の如く身に法華経を行ずるを観行即と名づくべきなり。この観行即は不軽の行位にして、諸教永（ママ）異の観行即なり。この観行即は不軽の如く、口に妙法蓮華経を唱え、身に折伏を行ずる三業相応の立行なり。この本門流通の身口相応の観行即をば、日朗・日像門流に限るべきなり。

尋ねて云く、この本末釈にて、如何が本迹の観行即を料簡すべきや。

答う、迹門の観行即とは向《さき》の如く、「心観」と「理恵」とは内観の三千三観なり。「所言」とは言説の一心三観・三千の外用随縁の観なり。仍って、*末書に「解を勧む」と云い「解を生ず」等と云うは、元より「*この妙解に依って以て正行を立つ」する故に、行体は即ち解なり。解行一如の行の所に且らく解行待対して行人を勧むるなり。更に相違無きことなり。

次に日蓮宗の意は、初めの「心観」は、「心」は己心の本尊、「観」は信心の信観なり。次に、「理」とは本尊、「恵」とは堅信と如許の恵なり。本尊と信者と信心堅固の故に印治決定して、本地難思の境智を顕わす。故に「相応」と云う。「相応」は持戒の義なり。「所言」とは事行の南無妙法蓮華経なり。口唱の故に事なり。身軽して日朗・日像の如く身に三類等を蒙る、これ「行」なり。仍って、初めの「心観」と次の「理恵」とは、内心の信心と堅信の恵との不同なり。後の「所言」は口身の折（伏）行なり。この三業相応の白善は尤も最勝なり。末書に「*必ず須くの下は、重ねて誡勧するなり」と云うは、迹の観行は後心の故に、「重」の義、「誡勧」の義有るべからず。本門の観行即は、六即総在の名字即が家の観行即なる故に、「重」と云い「誡勧」と云うなり。「誡勧」とは、「*毀呰せずして随喜の心を起こす」の意なり。随って次下に、名字総在の観行即の故に「*心観明了は解を勧む」と釈し、次の「*必ずまず理に於いて解を生ず」の「解」も、六即一即の名字即が家の観行即は名字の解を離れざるなり。名字の解とは、「或いは知識に従い」の父国王より生ずる信解なる故に、この解は六即に経て更に離れざることなり。結句、迹の観行は本の解より劣なる故なり。

（第七紙）

問う、迹門の観行五品と本門の観行五品の相は如何。

答う、迹門流通の観行五品とは止観の本意、就中、止の五の正修止観已下の五品の修行なり。十境十乗は五品の初めの十心具足の初随喜これなり。この十乗の意は、一心三観明了の上に読誦口意に至り、事理相応して弥《いよいよ》了達なれば、言説の三観即法界の説法これ有り。口意自在なるは漸く身に六度の行を兼ね、三業事理明達なれば歩々声々念（々）に六度を修するなり。この五品は別体門の意にして、智者の解行なり。故に、初随喜も十境十乗の観境共に広なり。読誦も広なり。結句、開末開の諸部の円（ママ）経を読むなり。説法また広の説法にして、諸部共円の説法なり。第四品また広の六度なり。第五品もまた、広の六度と十乗の理観と事理和合して三業自在の五品なり。豈に末代にかくの如く解行する者これ有らんや。

次に、日蓮宗に止観を講する時は、天台外適時宜の面の止観を捨て、天台の内鑑本門密意の辺

毀呰（分別功徳品）正蔵九―四五b
心観（弘一之五）正蔵四六―一七九b
必ず 右同

（第八紙）

読誦　（常不軽菩薩品）正蔵九―五〇c

身軽　（涅槃経疏）正蔵三八―一一四b

を取って面に成し、十章抄の如く本門の止観と成し、部妙の止観一部と成して、軈《やが》て大通下種の止観に総在して、速かに廃迹立本して本果を去って本因妙名字所在の妙法蓮華経体内の止観に流入して上行の手に渡し、本門八品上行要付の総要体具の五品と成るなり。故に、総要は五品なり、信行も五品なり、「教弥《いよいよ》実なれば位弥《いよいよ》下し」の五品なり。その故は、十乗を以て観不思議境の三千三観に摂し、また解行の三観三千を以て体妙実相に摂し、実相の体を以て総名に総じ、総名を以て所観となし、信行を以て能観となし、総名の信心堅固を以て総名総在の十心具足の初品となすなり。

この意業の堅信の上に、不軽の如く「*読誦を専らにせず」して広の読誦を捨て、南無妙法蓮華経の要の読誦明了なり。この総要の読誦の信心弥《いよいよ》堅固なれば、また不軽の如く三類・四衆に対し、広を捨て堅信の裏の如許の恵を以て南無妙法蓮華経の本迹の要の説法これ有って、口業に折伏を成ずるなり。この堅信と如許の恵と信恵相応すれば、身軽法重の信心堅固なれば、身口に六度総持の妙法蓮華経を行じ、法の為に身軽すれば、任運に六度を兼行し、六弊を治する意これ有り。その上分別功徳品に、持経は即ち六度に当る故に初二三品に事の五度を制すと云う。これ信心堅固なる兼行六度の文証なり。

また、信心成満すれば、「*身軽法重死身弘法」の志し甚深にして、三類・四衆の種々の大難来ると雖も、身命の財に於いて慳悋の心を生ぜず、数度の流罪或いは死罪に及ぶと雖も退心なく、日朗・日像の如く三業に経て南無妙法蓮華経を行ず。南無妙法蓮華経は三学六度なり。妙法蓮華経の為に身軽法重する処に、速かに六弊を治して六度を得るなり。謂く、身軽なれば貪欲・破戒・瞋恚は自《おのずか》ら去るなり。法重*なれば解怠・散乱・愚痴は自然に去り、六弊を去って六度自ら来たる。この六度は総名法（ママ）具の六度なり。かくの如き五品は総名体具の五品にして信行の五品なる間、末代の得分なり。去り乍ら、四信五品抄の如くんば、六度を以て三学に収め、戒定恵の三千・三諦を取って妙法蓮華経に摂し、妙法蓮華経を以て本尊となし、信心の行を成すべし。これ末代相応の行なり云云。

（第九紙）

問う、観行即の位に智の一心三観現前すと云うべきや。

答う、このこと、恵・檀の異義なり。まず檀那流の義には、智と云うは無明を断じ中道を証する中智なり。然るに、住前は未断惑なり。智顕われざる故に、境の一心三観なるべし。その中に、相似は断惑の故に、智の一心三観現前すと云う意これ有りと雖も、それも住上に望むれば麁分の断惑の分斉なる故に、境の一心三観なり。智の一心三観は、住上の断無明の位に現前すべきなり。

難じて云く、一家の天台己心中の止観の意は、「*然るに、円頓の教は本と凡夫に被る。中略一心は凡に在り。即ち修習すべし」と釈し、或いは「*初めより已来、三諦円かに修す」とも判じて、凡夫即極と向う処の宗旨なり。何ぞ妙解に境の一心三観を解し、妙行に智の一心三観を修せざるや。

な　底は「す」

然る　（弘四之四）正蔵四六―二七三c

初め　（弘六之一）正蔵四六―三三三c

答う、日道の仰せには、様も無くこの題目をも本迹の不同と意得べきなり。謂く、迹門流通の止観の観行即にては境の一心三観を顕わし、本門流通の観行即ならば智の一心三観を現前すべきなり。止観は既に「*今は法華の迹理に約す」と云う故に、迹理とは境の一心三観なり。されば、止の五には観不思議境と云う本理の三千を結成して、「*本と一心に在って円融三諦なり」と釈する処は、観行即の位に境の一心三観を顕わすと云うこと分明なり。本門流通の観行即は分別功徳品にこれを説く。記の九に云く、「*この故に応に知るべし、信心の中に於いて本地円門の妙智を信ずべし」と云えり。「本地円門の妙智」とは智の一心三観なり。また当文止の一に「所行は所言の如く」と云う「所言」とは、智の一心三観なり。かくの如く迹本を以て分別すれば相違無きものなり。

（第十紙）

問う、観行即は退位なりと云うべきや。

答う、四信五品の退不退は学者の異議なり云云。且らく一義を存せば、観行即は退位なり。諸教に望めば、外凡の伏位は皆な退位なり。何ぞこの観行即に限って不退なりと云うべきや。既に六即の次位の中に観行即はこれ外凡、未断惑の位なり。何ぞ退失せざらんや。玄の六に云く、「*もし相似の益は隔生すれども忘ぜず。名字・観行の益は隔生すれば即ち忘ず。或いは忘ぜざる有り」と云云。この文、観行即は退すべしと見えたり。しかのみならず、記の七に云く、「*或いは五品の初め、未だ相似に入らざる故に弱と云うのみ」文。これ等の文義、観行は退位なりと見えた

今は（弘三之一）正蔵四六―二一七b
本と（弘五之三）正蔵四六―二九五c
この（記十上）正蔵三四―三四三a
もし（玄六下）正蔵三三―七六一b
或い（記八之二）正蔵三四―三〇三b

り。もし不退なりと見たる釈義これ有らば、四五無別と云う時、四信の不退に引かれて五品も不退と云われるか、或いは判摂の意か、五品の独り立つるは退位なり。

日道の仰せに云く、観行の退不退は名字の如く但だ迹本の不同なり。迹門の意は、名字は元より退位なれば、観行もまた退位なるべきなり。本門の意は、諸教永異なる故に、名字既に不退なり。観行また不退なるべきなり。その故は、位の退不退は尤も信智の強弱に依る。然るに迹門止観の意は、信智の信は無にして智計りなり。故に、止観一部は解行相対するなり。本門流通日蓮宗の意は、信と行との相対なり。仍って、彼の止観の意は前六重の名字をば妙解と云い、第七正（第一一紙）修止観の観行即をば妙行と云う。この解行は、「或いは知識に従い」の父は華厳寂場の始成土民の畜種に譬うる父智と、一代諸部共円の開権の仏母実相の母と境智冥合する解行なる故に、父土民の過と未開諸部共円の母の過との父母二つの過に依る妙解妙行の観智の智力弱き故に、観行即は退位なり。但し、天台智者の内証外用、悟解弘経の高位なる辺は別段なり。別段とは、天台の内鑑は本門止観の行者なり。この辺に不退の徳を備う。高祖の「我が師」と書き給うはこの意なり。

次に、本門流通の観行即は不退なりと云うことは、本因妙所在の妙法蓮華経体具の名字・観行なる故に、名字・観行の「或いは知識に従い」の父は久遠本因妙の国王と「或いは経巻に従う」の仏母実相三諦の妃と、妃の境と国王の智と境智冥合して本地難思境智の妙法蓮華経を成じ、金剛長寿の信智を以て名字に居し観行に住する故に不退なり。四信五品抄に記の九を引いて、「一*

一念（四信五品抄）
定遺一二九五

それ（分別功徳品）正蔵九―四四c
行は（記十中）正蔵三四―三四四c
（第一二紙）
この（記十上）正蔵三四―三四三a
（第一三紙）

念信解とは即ちこれ本門立行の首なり」と云云。この一念信解と初随喜と名字・観行を経に説いて云く、「*それ衆生有って仏の寿命の長遠かくの如くなるを聞いて、乃至能く一念の信解を生ぜば、所得の功徳限量有ること無けん。中略かくの如き功徳、阿耨多羅三藐三菩提に於いて退すといはば、この処有ること無けん」と云えり。随喜品に五十展転随喜の功徳を挙げて不退の由を説き、解釈は「*行は浅く功は深し、以て経力を顕わす」と称歎し給えり。この経力とは、本地難思境智の妙法体内の智の父の寿命長遠金剛智を総名に具する故に、経力の功徳深遠なる故、未断惑の名字・観行は不退なりとは云うなり。諸経永異の経力なる故に、諸教不共の観行即は不退なり。

尋ねて云く、迹門の観行即は退、本門の観行即は不退なりと云う証拠有りや。

答う、秘としてこれを勘出するべからずと、存・道両師の御勘文これ有り。記の九に云く、「*この故に応に知るべし、信心の中に於いて本地円門の妙智を信ず。尚を迹門円観の六根の位と同ずべからず」と云えり。いわゆる「本地円門の妙智」とは、本門の観行即なり。「迹門円観」とは観行即なり。「六根」は迹の相似即なり。この文は、迹の観行即と本門の観行即と勝劣有りと云う文なり云云。

問う、この観行五品の中、初二三品に戒定の二法を制すと云うべきや。

答う、計り難しと雖も、且らく止観一部の大旨に任せば、初二三品に戒定の二法を制止すべからざるなり。これに付いて明らかならず。夫れ、文句の第九に分別功徳品に四信五品を説いて、五品の中の初二三品に事の五度と戒定の二法を制して、持経は即ちこれ六度なる旨を示して、廃事存理の行を立つ。何ぞ今、観行五品の初二三品にこれを制止せずと云うべきや。もしこれに依って爾なりと云わば、止観一部は安楽行品に附す。安楽行品は初品より三学を修すと定判し給えり。記の八に云く、「*これはこれ観行初心の則なり。この三学に附して」等と判じ給えり、如何。

答う、初二三品に戒定の二法を制し制せざるは、但だ迹本流通の不同なり。今は且らく止観の大旨に任せて制止せずと云うなり。その故は、止観一部は「*今は法華の迹理に約す」とて、法華の迹門に依る。迹門の中にも安楽行品に依るなり。文句第八の本末釈に分明なり。然るに安楽行品の意は、五品共に十悩乱を除くを戒門に附し、「*その心を修摂」して定門に附し、「*一切の法を観ずるに空なり」して恵門に附して、三学を修し六度を行ずるなり。この行儀を止観に移す。前六重の名字妙解なる方便章の二十五法は戒定恵なり。その初めに「持戒清浄有り。二十五法の戒体を具足す」と云えり。止観は、定恵と二十五法の戒体と、三学倶伝の止観の観心なり。就中、十乗観の中に助道の六度これ有り。これ等は悉く迹門と止観とは初品より三学六度を用い観行を修すと覚えたり。但し、分別功徳品の初二三品に戒定を制止すと云う難に至っては、迹門流通の四安楽行の止観の修行は「教弥《いよいよ》権なれば位弥《いよいよ》高し」の故に、五品・六根を以て正機となし、像法の自解得法の高尚の機を示す間、五品共に初品より三学六度を用いるなり。然るに、本門流通は「教弥《いよいよ》実なれば位弥《いよいよ》下し」にて、下根の始行を以て正意となす故に、分別品の五品の初

これ　（記九上）正蔵三四―三二九a

今は　（弘三之一）正蔵四六―二一七b

その　（安楽行品）正蔵九―三七b

一切　右同

（第一四紙）

二三品には事の五度・戒定の二法を制止して、信を以て恵に代え、五種の妙行を信行せしめ、信行の初随喜を以て因となし六根の果を得る。その因行の証人に不軽を出す。不軽は鈍根初随喜の辺を用いて直入法華の法則を示し、猶を「読誦を専らにせず」と云って広略を捨て要法を取る故に、事の五度を用いざるなり。迹門流通の四安楽の止観の行者は同じく初随喜なれども、利根の初随喜の辺を用いる故に、初品より三学を用うと云うべきなり。

（第一五紙）

相似即の下《しも》

相似（止一下）正蔵四六―一〇c

止に云く、「*相似即この菩提とは中略一切世間の治生産業と相い違背せず。所有の思想籌量、皆なこれ先仏の経の中の所説なり」と云云。

問う、本迹の相似即の不同は如何。

答う、迹門の意は、六即も従浅至深して解行を経て観恵深細なれば、内恵と三千世界の依正の事と互融して身に三千の色像を浮かべ、十法界の六根と互融して色心無量自在なりと云うは、迹の意なり。この時の六即の主は、名体の中には体妙実相・三諦・三観を六即に経てこれを顕わす時、後位の断無明の仏果に似たる故に、相似即と云うなり。仍って、この相似の父は土民、母は実相の妃にして、境智冥合の中智を以て六根清浄する故に、土民の父智の劣なる過に引かれて、

（第一六紙）

先仏（法師功徳品）正蔵九―五〇a

信心（記十上）正蔵三四―三四三a

本門（記十上）正蔵三四―三四三b

本地 定道八四八

高尚（止五上）正蔵四六―四九a

近世の三千界計りに互融するなり。六根清浄なれども、六根互融の義はこれ無きなり。

次に本門の意は、相似の位は熟なり。この下種の「或いは知識に従い」の父、既に久遠長寿の国王なる故に、相似の当位の三千の依正に互融すと云う三千世界は、久遠本国土妙の娑婆三千界と信行の観恵と互融するなり。この時、久遠の釈尊・上行の六根と相似の行者の六根と互融して、十界久遠の六根の互融を顕わすなり。この相似の人の言説、「*先仏の経の中の所説に同じ」と云う「先仏」とは、久遠の釈尊・上行のことなり。かくの如く本迹の相似即不同なりと云うこと、記の九に云く、「*信心の中に於いて本地円門の妙智を信ず。尚を迹門の円観六根の位と同じからず」と云えり。「本地円門の妙智」とは、本地難思の境智の智の父国王のことなり。この父国王の位に相似すと云う故に、諸経永異の相似即なり。これに依って記の九に云く、「*本門に寿を聞く益は余経に倍す」と云云。いわゆる「寿」とは智なり。智は父とは釈尊・上行、釈尊・上行と円妙の十如実相と境智冥合して妙法蓮華経を成ずるなり。故に立正観抄に、「*本地難思境智の妙法」と書き給えり。六即に経てこの妙法蓮華経を顕わす故に、相似即も妙法蓮華経の父国王に似ると云うことなり。

問う、本門流通の意は、相似即を以て因果の中には何れに属すと云うべきや。

答う、止観の意は「*高尚なる者は高尚」と云って、止観の機を以ての外に高上に置く。故に相似をば因に属し、観行・相似をば多分は同類して判摂の義を釈するなり。されば、相似の四信、観行の五品をば、四五無別と釈するなり。仍って、師の南岳は六根に叶い、弟子の天台は観行に叶う。前後は有りと雖も、同じく迹門流通像法の因行と覚えたり。止観に、果報章をば「近*くは初住を期し、遠くは極果に在り」と定め給えり。

次に、本門流通の日蓮宗の意は末代愚人を以て正機となす間、宗旨を「教弥《いよいよ》実なれば位弥《いよいよ》下し」に建立して因果の位を共に引き下す故に、名字・観行を以て因位となし相似を以て果となす故に、本門流通の因果を説くに、随喜品の初随喜を以て因位となし法師功徳品を以て果位となすと、文句第十に定判し給えり。この本門流通の因果の証人に不軽を出す。不軽の行位は名字と相似なり。その旨、経文に分明なり。

尋ねて云く、止観一部は流通の観心なり。何ぞ随喜・法師・不軽の経文に違して果報章を高上に立つるや。

答う、一経三段は一部迹門の辺に依って止観に附すと云う時は、止観は随喜・法師・不軽等に依ると云う意これ有りといえども、嘱累品の広略付嘱の時、迹化迹門の止観は安楽行品に附すと云うこと顕然なり。もし爾らば、止観と安楽行品とは同じ心なるべし。依経立行する時は、依経は安楽行品、立行は止観なり。仍って、止観一部の相状は安楽行品に依る故に、安楽行品の意また一品の内に因果の行相を示し、観行五品の四安楽行に依って夢に八相を見、十信・十住・十行・十回*向・十地・妙覚に入る相を説けり。この流通因果の相を止観に移す故に、安楽（行）品

近く　（弘五之二）正蔵四六―二九一b

（第一七紙）

回　底になし

（第一八紙）

と止観と同じく迹門流通の「教弥《いよいよ》権なれば位弥《いよいよ》高し」の意なり。本門流通は「教弥《いよいよ》実なれば位弥《いよいよ》下し」の宗旨なる故に、因行をも名字即に取り、果位をも相似に取るなり云云。

問う、爾前・迹・本の六根互融の相は如何。

答う、止観の意は迹意に同じ。爾前諸部の円に共する故に、諸経の円教に六根互融有るを許すなり。その中に、専ら華厳に明かすなり。但し、釈に真如華厳とて、華厳経には六根清浄を明かすと雖も、「教弥《いよいよ》権なれば位弥《いよいよ》高し」の故に、真位の六根を明かして似位の六根を明さざるなり。結句、華厳は兼別して帯権なる故に、六根互融して十法界と六根と互具すと云うことを明かさずして、但だ六根清浄なりとまでは明かすなり。これ即ち一念三千を明さざる故なり。

次に迹門の意は、六根は十法界と互融すと雖も、理と理と互融して、報応の仏界、仏界と仏界と互融これなき故に、六根の事々の互融これ無きものなり。但し、「*似は法華の如し」とて、無明未断の凡身に六根浄を明かすことは今経の*冲微なり。

次に本門流通の意は、十界久遠の上に釈尊・上行の六根と相似の六根と互具して、内外悉く周遍法界して三千依正の身中に現前せり。この時は、六根清浄即久遠成道なり。迹の意は似位に置くと雖も、本門の意は猶を観行に置く。謂く、五品を以て六根に判摂し、五品の当体に六根似位の義を顕わすなり。これ経力なり、信力なり。猶を名字即に於いて六根清浄の義を論ずべきなり。但し、信心堅固は六根清浄なり。不信は不浄なり。経に云く、「*もし法華経を持たば、その

似は　（弘一之二）正蔵四六―一五三c

冲　底は「仲」

もし　（分別功徳品）正蔵九―五〇a

甚　底は「心」
行は　（記十中）正蔵三四―三四四c
（第一九紙）
一切　（止一下）正蔵四六―一〇c
（第二〇紙）
分真　（止一下）正蔵四六―一〇c
若人　（弘一之五）正蔵四六―一八〇a

身甚*だ清浄なる」と云云。釈に「行*は浅く功は深し、以て経力を顕わす」と云えり。経力の六根清浄、これ先代未聞なり。

問う、止の文に、「一*切世間の治生産業と相い違背せず」と云云。爾らば、本迹に約して如何んが意得べきや。

答う、迹門の意は、この相似即の人は観恵深細にして三千界の依正の事と観恵と相応すと云うは、迹中の三千世間有為の外色なり。本門流通の日蓮宗の意は、本因妙の信行を立つる間、軈《やが》て本因妙所在の本国土妙の娑婆三千の依正と六根と冥合して相似の行を成すと云うべきなり。故に、先仏と云うをば本仏と意得べきなり。仍って、「先仏の経の中の所説」と云う「先仏」は、迹門の意は迹仏乃至大通なるべし。本門の意は本仏なり。或いは、上行分証の辺を先仏と云うか。

分真即の下《しも》

止に云く、「分*真即とは、相似の観力に因って銅輪の位に入る。初め無明を破して仏性を見る後略」と。

弘に云く「若*人応以より下は、（分証の位の外功用を移す）」と。

問う、本迹の分真即は如何。

答う、迹門六即の意は従因至果と向う故に、観念相続して観恵明了なる故、似位に入り即分に無明を断じ、分に中道を証し、位々に無明を断じ、進んで十地・等覚に入り、位々に自利利他して、普門の示現応用自在なり。謂く、妙音・観音の三十三・四身これなり。この分は迹門の意なり。

次に本門流通の意は、本地難思境智の妙法蓮華経を理性に具し、初めてこれを聞いて妙法蓮華経と信智と境智一如する処に元（品）の無明の体の三惑を断じ、「*発心・畢竟の二にして別ならず」の名字即妙覚の即身成仏を極むと雖も、任運に用の三惑を去る処に妙法蓮華経の信心を相続するを観行即と名づけ、妙法蓮華経の堅信に相似するを似位と云い、妙法蓮華経の信心を堅固にして分に本因妙上行の十法界身を証するを分*真と云い、妙法蓮華経の信心の智金剛堅固にして本果妙に入るかと思いたれば初めの本因妙信心の智の妙法蓮華経の所に還って「等覚は一転して名字即に入る」して凡夫即極名字即妙覚して、凡位乍ら諸仏菩薩の頂位に居し、十法界の聖衆能居の名字口唱の妙法蓮華経に引かれて、皆な悉く南無妙法蓮華経と唱うべきなり。仍って、十界の聖衆が南無妙法蓮華経と唱うる口業の辺は、本覚の名字即の得分なり。また十界聖衆の身意、法界に遍ずる辺は観行乃至究竟の得分なり。故に、六即一即の名字即とは云うなり。

尋ねて云く、本化・迹化の分*真即の応用の勝劣は如何。

発心　（玄二下）正蔵三三―七〇一c。底は「而不別」なるも正蔵による。

真　底は「身」（第二一紙）

真　底は「身」を消して「真」に訂す。

答う、迹化・本化不同なりと云えども、開迹顕本して本門八品「総*じて如来の寿命海中に在り」の、神力・嘱累の時は要法付嘱の本化上行を以て能開となし、迹門の広略付嘱の妙音・観音の分真*即を以て所開となす故に、自《おのずか》ら妙音・観音の分身の応用即上行の応用と成るなり。

仍って、所開の迹化の妙音・観音は正像に普門応用して、三十三・四身の南岳・天台等と示現するなり。さて、能開の本化上行の「十*法界の身（諸の国土に遊ぶは）、則ち冥顕の益有るなり」と云える冥顕の普門示現の応用は、妙音・観音・薬王等の種々の身を末法に示現して裏に居し、能開の上行を面に立てて開迹顕本の分真*即の応用を施すなり。然りと雖も、体内の権迹は体内の実本に及ばず。謂く、上行の応用示現の身は、日蓮・日朗・日像、乃至、日存・日道これなり。この上行応用の日蓮大士は、日本国一切衆生の主師親なり云云。

（第二二紙）

尋ねて云く、天台学者は妙音を以て迹機となし、観音を以て本機となす、その相は如何。

答う、玄文止の大綱の約束に、妙音・観音・薬王・普賢等を以て迹化となし、地涌の四菩薩等を以て本化となすなり。この時は、妙音・観音は共に迹化なり。迹化の諸菩薩の中に、大智・大悲の二門に依って互いに勝劣有るべきなり。妙音より観音は大悲門勝れたり。故に、仏身より次余の九法界の身を示現する、この意に約せば従果向因と云わんも相違なし。これを本機・本化と混乱せしむるは謗法なり。妙音の九界が仏身と示現するを従因至果と云うべしと云う料簡、これまた相違なし。然るに、これを以て迹機と取り定むること謂われ無きことなり。

総じ　（疏九下）正蔵三四―一二九b

真　底は「身」

十法　（玄七下）正蔵三三―七七一b

真　底は「身」

日蓮宗の意は、彼の天台末学の義は一向悉く大邪義なり。但し、妙音・観音は共に迹化なり。迹化は慈悲薄き故に、この娑婆悪世をば涌出品の時、前三の故有りて此土の弘経を許されざるなり。爰に知んぬ、三十三・四の応用も上行に望めば最劣なり。何ぞ観音を以て本機・本化となさんや。故に知んぬ、妙音を以て不変真如の主となし、観音を以て随縁真如の主となすと云うも、日蓮宗にはこれを用いず。哀しむべし、哀しむべし。

（第二三紙）

究竟即の下《しも》

止に云く、「*究竟即の菩提とは、等覚は一転して妙覚に入る。智光円満す。中略唯だ仏のみ能く通ず」と云云。

弘に云く、「*究竟より下は、究竟即を釈す。中略菩提を智徳に属し、涅槃を断徳に属す。中略智・断の二徳は更に異時に非ず。中略智徳満ずる処にまた断徳を具す。故に果及び果果と云う。究竟して論ずれば、三菩提満ずれば即ち三徳満ず。果及び果果は仍を教道と成る」と云云。

問う、本迹の究竟即の不同は如何。

答う、迹門の意は従因至果と向う故に、等覚の外に別して妙覚の極地を証すと云うなり。故に、「断にして不断」と経登って断惑入位するなり。故に「等覚は一転して妙覚に入る」とは云

究竟（止一下）正蔵四六―一〇c

究竟（弘一之五）正蔵四六―一八〇b

うなり。既に妙覚の果地に入り、智・断の二徳悉く円満して断ずべき惑無く、証すべき理無く、理智究竟して妙覚の極位に至る故に、究竟即と云うなり。

本門流通の意は従果向因と談じて、法体を理即・名字に置いて生仏一如・凡夫即極と談ずる故に、名字の位に究竟円満の妙法蓮華経を顕わし、元品の体惑を断じて、観行・相似、乃至、分真と用の惑性を断じて、妙覚に入るべきかと思いたれば、初めの名字即の久遠下種の妙法蓮華経の妙覚に立ち還りたるを「等覚は一転して妙覚に入る」とは云うなり。この妙覚とは、久遠下種の

（第二四紙）

名字の妙法蓮華経を開覚すと云うことなり。或る人の歌に云く、「中々に尚を果近く成りにけり、余りに山の奥を尋ねて」と云云。名字即妙覚の義に相叶えり。

日道の仰せに云く、迹門の究竟即仏は、大通の因仏も今日寂場の果仏も、始成土民の父仏と十如実相の妃母と、母の境と父の智と冥合して、前四味・法華迹門までの三五七九の衆生に種脱の益を施すなり。謂く、大通の因仏は下種、今日寂場の究竟即の仏は脱益を施すなり。

次に、本門の究竟即仏とは、本果の本仏なり。この本仏は、万人万国一円知行の国王と三千実相の妃母と境智冥合して、三五下種を成ずる究竟即仏なり。然るに、廃迹立本すれば、迹の究竟即は本仏の為に破廃せられて、久遠本地の究竟即独り久住し給うなり。

問う、本文の「等覚は一転して妙覚に入る」の釈の料簡は如何。

答う、六即義等は、諸聖教・口伝の義には、「等覚は一転して妙覚に入る」の釈に文点を読ん

で、理即本覚の義を成ずるなり。謂く、「等覚は一転《ひとめくり》して」等と云って、理即本覚に迷うて、名字乃至等覚と経登って妙覚に入るかと思いたれば、本の理即の本覚の妙覚に立ち還りたる間、「一転《ひとめくり》」とは読みたるなりと云って、天台宗にもこの重をば本門の意と云うなり。

次に門流の義には、本門は三五下種を明かし種子無上と云う故に、名字即を以て最勝となす間、爾前・迹門には置かず、久遠本因妙に在り。この本因妙名字の下種より中間の観行即、今日前四味の相似、迹門の初住、一品二半の時妙覚に入るかと思いたれば、久遠本因妙の名字下種の父国王の所に還って、「脱は現に在りと雖も、具に本種を騰ぐ」するを「等覚は一転して妙覚に入る」と云う故に、「妙覚に入る」の「妙覚」は本因妙の名字即に信行せし妙法蓮華経を覚《さとる》と云うことなり。委しくは向に書くが如し云云。

示して云く、天台宗の理即本覚の料簡は、迹門の開権理円・本理三千の義に相叶えり。名字即妙覚の義は、本門の第三教相の化道の始終・種熟脱の義にて云う処の料簡なり。されば、門流には、三種教相をば「脱は現に在りと雖も、具に本種を騰ぐ」の意と云うなり。

脱は（記一上）正蔵三四—一五六c（第二五紙）

問う、元品の無明は等覚の智断か、妙覚の智断か。

答う、このことは六即義の一算なり、委しくは宗要に在り云云。或いは等覚の智断と云い、或いは妙覚の智断と云い、或いは位は等覚、智は妙覚と云う種々の義これ有り云云。然るに、違文種々なりと云えども、入位断惑と断惑入位の不同には過ぐべからず。この約束を以て諸文を会すべきなり。仍って、円教に七位・六即有り。七位は断惑入位の配立なり。この時は、等覚の智断なり。六即は観位の故に、専ら入位断惑を用いるなり。この時は、妙覚の智断なり云云。

日蓮宗の義に云く、迹門の意は等覚の智断なり。たとい妙覚の智といえども、妙覚の智父既に近成始覚の土民なる故に、自《おのずか》ら等覚の智と成るなり。この智も、本智に望めば「*智還って惑と成る」して元品の無明と成る間、総じて迹門の当分にては断惑の義これ無きなり。故に、迹門は無得道なり。*当体義抄に記の九の「*大衆仍を賢位に居す。これを名づけて惑となす」の文を引いて、「本に望めば、爾前・迹門の諸大士*は未だ無明を破さざる賢位の物なり」等と定判し給う。故に、総じて爾前・迹門に断惑の義これ無し。故に、迹門にては元品の無明を断ずることこれ有るべからず。稟権抄もまたこれに同じ云云。仍って、本門六即は十界久遠の上にこれを論ずる故に、六即共に妙法蓮華経の妙覚の智これを用う。殊に、妙覚の智の本体を名字即に顕わし、乃至妙覚の智を等しく覚るを等覚と云う。故に、たとい等覚に断ずと云うも、智は妙覚の智なり。この妙覚の智を以て、必ず元品の無明を断ずべきなり。

門流の口伝に云く、妙覚の智とは信智なり。元品の無明とは疑惑なり。仍って、三五下種の所に信智はこれ有る故に、爾前・迹門に曽てこれを明かさず。信心の妙覚智は、必ず本門にこれ有る故に、元品の無明をば本門にてこれを断ずべきと云うなり。

（第二六紙）

問う、究竟即はこれ菩提なるを釈せんとして、「*果及び果果は仍を教道と成る」と云えり。何

智還　（止六下）正蔵四六—八一c

当体義抄　定遺七六五～六（取意）

大衆　（記九中）正蔵三四—三二四c

は　底は「ヲ」

果及　（弘一之五）正蔵四六—一八〇b

ぞ智断円満の位に教道を存すと云うべきや。
答う、天台学者の云く、六即共に果地果海の次位なり。いかでか教道を存すべきや。但し、釈は且く六の辺を教道と云うか。「仍」の一字を心に留むべし。「なを」と云う六の辺を指すと覚えたり云云。

私に云く、この釈は止観一部の大旨を釈したるなり。所以に、止観一部は五略十広の文種々なれども、解・行の二なり。妙解の名字は方便なり。妙行の観行即を以て一部最要の宗旨となして観心を成ず。果報已下は「無明を断じ中道を証す」*の果及び果果の智・断の二徳は初住已上等・妙二覚の所作なる故に、殊に今の六即は発大心の下にて解行の名字・観行の二即こそ行者の当用にて実道にてはこれ有り。妙覚究竟の智・断二徳は、名字・観行の観心の為には「仍を教道と成る」と云うことなり。全く六即並びに究竟即の当体を教道と云うには非ざるなり云云。

止観一部の内にこれ有りと雖も、十広の中の果報已下の三章と、五略の中の感大果已下の三章とは、同じく教道と成る。故に知んぬ、今の六即も名字・観行は当用なり。分証・究竟は未来に在って、当用に立たざる故に、「仍を教道と成る」と云うなり。

無明（断証決定集）
伝全五―二二三

（第二七紙）

修覆し奉る六即私記三巻の内、観行即の下《しも》
貞享第三丙寅正月二十三日

日顕花押

六即私記（原文）

凡例

一、本文は、尼崎市大本山本興寺所蔵の日隆真蹟本を底本とした。

一、漢字は原則として常用漢字を用いた。

一、原本には、一部に返り点・送りがな、並びにルビが付されているが、それは忠実に再現した。

一、一行の字数・改行は原本のままとしたが、刊本の一行に収まらない場合は二行とし、二行目の終わりに　」を付して、その旨を示した。

一、原本の行間や字間があいている場合、大凡そのありさまを示した。

一、原本にある＼は改行もしくは強調を示すと思われるが、そのまま再現した。

一、原本にある繰り返しの記号〱も再現した。

一、原文の表記の仕方につき、文字や文節を消して横に訂正を加えている場合はそれを再現し、字間に挿入の○印を付して横に文字・文節等が書かれている場合は、原則として当該本文の右肩に注の番号を付し、その文字を注記した。

一、消去あるいは見せ消ちの場合、可能な限りその文字を示し、不明或いは未詳の場合は、凡その字数を■で表記した。尚、見せ消ちについては文字の左横に〻を付した。

一、虫損箇所については□で表記し、判読できる文字についてはその中に書き入れた。

一、原本の紙の継ぎ目は———で示し、継目文字についてもそのまま再現した。

一、あきらかに誤字と思われる字は訂正を加え、注を施した。

一、頭注の「底」とは、底本とした真蹟本の意である。

一、原本では、殆どの場合、文章が終っても字の間をあけず、次の文章が続けられている。しかし、翻印にあたっては、文章が終ると思われる箇所は、原則として一字アキとした。

一、原本では、観行即の部分にだけ目次が付けられているが、読者の便を考慮して、他の箇所についても本文に従って目次を作成した。なお、目次については返り点・送り仮名等を省き白文表記とした。

一、原本の目次と本文中の標題には、その表現に若干の相違がみられる場合があるが、そのまま再現した。

目次

題簽　他筆

六即私記　三巻之内 惣釈

袖書き　他筆

奉寄進御聖教軸表紙二巻之内

施主　大坂大津与市右衛門

（第一紙）

六即下

（以下、真筆）

六即七位同異如何

問此六即ハ亘本迹二門可云耶

答天台学者ハ此六即ヲハ本覚立行ト云テ迹門猶不可明之一　況於爾前耶　仍七位ハ教位ニソ名別義円次位従因至果配立ニソ断而不断ノ次位即是始覚断道也　六即ハ本覚立行ニソ名義倶円次位従果向因ソ不断而断ノ々道也　争権迹諸教可明之一耶　依之ニ弘一云此六即義起自一家深符円旨永無衆過云云　此六即ハ天台一家深旨観心最要本覚観位ト覚タリ等云也

止観依迹門事

①継目文字
第二紙
②継目文字
③引　衍か

難[問]云当流相伝ニハ此止観六即ヲハ天台妙楽外適時宜辺ハ迹門六即也　迹門
六即ハ本体ハ開権唯円上ニ立之一　而兼二用約教意一開未開之諸部円共同メ■
立之一定給ヘリ　何違天台学者義一耶
答玄文止教相大旨ハ雖同之一非無其異一　所以ニ玄義意ハ先約教一次約部一
部妙開顕上ニ判本迹教相一也　止観一部ハ住前未証凡位名字観行上ニ示権実不
思議観心一間且指二置本迹釈ヲハ一期来世果報時ヲ一不釈之一云云　但約権実教部一
釈観心一時宜開権顕実止観一部一以約部妙止観一立面ニ一而兼二用メ約教々円ノ　①カ
止観一論開未開諸部諸円共同之円頓止観一助ニ用漸不定一正助合論
②カ
合(ママ)行メ立三種止観一　々々々々共ニ三円相対メ円頓[教]止観内ニ置二花厳方等般若迹
本涅槃諸円ヲ一名一ケ円三種止観惣在ノ摩訶止観一也　サレハ今経迹門意迹十
妙意体玄義意与止観一部意一全同也　仍以此意一弘三ニハ今約法花迹理○
故知一部之文共成円乗開権ト定判シ籤一ニハ彼文妙観独在於円云云　独
者諸部円ヲ一独ストト云事也　加之一止一通別序所開祖承人法共ニ諸部共円意也
仍円頓止観ニハ先引花厳初仏恵一後引法花方便品十如実相一結之一云云　止五十
乗観釈シ畢テ結時依方便品一　次釈観不思議境理境三千一■初引花厳一後ニ引
③引方迹門十如実相一釈界如三千一　次修境化他境結成スルニ迹門乃至中論四句

①継目文字
第三紙
②継目文字

文並ニ浄名三観次以四安楽行一釈之一云云　其後至止観第七末二一ケ十乗ヲ釈
畢テ結之一此十二重ニ結之一時初ニハ此十乗観法ハ依迹門方便品法説一立此観一
云後ニハ依迹門譬喩品大白牛車文一此立十乗観一云云　次止八ニ第二煩悩境
下十乗観モ依譬喩品等一大車文一釈之一　第三病患下十乗結文同前一
第四業相境下十乗結文モ同前一　第五魔事境下十乗結成如前一云云　止九
第六禅定境下十乗観モ如前一結之一云云　止十ニ第七諸見境下十乗観モ
皆悉依譬喩等一大車譬文ニ一此立十乗観一　以第八下々一同之一　意ヲ一々ニ
釈之一　此外玄義文句諸文悉止観ハ依法花迹門一定判スル上ハ今六即モ迹門開
顕六即ニソ而兼用諸部円頓一得ハ意一尼崎流相承正義也　諸天但至諸天台宗
学者謀義一者先於一宗内一背檀那流義一　々々々々ハ止観ハ依法花迹門一相
①モ
相承（ママ）シタル也　恵心流一義トソ止観ハ依根本法花一結句不依本迹ニモ一云テ止観法花
天台法花両宗各別也　天台真言止観ハ全同ト云ハ大僻見也　天下第一謗法也
仏滅後二千余年間未曽有大邪義也　委ハ如四帖抄二帖抄名目
見聞法花下一云云
②モ

疑云此六即義下ニ此六即ハ開権観位上ニ令共諸部円一云有証文耶

答文義分明也　不可疑之一　仍弘一ノ此六即義起自一家深符円旨永無衆

過釈是也　所云一円旨者諸部共円々旨ト云事也　此本末六即ヲ釈畢テ

末ニ問答釈ヲ作時蔵通別三教ニハ不明即義一円教ニハ明即一　故立六即一由ヲ

釈也　仍問何意約円説六即　答円○六即判位一云云　弘受之一答意者前之

三教諸法非即一　通雖名即一但是界内　是故即名唯在円説○若不明即

将何以弁円異前三一云云　加之一諸文分明也

①六即下

問六即々《三処》身成仏如何

答惣ソ於即身成仏一三処即身成仏ト云事ヲ沙汰スル也　謂一三周即身成仏也

（第四紙）

①継目文字

①底は「也」の下「此等ハ」を挿入
②底は「此」の下「等」を挿入

二龍女即身成仏也　三止観即身成仏也　此三種中ニハ天台学者ハ以止観即身成仏一為本意二云也
当流義云三種中三周龍女ハ在世ナレハ脱ノ即身成仏也　止観ハ滅後像法熟益即身成仏也　共ニ迹中即身成仏也　①此等ハ望久遠下種即身成仏一聖身成仏也　是爾前迹門ニハ覆二蔵ソ久遠下種名字生身一第二熟益調停種ニ与下種名一故落居ハ聖《人》身成仏也　一代大意抄ニ爾前ニハ明権者成仏一釈給此意也　本門意ハ十界聖衆ノ根本生身名字即久遠下種ヲ明間久遠本果釈尊モ即身名字即生身即身成仏也　又本因妙上行モ名字即身成仏也　十界久遠ト云久遠モ名字下種即身成仏也　此十界久遠ノ々々下種ノ一衆生退ソ本一移大通迹名字観行ニ一今日来寂場花厳坐ニ一来阿含一熟シ八万ハ脱シ方等三教ハ熟シ円ハ脱シ般若又同之一　至迹門一分脱ス至此等ハ熟脱辺ハ聖人《位》成仏也　望久遠下種一本門即身成仏人也　此②等権迹ニハ不知之一本門ニハ知之一久遠下種即身成仏也　是即過現相対ノ本門六即々身成仏也　観心抄稟権抄法蓮抄大田抄玄十初玄一第三教相意也
日道仰云三処即身成仏ヲ当《配》次位一六即也　此三処ハ熟与脱一不立名字下種即身成仏一故顕本因妙下種一還見ハ三周モ提ハ龍女モ正像衆生止観機モ久遠下種者也　久遠下種者本因妙名字即也　仍随下種二三処ハ六即倶本名字即身成仏ニソ本門六

即々身成仏ト成也

尋云②迹門六即々身成仏如何

答止一六即毎下一置止観二字一理即止観名字止観乃至究竟即止観云々　止観ハ実相法身仏也　是六即六即仏也　依之一南岳心要ニ六即共ニ仏ト云テ理即仏■名字即仏乃至究竟即仏ト云々　此六即経歴止観行者ハ初縁実相ソ初後不二也　故ニ凡聖一如ニソ聖ハ乍聖一凡ハ乍凡一本有成仏也　即一字可思之一　此即ヲハ爾前四教隔歴故不明之一　迹門ニハ即ソ法身仏一不即ニ久遠釈尊上行ニ一　其仍九界与九界一々々与法身仏トハ一即スト云ヘトモ報応与報応二不即一六即也　故止観一部ニ不作本迹釈一也云々

示云此迹門流通止観六即々身成仏ハ為顕観行即々身成仏一也　観行即々身成仏者解行ノ上仏母実相一念三千即身成仏也　弘五云当知身土一念三千故成道○法界云々

尋云

①ト

①継目文字

（第五紙）

②底は「云」の下「迹門」を挿入

尋云本門六即々身成仏如何

答本門モ如迹門一六即六仏也　但迹門六即六即仏ト云ハ法仏也実相仏也　本門六即

仏ト云ハ一品二半在世仏ハ因果不二ノ本果仏也　本門八品上行要付之①辺仏ハ因果一如

②カ、

本因妙名字即久々堅信本仏也　仏欤トスレハ凡夫也　凡欤トスレハ仏也　三世諸仏惣勘

文云生仏一如本覚之仏ヲ性得ニ具ヲ云理即仏ト一始テ修ニ聞テ信スルヲ名々字仏ト一信

行相続スルヲ名観行仏ト一乃至究尽生仏一如本因妙仏一名究竟即仏ト一也　故此本

因妙仏ハ令信ニ行妙◯経一三世本有トソ出滅後末法一成本尊ト一也　自元二一切衆生ハ々

仏一如ノ生界ナレハ仏与末法衆生二一如ニソ父子天性久遠也　此本因妙父仏ト者上行菩薩也

上行本因妙与本果釈尊一惣在スレハ妙◯経也　仍本門八品ニ説ク六即六仏ノ々者

妙法◯経也　此妙◯経ハ本地久遠無作三身惣号也　故知本門八品所説六即ノ仏ハ三業惣

持之口業言説一心三観言説伝於一言ノ口唱之妙◯経也　是則末法一切衆生下種

本仏口密利生ノ易行之仏也　此仏ニ立六不同一　即ト云ハ本因妙上行堅信妙◯経也　六ハ

信心本因妙名字堅信之体惑断ヲ観行ヨリハ用惑ヲ研ク形也　是本門自元即身成仏

実体ハ名字一即ニテ極之一断体三惑一故ニ観行相似已去ハ名字即仏ノ応用也　此本門

①底は「之」の下「辺」を挿入

②継目文字

（第六紙）

六即ハ爾前迹門ニ分絶タル易行也　御抄云自迹門摂本門下①機也　教弥実位弥下云云

口伝云本門八品上行要付之妙◯経ニ②明十界皆成ノ種熟脱　々々ハ在迹中ニ故③似難行道ニ

此故ニ破廃メ迹中熟脱ヲ顕本因妙久遠下種ノ名字即ヲ本門独易行之中ノ易行也　十界皆成ハ名字即成仏ニメ易行也　本門ニメハ名字即仏ニテ有シヲ退本取迹メ経多劫也云云　仍本門ハ以過去為メ根本所ト■経仏々ニ為開近顕遠事ハ為顕ニ久遠本因妙名字信行易凡夫即極易行也　最秘口伝ニ本迹ハ顕種子下種相伝スルモ十界聖衆ノ過去凡地ハ本門本因妙名字即仏ノ易行也ト云事ヲ顕也　法然聖人不弁之以本門脱益一辺謗難行道ト堕獄　結句法花宗中ニ本迹一致ト云テ難易種脱混合メ失末法下種成謗者也云云

④イ

⑤イ

問上ニ聞タリト云ヘトモ本迹門六即一即習如何

答迹門流通止観意ハ無様モ観行一即也　但余ニ飛上法門ヲ好程ニ等覚一転入于妙覚文ヲ料簡スル時入于妙覚ノ々々ヲ理即ト云テ六即本覚ト云也

六即共ニ理即ニテハ但如舎衛三億衆生如外道（理性眷属）　可笑々々云云　止観一部道理前ハ観行一即也　日蓮宗ニハ如諸御抄如説抄四信五品抄無異義名字一即也　此名字一即ヲハ不明爾前迹門本門久遠下種時明之　此名字下種者或従

①機　底は「摂」

②底は「経」の下「明」を挿入

③底は「故」の下「似」を挿入

④継目文字

（第七紙）

⑤継目文字

（第八紙）

知識父ハ国王或従経巻母ハ妃此父母和合種子下種ヲハ■大通已下今日権迹諸経ニ曽不明之一　止観名字即或従知識父ハ花厳寂場始成土民或従経巻母妃ノ諸経共円ト父母和合スル前六重名字妙解ナル故成熟益ト一不成下種ト一也　本門末法相応止観名字即ハ父大王母妃ノ境智冥合下種名字即也此名字一即ヲ為所詮ト二立六即一也　故六即倶本々因妙名字惣在ノ六即ト二云也　開迹顕本ノ止一六即ヲ廃迹立本メ見之一観心本尊抄惣名物在六即ト成也

問玄一止一六即不同如何

答大旨ハ教観不同ト可云歟　玄義六即ハナレハ立所ハ観位ナレトモ玄義ハ教也止観ハ々也

玄義六即ハ教家之観位也　然為釈妙法経ヲ一七番共解ノ中観心ナル故ニ名字即観心也ト覚タリ　謂玄一云○籤受之一観心者随聞一句摂事○方名修観云云　此文名

字観心ト見タリ　以此観心取下六即々々共ニ妙法○経観心家之六即ナレハ只名字
家之六即ニシテ此妙○経者本地甚深之奥蔵也ノ本因妙名字即家之六即トナレハ
還久遠本覚本因妙観心六即ト被云也　次止観六即ハ発大心下ナル也　故《此》発大心ハ
名字即ナル故ニ此モ名字即家之六即ナレハ々々惣在ノ名字即ヲ令還帰大通下
種名字ニ又此名字会ニ帰シ久遠本因妙父上行妃所ニ父成或従経巻悲母境ト或
従知識上行父智ト境智冥合シ成下種行《顕》ニ本地難思境母智父妙法也　此時ハ玄義
六即ハ顕父ト智トヲ①名玄義ト②本トヲ止観六即ハ顕母ト境トヲ③体玄義ト迹門トヲ　此等二辺ヲ合スレハ々智ヲ
合スレハ名体不二④本門妙法経ヲ顕也　可ヒ之云云」

問

第九紙

問一切円人⑤必経六即耶
答天台学者云一切円人必可経六即也　縦直行円人也トモ即聞即行スル
処ニ名字観行等頓ニ経義有之　一念之所ニモ微細昇進有ハ之六即経

①底は「智」の下「名玄義ト本トヲ」を挿入
②この返り点は行か
③底は「境」の下「体～合スレハ」を挿入
④底は「二」の下「本門」を挿入
⑤底は「人」の下「必」を挿入

歴ト可云也　日蓮宗意モ信行法行共ニ可経六即㆒也　本門流通因果ハ
六即也　其機ハ不軽也　不軽既六即経歴行者也

日道仰云一切円人必可経六即㆒也　此円人ハ下名字信心㆒尚解行証㆒円人ニ①取ノ事也
本門流通本因妙名字信行円人ハ六即ヲ経名字一即ト㆒経信心信行ヨリ外ヲ不知経㆒
不移㆒但名字信心一念ヲ以テ如神通乗人㆒如飛辺鳥㆒名字即妙覚妙法
蓮花経ト堅信ソ父母所生身即昇大覚位②即身成仏スル也　経云須臾聞之即得
究竟阿耨菩提云云　豈如爾前㆒如迹門㆒六即具ニ経之㆒耶　是併信力経力
也　全非自力㆒也　記十云行浅功深以顕経力云云

私云不経六即㆓云堅信一筋也　然堅信之裏有如許恵㆒　々々々辺ニテハ
可経次位㆒也　此時ハ名字家之六即信心家之解行証ト可云也被云㆒
六即ノ々ハ信行一面ニテ無ク六不同㆒而如許恵裏ニハ解行証六不同宛然也　仍
一心信心妙法経上ニ宛然トソ三千一念ニ帰スル時ハ即六即一即名字本因妙上行也
十界久遠名字三千周遍名字即ニソ権迹ノ諸仏菩薩ハ名字即応用ノ解
行証也　又三千遍照名字堅信自然恵ヲ于法界遍照スレハ解行証十界
六即三千周遍ソ世間依正宛然六即本有也　我等以一念信心㆒唱惣名㆒

①底は「人」の下「取ノ」を挿入
②底は「位」の下「即身成仏スル」を挿入

十界三千円備六即帰シ一心ニ一顕シ一心本分六即二一身信身一念遍於法界ノ本覚
成道ヲ唱事ハ信心得也経力也釈尊上行護念力也　仍六即非六即一只六即倶
本名字即也　一即非一即二十界久遠六即々々倶本ノ本因本果々々々々
惣持之南無妙法経也　天台宗蓮花因果口伝可思之一　六即ハ唯是本因
本果也　[redacted]ニ故知一返モ南無妙経ト唱レハ一念ニ被引経力ニ二一念間ニ経六即一
六即倶本ノ々因妙本覚成道ヲ唱也云云　本迹一致六即ニテハ日蓮宗々旨
難顕一　無疑一謗法也云云　南無阿弥陀仏ニ不備六即一大日如来ニ非因非果
法身ニソ不具六即倶本名字即一　是不明久遠成道一故也　委如別紙一云云

①レ
②ト

①継目文字
②継目文字
（第一〇紙）

（第一一紙）

①底は「中」の下「観行等五即」を挿入

②底は「仍」の下「此」を挿入

問本迹六即不同如何
答玄義六即ハ釈首題一　観心下六即ナル故約本迹二可釈之一　本迹ハ従廃迹立
本メ去現在迹中①観行等五即熟脱一顕久遠下種本因妙一　々々々ハ名字即也　玄一
云於諸過去仏若有聞一句名字即也云云　過去仏者本因妙上行也　一句者妙
法蓮花経世間相常住之一句也　以此名字即一為迹中熟脱小権迹諸位之根源ト一
此名従果向因六即一　是本因妙名字凡位ヲ為根本一中間今日以観行
相似分身究（ママ）竟一為所生ト一為枝末一間凡位易行本覚六即也　仍②此六即時ハ於
名字即一断元品無明一　々々々々者体三惑也　体三惑者涌出品時断疑生信ノ
疑惑也　本門妙法経ニ相副元品無明ヲ名疑ト一也　当時日本国謗法物起之一　治病
抄ニ見思未断凡夫起元品無明一事是始也云云　此時門流ニ名字易行断惑ヲ云也
如此二六即ハ々々倶本六即本因妙家之六即也
　示云玄一本門六即ハ々々一即名字即上ニ立之一　故六即々ハ妙法〇経一句也　玄一ニ理
即ヲ釈ニ当聞六即　妙法蓮花経理即也　於諸過去仏若有聞妙法蓮花経

①底は「法」の下「為」を挿入

②継目文字（第一二紙）

③底は「伏」の下「断」を挿入

④即　衍か

⑤この返り点は衍か

名字即也　深信妙法蓮花経観行即也　妙法①為六根清浄相似即也　安住妙法
蓮花経中一分証即也　唯仏与仏究尽妙法蓮花経究竟即也ト可釈二云ヘトモ
迹化天台猶ヲ被引迹習ニ一被恐本化付属一歟ノ故ニ略シ妙法蓮花経ヲハ一只世間
相常住理即也ト釈セリ　世間相常住ヲ妙法蓮花経ト為被得意一也　其故ハ玄一
本序云此妙経者本地甚深之奥蔵也　世間相常住　三世如来之所証得也云云

②ウ

文心分明也　世間相常住即妙法◯経也　故知妙法蓮花経理即也ト可書一也　諸御抄意
本門六即ノ々妙◯経也　此法門ハ日存聖人御已証也シヲ日隆伝授之ヲ一云云　可ヒ之〱
口伝
示云本門八品上行要付之南無妙◯経ニ備本因本果一　々々々々即六即也
尋云迹門本因妙者理即名字観行相似也　本果妙者分身（ママ）究竟也　此六即
倶本六即ヲ従本垂迹スル時久遠三五下種ハ名字即也　或ハ久遠下種ハ名字即
也　大通結縁ト書ハ退本種一故也　故属観如釈一属観行即一　退大取小已来今日
前四味マテハ本相似ヲ経体外迹一々相似ヲ経体外一時前四味ニ見思塵沙断シ密伏③断塵沙一
迹門ニ還体内ニ一断分身叶（ママ）ニ一断無明一至本門ニ一廃迹顕本メ叶本六即末終ノ究竟即一
④即ニ一雖脱在現具騰本種メ以一品二半脱妙覚一還久遠妙本因妙名字下
種一也　等覚一転入于妙覚本因妙名字等云云　入于妙⑤一覚ノ々々ハ本因妙名字下種所ニ還

入テソ六即倶本名字凡聖一如本覚成道ヲ唱皆悉成十界久遠地涌菩薩ト一　十界悉久遠成道ト云モ名字成道也　立此覚一見ハ釈尊上行並三世十方諸仏モ名字成道也　仍三惑断ト云モ金剛長寿信心智ヲノ功用ニテ断之一也

口伝云本門六即者本門八品ニ説之一　謂涌出寿量ニ説ク三世益物ノ三世衆生ノ本有三因仏性世間相常住ノ妙法経ハ理即也　涌出品ハ本因妙寿量品分別品一生八生増損法身脱益等ハ本果妙也　又別メ説為未来一此本因本果ヲ惣メ説四信五品ト一　謂名字観行相似ノ因果也　別メ随喜品ヨリ説之一随喜一品ハ本因妙名字即也　功徳品ハ本果也　不軽ハ本因果証人也　神力品①カ品（ママ）時属累時釈尊上行本因妙ニ住在メ以本因妙口密惣名ヲ一付本因妙上行口密ニ一也　此時ハ釈尊ノ口付上行ノ口唱　所付法ノ口唱ノ惣名皆悉本因妙名字即上ノ所作仏事也　仍本門六即ハ名字一即上ニ為顕上行要付一也　薬王品已下ハ分（ママ）身究竟ノ応用ヲ説テ擬正像ニ一也

私云松林十三帖抄ニ自寿量品一至妙音観音品一習本門六即一事件ノ本覚ト云飛上義ニハ雖無子細一日蓮宗ノ従迹門一本門摂下機一云②背本門易行ニ一違上行要付之経旨一間不可用之一也　可思之一云云

①継目文字（第一三紙）

②底は「云」の下「背」を挿入

尋云迹門六即相如何

答迹門六即ハ被符七位一従因至果ヲ向断而不断一始覚土民父智与仏母実相不思議円頓三諦三千境一々智冥一ソ顕中道一示六即一　謂止観一部大旨是也　此六即ハ文ハ六義ハ五也　文ハ経六即一雖示信解行証ト一名字信心ヲ属方便一置二前六重一称仮名一譬食虫木一為三世仏菩薩能生根源一　名字即ヲハ無位一或ハ位短シ始覚也等云テ天台妙楽多分以名字信行一摂五品初随喜二一立有名無実之名字即一結句捨信堅信名字一取①観行初随喜同等解了名字通達名字一置前六重一名ハ々字義ハ観行初也　故ニ止観ニ定機一高尚者高尚ト云也　爰知止観六即ハ為解行証高機一立之一故簡久遠下機（ママ）名字並信行一　故熟脱②上ニ立六即一也　熟脱ハ迹中ノ所作ナレハ始覚也　謂熟脱ハ権実々々ハ実相々々ハ迹門正意也　依此実相一立止観一々々ヲハ今約法花迹理云云　③爰知止観一部六即ハ迹門六即也　六即中ニハ以観行即一為最

④サ

要一　六即一即ハ観行一即也　雖然止一今六即ハ名字位立之一■勧発大心菩提心一為顕観行即正行一也

疑云本迹六即相聞タリト云ヘトモ猶々重当流已証如何

答■■当宗意本迹六即約束ハ本門六即ハ自惣名一起　其惣名ニ備本迹一本ハ智也父也大王也　迹ハ実相境也母也　此父母境智冥合ソ成下種一時以智

①底は「取」の下「観行〜同等」を挿入
②底は「脱」の下「上ニ立」を挿入
③底は「云云」の下「爰知」を挿入
④継目文字（第一四紙）

父大王一為面一以境母妃一為裏一成二下種一令経歴六即一本地難思境智妙○経一
令経歴六即一也　次迹門六即ハ自体玄義体妙実相一起也　謂体理実相ヲ迹門
正意在顕実相トテ有迹門ニ一　々々ト実相ハ共ニ以権実一為実体一　此権実ハ論
仏母実相一父ノ智父ハ①寂場始成権仏土民也　境母ノ妃円教ノ妃ヲ一為■論権実一　非
前三教麁権女ハ実母一　以円教実母仏母実相一為実母妃ト一其妃与大通寂場ノ
始成土民父一和合ソ成二諸部共円ノ迹門□□（虫損）実相並円頓止観一為六即主一論
六即一　々々共ニ為仏母実相一経歴六即一也　仍名字即ハ以智父一為正一故論種子一　故
本門ニ取之一六即ハ名字一即ト定也　迹六即智父ハ土民故ニ名字②即ヲハ仮説ト下ソ
三諦仏母ノ名字即ト云テ観行相似乃至妙覚マテモ顕体妙一顕仏母実相妃③与父ノ
土民旃陀羅ト一　母面父裏ナル境智冥一ソ顕六即二示止観顕是菩提心一也
猶疑云止観六即々々実体仏母実相也迹門意也ト見タル有証文一耶
答先十如中ニ相ハ智父也性ハ境母三諦也　仍相如是顕末法一示謗国由一　如御抄云云　サレハ
玄義六本門妙○経六即ノ理即ヲハ世間相常住理即也ト云　此文ヲ玄一本序初ニハ本
地妙○経即世間相常住也ト釈之一　或ハ本朝大師ハ世間相常住ハ本門意ト尚之一云云
止観六即ヲ仏母実相体ト云事ハ初之理即ヲ如来蔵理ノ仏母三諦ト釈シ名字即ヲモ
④ヒ
三諦一実菩提ヲ聞ト定判スル故ニ也　前六重妙解名字又三諦之名字也　第七正観章

①底は「父」の下「寂場」を挿入
②底は「字」の下「即」を挿入
③底は「妃」の下「与」を挿入
④継目文字（第一五紙）

①底は「似」の下「正行」を挿入

以下、顕師筆

観行相似①正行一念三千妙行重ト云モ仏母実相三千也　酬タル此三千観一果報乃至旨帰ナレハ六即共ニ仏母実相三千迹門意也ト定也　故止観一部ハ三諦三千ノ解行観心也　仍云ヘリ一部詮要三種止観也　三種共ニ仏母実相観也　其中正行円頓止観ヲハ初縁実相云云　此等文義止観一部ハ仏母実相ノ迹門正意在顕実相ノ六即止観也ト云事無疑一者也

奉修覆六即私記三巻之内　六即下

貞享三丙寅年正月廾三日

日顕花押

題簽　他筆

袖書き　他筆

（第一紙）

（以下、真筆）

六即私記　三巻之内 理即名字即

奉寄進御聖教軸表紙二巻之内

施主　大坂大津屋与市右衛門

理即下

止云理即者一念心即如来蔵理○具不可思議云云
日道義云一念心即如来蔵理云云　所云二一念者第経タル妙解ヲ一正観重ナラハ八九識ト
云モ無子細歟　夫モ止観一部習以機一摂法二一　々位観心重ニテコソ九識八識トモ
可云一也　機ハ未断惑也　自力ノ八識九識ハ不可叶一事也　今前六重就中
発大心名字凡人初発菩提心下ナル故但妄理即ニソナル間第六識一
念也　次本門六即理即意ナラハ十界久遠六即理即本有三因
理即仏性一念ナル故久遠質多ノ第六識也
疑云玄一理即ヲハ世間相常住理即也ト釈ソ以相常住一為理即一　今ハ以性常
住三諦一為理即一相違如何

①底は「直」の下「不」を挿入
②底は「門」の下「止観」を挿入
③継目文字
（第二紙）
④底は「何」の下「不聞不知」を挿入

答当流意ハ名体本迹不同ト可云也　所以ニ玄義一部ハ釈惣名ヲ々々ハ本門意ナル故六即共ニ妙法蓮花経上ニ立之ヲ　如向書ヲ妙法経理即也　妙○経ハ顕本事円ニメ相常住也　文ハ雖有迹ニヲ義ハ本地妙○経也　依之ヲ玄一云此妙経者本地甚深之奥蔵也　文云世間相常住云云　仍玄一六即ハ本門惣名体具ナル故引世間相常住文ヲ釈理即ヲ也　猶モ直①不引惣名事ハ非付属故又恐上行付属ヲ故也
次止一理即ニ引三諦文ヲ釈之ヲ事ハ三千ハ諦ハ三千（実相々々ハ体玄義体妙即）実相迹門正意在顕実相ナル故存迹門②止観大旨ヲ以三諦ヲ釈理即也　故止観一部ハ止観六即ハ従体妙ヲ起故迹意也③

也（ママ）本玄義意（六即）ハ従惣名ヲ起間本門意也　幸ニ惣名観心ハ名字ナル故ニ観心下ノ六即ナレハ六即一即名字即也　名字即ハ又爾前迹門ニ不明之ヲ必本因妙ニ明之ヲ　故玄一六即ハ末代相応易行六即名字即也

尋云理即ニ有稟教修行義ヲ耶
答心要云一切衆生心性即理即仏ト云ヘリ　何④不聞不知理性ニ可有稟教修行義ヲ耶　若依之ヲ爾也云者四味三教行人来法花ヲ始叶名字ヲ　又迹門中断証人来本門ヲ初聞妙法○経ヲ叶名字位ヲ　爰知爾前迹門三惑断諸菩薩モ権迹当分ハ

理即也　何無稟教修行義一可有之依之一曽谷抄ニ法花経ヨリ外ハ理即凡夫
也云々　何於当分一無稟教修行義一耶如何
答任六即大旨一者理即ニ稟教修行義不可有之ニ云事如一辺①難一　但至高祖
師御判釈一者爾前迹本展転入■理即ノ権迹当分稟教修行ハ自元一
不論一処也　今本門理即本門稟教修行有之一耶ト云事也　仍本門理
即ト乍定一本門稟教修行不可有之ニ云事也　若如難一者与名字
即一無不同一者也　稟教修行ハ名字観行得分也
義云天台宗於理即一有五重一云々　当宗ニハ本迹理即ヲ可沙汰一也云々

名字即下

止云或従知識或従経巻○皆是仏法但信法性不信其諸云々
弘云若不聞名従何能了○悞哉々々
問当宗意末法相応次位ハ六即中何耶
答諸御抄並如説修行抄四信五品抄説相末法次位可名字即一

①難　底は「唯」

（第三紙）

① この返り点は衍か
② 底は「行」の下「相似」を挿入
③ 底は「也」の下「仍」を挿入
④ 底は「見」の下「仍二乗作仏」を挿入
⑤ 継目文字（第四紙）
⑥ 底は「経」の下「顕本ﾒ」を挿入
⑦ 底は「時」の下「妙法蓮花経」を挿入

云事分明也　先法花経一部ハ六即也　謂在世正宗ハ分証妙覚也
流通ハ名字観行相似也　正法ニハ経相似ヲ①一経体外一像法ハ観行②相似位
止観是也　如四信諸御抄一末法是本門流通時機名字下種位
時機也　依之四信五品抄仍経文ニハ後五百才乃至悪世末法時云云
廃迹立本スレハ悪世末法時機ハ本門教弥実位弥下ノ名字信行
得分也　本門ハ理極事辺ヲ顕本事円本覚教観也　③仍極善最極
深妙ハ摂極悪最下悪人一　サレハ三世悪人ヲハ本門唯一仏乗ノミ助之一
熟脱時ハ加諸仏菩薩力二三五下種乃至滅後末法名字下種名字下種ハ釈尊上
行唯我一人能為救護ノ力也　故本門ハ三世ニ以顕本一為所作ト一号種子無上ト一
種子ハ有名字位ニ一故法花経ハ以迹中脱熟面一見ハ之一助聖人一様ニ見ト云ヘトモ顕本ヲ
見三五下種位ヲ一迹本一部共ニ名字即易行ヲ為神一為経旨一見タリ　④仍二乗作仏久遠成道ヲハ

⑤ヲ

法然聖人ハ難行道ト邪見ヲ堕謗一天台与日蓮大士一名字凡夫易行至極凡位
即極経王ヲ顕ト示給ヘリ　一所御抄ニ以記小久成一為凡位即身成仏手本ト一　謂三
五下種名字ヲ退本取迹ヲ成熟脱聖者ト一云ヘトモ至今経一⑥顕本ヲ以脱一■■■■
還ハ久遠種ニ一名字凡位ノ記小久遠也　就中一本因妙時ハ⑦妙法蓮花経釈尊上行ハ如末法時一
名字凡夫也易行妙○経也　故釈尊経三世一以上行一為滅後唱導一　本門八品経

旨是也　猶一品二半辺ノ但脱ノ仏母実相辺ハ似聖道門ニ一■　夫モ父国王久
遠下種辺ハ名字易行也　況八品上行要付辺ハ滅後本尊大慈大悲上行
三世ニ居本因妙名字一貪体即覚体ノ本覚ノ信行ヲ授名字信者ニ一
能末法ハ能所悉名字位也　是本門経王易行勝用也
疑云猶々経釈ニ有証拠耶
答如前出一経文ニハ後五百才並ニ悪世末法時云云　疏一云後五百才遠沾妙道云云
記云末法之始○云云　伝教釈云云　一経中ニ迹本流通合メ十六品半ハ四信五品抄ニ
流通一段ハ末法明鏡也云云　随テ記九一念信解者即是本門立行之首文ヲ出メ
合初随喜ト二一処一同ニ諸仏出生門也ト示メ此位ハ相似観行名字中ニハ去二所一而不
毀呰言名字即也定判シ給　此等経釈御抄一同ニ末法名字位ト定給ヘリ
猶不審云天台妙楽ハ迹本十六品半流通ヲ五品相似ト釈給ヘリ　止観ニハ前六重ニ以名字一属
方便一以正修一為観行位一如何　答諸御抄ニ粗不分明一　正像末弘ナント判メ以玄
文殊ニ止観一恐ハ有余不了説ト定給ハ是也　①経文ニ賞翫有　本門流通名字易行ヲハ不賞[尚]翫
属方便仮説ニ一以深位観行一為最要一　故不了義止観也　サル間法然聖人捨止観一
移念仏宗一不了ニ本門八品上行要付本因妙名字下種易行ヲ一成謗法一也

（第五紙）

問日蓮宗意於本門名字即位一有退位義一可云耶

①底は「也」の下「経文ニ賞翫有」を挿入

①底は「位」の下「仍」を挿入
②底は「欤」の下「云テ」を挿入
③この返り点は衍か
④底は「答」の下「本門～難者」を挿入

答諸教准望辺ハ雖難計二於本門名字即一者不可退失二可答也
付之二不明　夫就六即一論退不退一時観行即猶以可退位ト一　①仍処々釈定
判シ給ヘリ可退位一定判シ給ヘリ　既外凡未断惑位也　諸教皆外凡ヲハ
退位ト定タリ　観行既爾也況於名字耶　准望ニ余教ニ一外凡賢位ハ
皆悉退位也　何限名字二不退也ト可云耶　若依之二爾也云者四信五
品抄引記九二云一念信解者即是本門立行之首判メ信解之信ト之首ノ々トハ
名字即也ト得意一次下ニ三釈中ニ名字即叶経文一欤②云テ而不毀呰起随喜心
文ヲ引テ五十展転ノ第五十人ハ初随喜外也云者名字即也本門摂下機也
教弥実位弥下云云　仍去戒定③二取恵一取信心一々々名字即ヲハ天台名字
観行益◯或有不忘云云　不忘ハ本門名字不退也ト云心ヲ得テ結之一時
我門人等福過十号云云　名字不退也ト云事分明也如何
答④本門名字即不可退云事如一辺証文一　但至一辺難者於六即一有本迹不同一　迹六即ハ々々共ニ従
因至果ニソ始覚ナレハ観行退スル」
上ハ名字モ退失スル也　玄六ニ名字観行益隔生即忘是也　本門六即ハ々々
共ニ従果向因ソ本覚久遠本因妙六即倶本ノ名字即ヲ付上行二三世ニ仏滅
後末法本門立行之次位ト定間名字即ハ々身成仏スル故縦隔生スレトモ其
位ハ不退也　聽テ玄六名字観行益隔生或有不忘ノ釈其誠証也　或ハ一句染

①継目文字
（第六紙）
②底は「烏」の下「如」を挿入
③煕　底は「竪」

神微劫不朽トモ或ハ聞法種子永劫不失トモ釈シテ縦行人ハ隔生ストモ云ヘトモ

①五

其功徳ハ不ソ廃一終ニ成覚一也　次ニハ本門名字行人ハ行浅功徳深以顕経力ソ備五十展転功徳一超八十年布施ニ一如好堅樹頻伽鳥一②如天子龍子一既③煕連一恒ノ物也　仍越四教味三教極位薩タニ一勝諸部円人一福過十号物也　依之一疏九云円教初心即不退　聞寿量功徳○而薫云云　記九云十云九云於信心中信於本地円門妙智○位同云云　既ニ迹門観行六根ヨリ本門名字信心勝ト云処ハ本門名字不退ハ無疑者也

或ハ法花信心者ヲハ諸仏護念シ鬼母十女神呪護持力ヲ相副受持法花名者福不可量ノ経力得護念力ニテ必令被不退一也　但是五番神呪法華名者福不可量ノ依他不退也　全非自力不退一也

疑云依経力諸仏護念力一不退也ト云有証文耶

答此経ハ自諸仏一百千万倍勝タル根本々仏釈尊上行護念御経也　聴テ信此経一者ハ釈尊上行御子也　我亦為世父悉是吾子唯我一人能為救護云云　随テ五番妙経神呪鬼母刹女擁護福不可量勝利争可退失耶　又如説随喜品ニ一経力勝余経一行浅功深以顕経力云云　経力不退故信浅人モ不退也　依之一弘一云縦使発心不真実者縁於正境功徳猶多云云　又云若非正境縦

①継目文字

（第七紙）

無妄偽亦不成種云云　所云二正境者或従経巻妙法是也　争名字行者可退
失一耶

①ト、

疑云《尋云》有何深旨迹門名字即ハ退本門名字ハ不退耶
答名字即ハ下種位也　如玄一三種教相二下種ハ必有三五過去一　去三二顕五ノ
久遠下種一　々々々々位ハ本因妙也　此本因妙ハ名字即也　故久遠本覚
名字即也　此名字即本人《主》ハ上行也　本涅槃妙末法一切衆生ハ上行御子ナレハ
譲此位二父上行与衆生御子二父子天性冥一ニソ居久本名字即二居諸仏
菩薩頂上一　争此名字即可退耶　仍断惑ハ智徳也　依智徳浅深二顕退不退
也　本門父智ハ久遠本覚釈尊上行金剛智与仏母経巻一境智冥合故名字不
退也　或従知識々々ハ久遠金剛智釈尊上行也　或従経巻ハ仏母実相ノ十如体妙
也　故ニ母ハ密冥密益有之一　真実ヒ密教是也　父智ハ顕益也　故最初下種ハ
必有修顕ノ父一　父母境智冥合ソ雖破惑一々々功ハ智徳也　仍爾前迹門ハ智父ハ
始成応仏土民母ハ円理也　父ノ智力浅下賤故対不退位モ望本門一成退位ト一

況名字退位哉　此故迹門名字即ハ退失本門名字即ハ不退ト云也　仍当体義抄一巻悉名字不退証文也　謂正直捨方便一但信法花経唱南無妙経一人三道三徳〇常寂光土也云云　次下ニ引記九菩薩已破無明　称之為解　大衆仍居賢位　名之為惑文一権迹断無明衆ヲ望本門一為賢位ニ云賢位ハ本門名字即也

争可有退失耶

口決云爾前迹門不明信心信行一　故不明名字即一　サレハ迹門六即時ハ名字無位一々短ト云也　止観一部此意也　仍仮名ト云故退位也　本門意ハ六即倶本ノ本因本果六即ナル間以因果惣在本因妙六即一付上行一　故ニ名字位長ト云テ本地甚深之妙〇経所在ナル故ニ（不）退位也

■①

口決云迹門智②父ハ土民始覚境ノ母ハ実相妃也　本門ハ智父ハ久成釈尊大王也　境母ハ実相妃也　然久遠名字即下種時ハ智父大王与仏母実相一冥合ソ成名字信行一也　故被引ニ智父久遠金剛智力一名字位不退也　迹門ハ被引智父土民始覚ニ一退名字下種位一也

①継目文字

（第八紙）

②底は「智」の下「父ハ」を挿入

（第九紙）

①底は「位」の下「始」を挿入

尋云名字位有断惑義耶

答迹門名字即ハ解行故未断惑也　本門名字ハ用信智一故断惑也　断迹ハ六即ヲ

従因至果スル故名字未断惑也　其上迹門六即智ハ土民始覚智ナル故智還成惑ソ

智光無之一智還同惑一有之　仍権迹諸菩薩ハ至本門一初テ動執当分ニ雖断

元品無明一至本門一動執生疑ソ又還本元ノ名字凡位ニ一①始聞本門一断疑生信ソ

始叶名字位一也　曽谷抄云自法花経外理即凡夫也云云　次下ニ至法花一始叶

名字即一釈給ヘリ　此名字断惑ハ断疑生信ノ疑ハ■■迹中元品無明カ来本門一

名字家ノ成疑惑ト一　信ハ本因妙信智也　此断惑ハ■名字摂属分也云云　次本門六即ハ

従果向因ソ六即共ニ六即倶本ソ只本因本果内ニ有之一　本因妙名字信智ハ

久遠金剛長寿智力信力信智力堅固ニソ以一念信心一断疑惑一　々々ハ元品無明

々々々々ハ体三惑也　相似初住已上ニ断用ノ三惑一行也　依之一起法界信増円妙道断根本惑損①変易生文是名字断惑之証也　所詮名字信行ヲ以テ断疑一　々即無明也云云　信行者廃迹立本妙法蓮花経是也　此妙○経ヲ唱レハ断元品無明一也　御抄云照生死長夜大灯②明切元品無明大利剣不過此法門云云　此文障信行一物ハ疑惑々々ハ元品無明ト釈給ヘリ　治病抄ニ見思未断凡夫起元品無明一事是始也云云　知障《謗》妙法一■■疑心ハ元品無明ト聞タリ　仍信者ハ自断元品無明一聞タリ云云

問名字即位必可用折伏行一③可云耶如何

答於之一種々義可有之一　先迹門止観所立名字即ノ久遠三諦仏母ノ或従経巻ハ久遠下種父大王或従知識ノ住裏ニ一成境ト一　故一向不簡父一簡母一　用四教一前三教生無生無量ノ④権理母ヲハ捨之一諸部共円仏母実相取之一四安楽初随喜名字ハ摂受■也　爾前権与法花実一共ニ用之ヲ一故也　次本門名字即ハ或従経巻母三諦実相ヲハ其程不簡之一　堅ク或従知識父ヲ重々ニ簡之一時

①変　底は「反」
②明　底に無し
（第一〇紙）
③底は「行」の下「可云」を挿入
④底は「量」の下「権」を挿入

弥陀大日モ為此娑婆界衆生一仮非父一今日寂場妙覚仏モ権父也非実父一　迹門
大通覆講父モ非実父一　観心抄云爾前迹門円教尚仏因云云　其後尋本
門一品二半脱益所一法身実相妃母ハ立面ニ一父大王報仏ハ立裏一施脱益一間
玄籤七乃至聞寿命増道損生皆是迹中益也　乃至①既是今世迹中之本ト
猶々糺明メ之一先置久遠本果父一復倍上数ノ本因妙実父大王ヲ取テ
②与止観実相或経従経巻妃母境一々智冥合メ下ニ本地難思境智妙法蓮花
経ノ■下種ヲ一　仍本門名字即ハ約父種子一用折伏一也　迹門流通止観名字ハ
約ニ或従経巻母三諦三千実相母ニ一論摂受法則一也　但発大心下③簡方言ヲ一④約苦諦一簡十
非心一簡苦諦次簡⑤四教四諦並十種発心一簡四教四弘四重三諦一付六即一簡之一
此等ハ摂受家折伏熟益家下種天台内鑑本門密意名字下種折
伏也　此等ハ法理法体折伏也　是法相本迹勝劣重也　当流ニ本迹ハ顕父顕
⑥木

種子下種一
尋云此外名字折伏義如何
答理即名字衆生ハ四土中浄ヱ中ニハ此ヱ土娑婆悪世ニ在之一　其悪人ハ於仏
法ニ真俗ニ一多謬一孔丘之五常ハ世間折伏也　仏出世メ⑦示小権迹本折伏一
也　観行相似ヨリ移界外一也　謂観行ハ移意ヲ一相似已上ハ色心共ニ移也　名字即ハ

---

①底は「至」の下「既是」を挿入
②底は「止」の上「与」を挿入
③底は「下」の下「簡」を挿入
④底は「言」の下「約苦諦二」を挿入
⑤底は「簡」の下「四教」を挿入
⑥継目文字
（第一一紙）
⑦底は「世」の下「示」を挿入

娑婆悪世行位正体也　故六即中ニ名字即ニハ用折伏一也　仍三五下種名字即ノ

本土モ娑婆ヱ土也　本国土妙即娑婆界也　其能居本因妙名字即モ行

位土モ■娑婆也　本涅槃妙滅後末法名字日本国下種土日本国モ本時娑婆也

経三世一名字下種土ハ本時娑婆ヱ土也　故ニ六即中ニ名字即ニハ用折伏一也

次名字即ハ入仏法一初門ニメ也初心始行時機也　其時機無智ニメ不分別邪正一　故仍起謗法ヲ一

其ヲ捨邪帰正スルハ折伏也　勧持三類不軽四衆此意也

次名字即①人ト云ハ②娑婆衆生也　此本時娑婆界ハ此土耳根利故偏用声塵トテ以音声③塵一

成仏事一　音声仏事辺ニ存大小権実迹本分差別音声ニ④有名字一々々ニ

存小権迹本分別一　無分別ハ謗法也　其ヲ分別スルハ捨邪帰正折伏也

次名字即下種位也　簡種子下父一事ハ如向一云云　今下種法云者下熟

脱法者通一代大小一亘諸部円一　如止観一云云　下種法ハ久不亘下種権乗一云テ

簡小権法一　止観ニハ明法種一故簡蔵通別一不簡諸部円一　故不以余教為

種ト云也　仏種辺ハ爾前迹門大通マテモ実仏無之一　以何一為仏種一耶　観心

抄ニ爾前迹門円教尚非仏因等此也　仍仏種ハ在世ハ有一品二半一滅後ハ

有八品一　■々々ハ本因妙一品二半ハ本果妙也　且置本果一取久遠

⑤久

本因妙名字下種南無妙◯経ヲ撰取テ仏菩薩一切衆生最初下種トスル

①底は「即」の下「人」を挿入
②底は「云」の下「娑婆衆生也」を挿入
③底は「声」の下「塵」を挿入
④底は「声」の下「有」を挿入
⑤継目文字
（第一二紙）

是下種法体即折伏也　次ニ玄一①為妙法経二三種教相ハ以種熟脱一為顕久遠
下種一故初重教相ハ熟脱也　此種熟脱ノ根源大通下種ヲ顕第二ニ一　々々
以下種一中間今日小権巨益得道ハ被ハ取大通下種一皆悉成別教一有教
無人無得道也ト令折伏一　念仏禅律無得道是也　猶本■猶去第二大
通下種一廃迹立本ソ取テ二第三下種本因妙名字即上行下種一
大通今日得道諸衆生ヲ照見ハ久遠下種得道ニソ更非小権迹経々得
分ニ一皆悉本門得道也　本門得道衆倍衆経是也　此ハ■謂真言天台
折呵責是也　此ハ本因妙名字即下種折伏也
次名字即ハ教位也信位也　謂聞円法起円信ノ位也　通諸教一皆悉教信
重ニハ論浅深勝劣一也　況於本門名字即一耶　本門ヲ云事円一云事教一
云随縁真如ト一云三千宛然ト一皆悉本覚名字教観也　謂止一云但信
法性不信其諸云云　教重分別折伏ハ不及申一　此釈ハ名字即観心重ヲ
書顕也　此時ハ教理開観共ニ体内権迹ハ不及体内実本一可口伝一也
此旨諸御抄分明也　日仍日蓮宗ハ顕本事円宗理極事遍宗有
四門倶有々門宗有無共有々相宗事理倶事々相宗摂折共折々伏
宗也　故知名字位ハ三世本有トソ事相折伏本覚宗也　故権実本迹
法爾法然トソ小権迹諸宗無得道也　恐ハ諸流末学不得此正旨一起謗一者也

①底は「一」の下「為」を挿入

①継目文字

（第一三紙）

②底は「宗」の下「捨」を挿入

③聞　底は「門」

---

①ト

次名字即ハ信位也　信行ハ其機最初心（初心始行）ニソ留一法ニ心一必有得益一移ツセハ余ニ心ヲ一正行ヲ令破廃一也　本門流通分別品已下四信五品ヲ説ニ初二三品ニ制事五度事戒定一取信恵一廃事存理ソ示直専持此経旨一至不軽品一不専読誦経典但行礼拝ト心狭行之一　是無智比丘ト被謗一神力品ニ簡広略一以要言之ト付之一応受持斯経ト要法成仏ヲ示　此等ハ名[redacted]字初心信行簡広一取要一令住一行三昧一法相ヲ自法体（行儀自）折伏也

尋云天台宗於名字有五重云云　爾者可用之一耶

答当宗ハ②捨広略取要一初心始行宗旨也　故却広学多③聞一取ニ信裏ノ略恵一示折伏恵一　故用本迹名字即一不可用五重智教門一也云云

（第一四紙）
①継目文字
②底は「行」の下「冥合〆」を挿入

名字下[1]

問本門名字即身成仏相如何

答此事ハ六即々身成仏名字不退名字断惑義ニ聞タリ　然先可得意一事ハ爾前迹門意ハ下信行一斥信心一去信行一移法行ニ一以解行証一為宗旨一也　本門意ハ下熟脱解行証一令軽之ニ三世諸仏出生ノ本所久遠本因妙名字下種ノ信心信行ヲ為最要トニ尚之一也　仍本門ニハ宣一念信解功徳一　記九云一念信解者即是本門立行之首云云　立行之首者本因妙名字即也信■行是也　此信心ハ是道之元功徳母也ト仏説給ヘリ　但成仏無有（ママ）ハ可依信不信ニ一也　不信ハ退名字一信心ハ名字堅信人ハ不退也　信心堅固ナレハ或従知識或従経巻〆経巻妙○経与知識釈尊上行ト一[2]冥合〆不放信者一順■■互ニ随順〆生仏一如也　一如故煩悩即菩提生死即涅槃〆也　故我等身体

①この返り点は衍か
②継目文字
（第一五紙）
③底は「軽」の下「値軽毀四衆㆒以」を挿入
④底は「抄」の下「報恩抄」を挿入

即久遠成道也是上行也　上行行住坐臥即我等行座也　堅信之
色心歩々声々念々即上行釈尊也　声々ハ即妙法○経也　如此㆒行人
豈不有即身成仏㆒耶
示云諸御抄並観心抄四信五品抄如説修行抄日朗抄名字即身成仏
証文也　然於当宗成仏ニ㆒即心《意》成仏即身成仏二意有之㆒　謂但如常
途㆓平信物或観心自解ノ即身成仏ノ類ハ法花経ヲ口ニ信意ニ信タル々者也　此
分ハ即意ノ成仏也　全非即身①㆒成仏㆒也　例如生身得忍云云　此上ニ至折伏㆒如
脱謗家値三類㆒被怨㆓嫉軽毀四衆脱謗家流《被処》罪死罪ニ㆒身軽
如説修行抄並勧持品㆒　僧俗㆒
②ム
法重顕顕数々見擯出遠離於塔寺記文㆒身軽法重ノ顕《蒙》我不愛身
命但惜無上道受記㆒脱謗家謗国之難如不軽㆒③値軽毀四衆㆒以被加■杖木瓦石㆒
被打擲㆒悪口罵詈ハ不及申㆒経身口意㆒蒙難㆒脱謗家謗国難㆒
是真如説修行人也　此可名即身成仏人ト㆒也　御抄《南条》云何ナル作大善㆒法花経ヲ
千万部為書写㆒行タル一念三千観道ヲ㆒人也トモ不責㆓法花経敵㆒得道難有云云
其外開目抄④報恩抄如説修行抄秋元抄依智抄初心成仏抄此等ニ盛ニ身ニ
行法花経㆒名如説行人㆓云事ヲ被遊㆒也　身ニ読法花経㆒者本門名字即
即身成仏也　加之㆒日朗抄云今夜ノサムキニ付テモ籠中ノ有様思ヒ

ヤラレテイタハシクコソ候ヘ　殿ハ法花経一部色心二法共ニアソハシタル御身ナレハ
父母六親一切衆生ヲ可助給一御身也　法花経ヲ人ノ読候ハ口心ハ読メトモ身ニ不読一
色心共ニ被タルコソ遊一貴ク候ヘ云云　日像聖人花落開発(ママ)トソ也如勧持品一値三類一
数々見擯出遠離於塔寺並ニ及加刀杖者乃至説外道論義云云　向
国王大臣ノ大難ニ奉値一我不愛身命但惜無上道ノ■信心信行無廃
退一是則此事日像■■状■御抄ニ公方追放状与勧持品是即日像
門流本門名字即々身成仏相也　諸門徒ニ分絶タル先代未曽有即身成仏
也　恐ハ諸門流ニハ即意成仏一分也云云　日像京都開白(ママ)御弘通大難擯出及
数度一　其時公方追放状院宣ヲ勧持品文ニ引合云云　聽被①赦免一　其旨
日像御抄委悉也　仍日朗日像門流計ハ如説之即身成仏也　依之一依智
抄云今日蓮生末法ニ一弘テ妙経(ママ)五字一カヽル責ニ値リ〇数々見擯出之明文ハ
但日蓮一人也　一句一偈我皆与受記ハ我也　何㝵〇菩提無疑云云　此文ハ名

名②

名③

名字(ママ)不退名字即身成仏之証文也
難云勧持三類与不軽四衆一如御抄一三世不同雖有之一其義ハ以同之一
此四衆三類中ニ謗国之王難有之一　経云向国王大臣云云　高祖大士ハ関東

①赦　底は「遮」
②継目文字
（第一六紙）
③継目文字

御弘通云云　日像ハ花落（ママ）向国王大臣等大難蒙身一々読法花経二事
恐ハ高祖ニ勝給歟如何
答口伝云云　諸門流ハ口与意一読法花経一故非如説門弟一也　日像門流ニ
三業相応大白善如説修行門流也　末法相応本門名字即身成
仏門徒也　可貴之〳〵　経云〇是人於仏道決定無有疑云云　即身成仏
未来記也

（第一七紙）

問末法相応本門名字下種観心相如何
答教観一致也　向ニ示教相一畢其教相ヲ不動入我々入ソ己心ノ名字下種ヲ可顕一也

①この返り点は衍か

観心本尊抄是也　其義味ハ諸御抄多々也　先観心抄ニ引止五本理三千本
末文一釈事具三千一也　理三千ハ迹也熟也　事三千ハ本門也下種也　既ニ文義相
違ト思可云一　然開迹顕本観心本尊抄也　謂理境三千仏界ハ法身実相仏也　是
熟脱教主也　此実相仏与九界一互具ソ成三千一　以其仏母実相一成裏ニ一以本因果国
報仏一立面一成一念三千一　在世ハ置一品二半ニ一滅後末法上行要付之本門八品辺ハ
惣置本因妙①一名字下種所ニ一而大通今日ヲ還照ハ此本因妙無之一　故名字
妙〇経ノ妙名ノ唱出初ハ久遠本因妙名字即所ニ有之一故ニ号名字即ト一　名字ハ妙
名也　故ニ下種名字即ハ爾前迹門ニ曽無之二云也　若爾ハ以五味主本因妙一可為名
字教観観心ト一也　次此名字即ハ信位ニソ初心也　初心始行ハ必摂事成理ソ枝
葉ニ不懸意一根本源ニ置心一　若枝葉権迹事ニ置ハ心一乱正行一也　依之一四信
五品抄引文句九二云初心畏縁所紛動〇廃事存理云云　玄一ニ釈惣名観心二云
観心者随聞一句摂事成理〇修観云云　此等釈義意ハ名字初心始行観心ハ
摂事成理ト打向テ信根本二不信枝葉権迹一　仍名字位ハ信行也　信ハ人ノ
言ト書リ　或従知識是也　止仍名字即観心ヲ止一ニ釈云但信法性不信其諸云云
法性ト者於諸過去仏若有聞一句名字即也ト云過去仏本因妙名字即ニ聞一
句妙〇経ニ懸心二至信一不信二其諸ノ権迹一広略定故体内権迹ハ不及体内
実本一可令観心一也　十章抄云猶体内権不及体内実云云　然観行此分ハ

①継目文字
（第一八紙）
②継目文字

分（ママ）ハ名字即初心始行之信行観心也　後心深位ノ観行即観心ハ不論二法性与其諸一
本末体用一爾前即法花経々々即爾前也　即迹二而本即本一而迹々本思
不思議一ノミタ大日即法花経々々■々即弥陀大日也　更不可論己心ニ分別一也　止一云
必須心観明了○如所行云云　弘云則此心観与理相応　所行是依理起観　所
言是信行而説云云　又云観行是恵云云　天台ヲハ名智者一具十徳一自解仏
乗玄悟法花円意云云　悟解弘経天機秀発ノ観心行観心也　故ニ止観一部ハ
観心ハ権実不二也本迹一致也
尋云天台妙楽解釈中ニ於名字観心一簡所観法一証拠有之一耶
答
尋云向ニ名字下種観心文義委悉也　猶諸御抄ニ有証文耶
答本門八品ハ上行要付本因妙名字信行功徳ヲ説也　観心抄云此但召地涌
千界一説於（ママ）八品一付属之一○此種也○此但題名五字也（ママ）云云　仍此八品ハ開迹顕本
惣名体内ノ前三後三簡別本化迹化付属也　故体内迹化ハ不及体内
本化一　故惣名体内小権迹ハ不及惣名体内実本ニ二云心地ヲ説也　是則惣名
所在名字下種開会観心形也　依之二一代大意抄ニ云云絶待妙意ハ一代聖

①内
②内

教即法花経也ト開会ス　又法花経ニ有二事一　一所開二能開云云　此文絶待妙上ニ
又分能開所開一　是名字家之開会也　次開目抄上ニ以記小久成一成三千一
以結本因本果一結之一真可十界互具百界千如一念三千ナル一　カウテ顧ハ
花厳阿①含方等般若阿弥陀経大日経等ノ権仏等ハ此寿量品仏ノ天月暫大
②一ト

小ノ器ニ浮給等判給ヘリ　既ニ一念三千体内ニ分本迹一事明也　次観心抄ニ本門
三段釈畢云又於本門一有序正流通　自過去大通仏法花経一○皆寿量
（ママ）品序分也　自一品二半之外名小乗教一○未得道教○同禽獣一也　爾前迹門
円教尚非仏因云云　向本門三段ノ中ノ正説上ニ唯本上ニ分三段ヲ一故又於本門トハ
釈也　是又名字信行観心体内ノ本迹勝劣ハ分明ナル者也　次本当体
義抄ニ妙○経ノ体理ヲ釈ニ引十如実相文一成之一　此妙法実相体内ニ分権実③本迹
信謗一但信法花経一唱南無妙○経ト○本門寿量当体蓮花仏者日蓮弟
子檀那等事也云云　此文ハ本門惣名家ノ実相体ニ分本迹一明文也　此等諸文
皆悉名字下種開会観心相也　可ヒ之〱
尋云天台妙楽釈中ニ於名字即観心一箇所観法一証拠有之一耶
答■止観一部ハ天台己心中不思議観也　然前六重並ニ大意下意下発大心ハ

①含　底は「厳」
②継目文字（第一九紙）
③底は「実」の下「本迹」を挿入

名字位也　謂為顕下種々子一章々段々簡是非一也　仍初方言下ニ者(簡)矣梨駄汗梨駄二心一取質多慮知心一　此①有慮知心一有十非心ノ中ニ猶九縛一脱ト簡之二示顕是菩提心一猶簡顕是中ニ簡三重ニ一時就四教四諦一簡三円一就十種発心一簡之一　次就四教四弘一簡三与円一次就六即一顕止観一以之一為名字顕是菩提心一也　依之一止一云若能如此一簡非顕是一②體権識実一而発心者是一切諸仏種云云　又云発心僻越万行徒施云云　又云若非正境縦無妄偽亦不成種云云　名字即観心々内ニ簡正境正法一事ハ下

(第二〇紙)

(ママ)下種不亘権迹一故於観心重一猶簡之一者也　左手第七正修止観観不思議境一念三千重ニハ雖不簡之一猶開権上ニ立三円一顕不思議不思議二■而即不思議一々々不思議倶是法界独朗止観也ト示之一　況ャ於前六重名字観心ニ一不簡所観法一耶　是止観大旨也　故還テ前六重妙解名字ハ天台成ヲ本門密意ト一且外適時宜迹流通辺ニ以妙解名字下種一属方便一也　此辺ハ止観ハ有余不了説也

両師口伝云止観第五正修止観観不思議境心地者理極事遍ソ一心即三観法界一念即三千法界ニソ③万法依正宛然ト(自)自受法界ソ自受用本有智体也　故ニ天真上ニ独朗円明智光法爾也　仍三千名相モ(久遠)本有也

①底は「此」の下「有」を挿入

②體　底は「体」。正蔵に依る

③底は「界」の下「万法」を挿入

三千体性モ久遠《本有》也　是即不思議上思議也此不思境三千寂照
不二ノ上ノ寂而常照也　如此一自受用本有智ハ本覚名字即
観心重也　三千事々其体宛然トシテ有ト之二云ニ在ハ体一在リ名一
名体久遠本有トシテ自受用智也　智ハ名也名ハ三千事也　事
智即久遠本因妙名字即得分也名字ノ事智也　故不思議上ノ
三千本有ノ事智辺ハ本覚名字即観心重也　其故ハ天台内証モ
先経妙名解一至観不思議境ニ一歟ト思タレハ還テ初ノ妙解名字ニ一々々即
本覚本極ト観達スル故ニ観不思議境上ノ事智名相ノ三
①名

三千（ママ）自受用智ハ②即本因妙名字即得分也　此天台内鑑ハ久遠本
覚本因妙名字信行止観也ト云ヘトモ迹化面外適時宜辺ハ下名字一
尚観行一也　天台内鑑本密辺ヲ以テ見レハ南岳恵文乃至龍樹等モ本
因妙名字即行人也　仍三世諸仏モ③仏名ト口業仏事ハ名字成道也　釈尊上行説法転
法論口密仏事ハ本覚名字即也　雖然名字即観心々地ハ体内ノ迹権
迹ハ不及体内実本一落居スル　是本門八品上行要付観心也

①継目文字
（第二一紙）
②底は「智」の下「即」を挿入
③底は「仏」の下「仏名～仏事ハ」を挿入

（第二二紙）

問六即ヲ名字一即ト云習如何

答天台学者六即一即ト云ハ理即一即ト云也　其故ハ世間相常住
理即也ト云故ニ経六即ヲ一①已テ等覚一転入于妙覚スル々々ハ世間相常住ヲ妙覚スル
故■妙覚ハ理即ニ還ト云事也　故②意入于理即也云云　雖然任止観一部大
旨ニ一者観行一即也　是又諸御抄義ニ相叶者也　此時六即ハ悟解
弘経自解仏乗天機秀発智者解行六即一即也　次末代相応本
門流通下種六即一即ト云ハ名字一即也　故天台止観ハ以観行即一為

①底は「即」の下「已テ」を挿入
②底は「故」の下「意」を挿入

観心位一日蓮大士ハ以名字即一定観位ト一　謂如説修行抄四信五
品抄開目抄観心抄是也　其中ニモ四信五品抄分明也　一念信解
者即是本門立行之首ト云立行ニ有名字観行相似三位一　其中ニ
以名字即一為最要一為宗旨ト一　故知末代ハ六即一即ハ名字即也
此本門名字即ト云名字ハ妙◯経名字ヲ聞クヲ名字名位一時名字即ト
云也　此本地甚深之妙◯経ヲ具心性一名理即一初聞妙名一号名字
即ト一相続ソ唱之一名観行即ト一乃至妙法蓮花経ヲ至極スルヲ名究竟
即ト一也　此此時六即々ハ妙◯経也　妙法経観心ヲ玄一ニハ名字即ト釈也　玄
云観心即聞即行云云　籤受之一観心者随聞一句◯修観云云　此文釈
名字観心ト一也　故知末代相応本門流通六即一即ハ名字即也

①名字下

問本迹名字即不同如何
答本迹名字不同者上本迹六即不同六即々身成仏下ニ大概聞タリ
然本門流通名字即者正説一品二半時廃迹立本ソ以脱一還久遠
本因妙名字信行②下種南無妙法蓮華経ニ一上行モ三五七九衆モ共ニ惣在如
来寿命海中ソ唱十界久遠成道一　々々々々々者本因妙名字成

（第二三紙）
①継目文字
②底は「行」の下「下種」を挿入

①底は「位」の下「令」を挿入

②底は「土」の下「所付之法位」を挿入

③継目文字（第二四紙）

道也　故十界聖衆一同ニ口業ニ唱仍無始無終久遠劫ニ釈尊初テ南無妙法蓮花経ト唱出ソ叶名字即ニ一処ノ妙名ヲ又移上行御口ニ一以妙名一上行御口ニ唱出ソ令唱権迹九法界ニ一　此時初テ叶本門名字位①令流入上行体内ニ一　然本果釈尊唱本涅槃妙由一任恒例一召上説本門八品一上行ニ付本因妙南無妙経ヲ一　今昔異也ト云ヘトモ所付上行能付上行釈尊所付上行本時娑婆国土②所付之法位本因妙名字即所在之妙法蓮花経トハ同物也　如此一本門八品上行要付之会場ハ十界久遠惣在之本因妙儀式也　観心抄云与末法之初○此種也○此ハ但題目五字也云云　末法ト下種ト題目ト豈非本因妙久遠名字会場ニ一耶　自此一出タル本覚名字即ハ迹門曽不明之一也　止観前六重ニ雖宣[釈]名字即一捨肝心之信ヲ一取解一為名字ト一也　是高尚之名字即也

③手

尋云迹本名字不同猶委悉ニ可示之一如何

答本門名字当流意論迹本流通大旨一時迹門流通意ハ五重玄中以体理実相境妙一為本主一　故六即時モ以体妙実相一為ソ即之主ト一作六即一故以三諦名字ヲ聞一為名字ト一云也　止一心要釈之云云　故捨信心口密辺一取解一為名字即正体ト一間名字ヲハ仮名仮説ト云也　是恐ハ聖道門名字即也　法然聖人捨之一云云　但与熟益ニ名字即名一観行即五品初随喜ニ且与名字即

名一故名字位短トモ名字位無仮説也トモ　故名字即ハ入正観一方便也ト云也　本門流通意ハ五重玄中ニハ以惣名一為本一以惣名惣在之五義惣在之惣名一為本意ト一為一切諸経根本々主ト一間以之一為六即主ト一　妙法六即ノ々ハ妙○経也　仍妙○経ヲ具一切衆生心性ニ一云理即ト一　故ニ初テ聞妙○経御名一故ニ名字即ト云也　如曽谷抄一相続ソ唱ハ南無妙○経ト一■本門観行即也云云　如此名字即ハ捨解行名字即一好易行一取信心一為実体ト一為十法界根本種子ト一　故用此惣名ハ好本迹釈一廃迹立本ソ有ニ久遠本因果惣在之本因妙名字信位ニ一成ル十方三世諸仏菩薩等十法界根本種子ト一サレハ此本因妙名字即ヲ為根本ト一為下種ト一第二番大通乃至今日前四味間ニ観行相似ト令調熟一今経迹門時■居分証ニ一品二半時叶究竟即ニ一等覚一転入于妙覚々々即久遠本因妙名字ニ会帰ソ唱十界名字久遠成道一顕名字即身成仏一　故称従果向因名字即ト一[1]名本覚名字

[2]ホ

字(ママ)即ト一　此六従果向因本覚六即時ハ名字即ニテ断元品無明一　々々々々者疑惑也　是体三惑也　観行乃至相似ヨリ初住至妙覚ニ一断用三惑一也云云

故此名字ハ不退也　迹名字退也　次迹門六即ハ始覚ニソ従因至果断道也

故用権実釈一成熟脱一以解行証一為本意ト一下名字信心ヲ一　故不明下種一　々

①底は「即」の下「名」を挿入

②継目文字（第二五紙）

①底は「極」の下「令居」を挿入

②継目文字

（第二六紙）

々々々一故熟益観行所摂也　サレハ名字位無ト云テ以名字即一摂観行初ニ一　是智者自力名字也　非経力信力名字即一也　故知教弥権位（弥）高名字即ニソ也此ヲ過時名字即也　次

疑云有何深意一本門名字ハ以信力一断惑二不退迹門名字ハ用解行一結句不断惑一退位耶如何

答本門意ハ爾前迹門ニ不明名字位一　々々々ハ在久遠本因妙上行所居ニ一

仍或従知識父ハ釈尊上行金剛長寿智也　或従経巻母ハ本極法身実相也　此父母境智冥合ソ以境母一為裏一以智大王一為面一成信智一　々々ハ久遠金剛智力也　以此堅信大王智一故雖其行人初心也ト一依所用一依信智力ニ一断元品無明一也　故六即中ニハ以名字一即一為本意也　是六即惣在名字即也

此名字即ハ教弥実位弥下ニソ貪体即覚体ノ名字即ヲ為至極一①令居一切凡人ヲ一也　仍神力品以要言之上行要付ノ時要時付之一畢　次迹門流通止観名字即ハ薬王等天台居之ニ一故或従知識父ハ■迹門仏菩薩土民或従経巻母ハ三諦三千実相也　以父為裏一以母為面一父母境合智冥合ソ成

②父

成（ママ）解行ヲ一　故父智土民無常ニソ始覚智ナル間智力弱ソ賤名字ヲ一尚観行一名字仮説ト観心スル故ニ不断惑一　々々々一故退位一也　名字観行益

隔生即忘是也　故此名字即ハ六即■兼別名字即ニメ不助悪人一
々々々々一故益像法衆生一　恐ハ教弥権位弥高ノ位也　此故爾前諸経円ニ
共同メ用摂受四安楽行一権実兼用メ覆ニ蔵シ下種ヲ一成ル熟益ヲ一也　故
属累品時広略体妙付属時付之一即請取之一像法時止観前六重ニ
置之一用方便一也云云　如此一本迹名字即ヲ得意一可了宗旨一也

尋云日蓮宗ニ朝夕《助行ニ》所用一広略迹門ノ名字即与止観名字一不同如何
答大ニ不同也　先於迹一重々有之一　謂①第三本地惣名体具ノ迹門体外②第二大通
下種迹門唯一仏乗迹門今日一代分別説三熟益教妙迹法花
前十四品③部妙脱益④一品二半脱益迹中之本ノ迹門等也　如此一種々也ト云ヘトモ在世脱益
迹ハ何モ不用之一　但取下種辺迹一末法本門下種助行ニ可備一
也　下種迹者高祖ノ三五下種ト書給三大通下種也　此下種迹ハ
為ニ■今日一代前四味諸迹一成テ一乗根源ト一前四味得道ハ依大通下種一
分別説三熟脱ト成間爾前得道随大通下種一法花迹門得道ニメ
爾前無得道也　如観心抄毒発等一分ト書給カ一　此迹門時諸宗無得道成
折伏一也■此五味主大通下種⑤ノ迹ヲ用日蓮宗ニハ助行ニ一令呵責

①底は「謂」の下「第三本地」を挿入
②底は「外」の下「第二」を挿入
③底は「品」の下「部妙」を挿入
④底は「益」の下「一品二半脱益」を挿入
⑤ノ　底は「ヲ」

①継目文字（第二七紙）

②底は「益」の下「依」を挿入

諸宗一也　止弘五云十法既是法花所乗○若約迹説即指大通智勝仏時以○[1]
為積功ト一云分也下種迹ヲ当宗ニ用之一属累品広略迹門付属
中ニハ略迹ヲハ大通下種ト可取一也　此迹ハ同迹ナレトモ為今日諸迹一成根本ト一
前四味四教諸部円ニ不ソ共一結句菩薩処々得入ヲ随下種一成無得道一也　故
止観ニハ不用之一也　次止観前六重名字即ト云ハ不依化城品大通種ニハ一
今日脱益[2]依迹門法譬ニ一而共爾前諸部円一成妙解一名字即也　弘五云以同共
成一円解故ト云云　此止観名字ハ共諸部円ニ一帯約教釈一也　此迹分ヲ弘五釈ソ
云若約迹説○寂滅道場以為妙悟○　止云身子之所三請法譬之所三説正
在茲乎云云　此脱益迹ヲ移止観ニ一成シ熟益一示妙解名字一　故去信行心一
取解一々行相対成止観一故高祖ハ智者解行過時迹ト被遊一也　此止
観名字与第二教相大通下種名字一大ニ別也　此迹ハ部妙迹ニソ不共爾前一
也　但此大通下種名字ヲ廃迹立本ソ置ハ本因妙名字即ニ一也本因妙名字ハ
高祖観心本尊得意抄ニ対過時迹ニ一我読迹ト書給迹是也
口伝云本門体外大通下種迹ヲ廃迹立本ソ々因妙名字所在之
妙法経ノ本地難思境智之境ニ共ソ本智父ト境智冥合ソ智面
境裏ニテ妙法蓮花経同体境智妙法○経ニテ有之一也　籤一云妙法両字

①底は「也」の下「世間相常住」を挿入

（第二八紙）

②底は「種」の下「是名字位」を挿入

通詮本迹〇迹云々　記十云況法花之号不専一門云々　玄一云此妙〇経者
本地甚深之奥蔵也　①世間相常住云々　可ヒ之〳〵

問対末法名字即教信機一宗旨示教外別伝ト一天魔謗法也ト可云耶
答末法ハ下種結縁時機ナル故教信外ニ立宗旨一天魔也
付之ニ不審也不明　夫一代聖教大綱ハ去浅就深一四教々教ノ教行証
思議不思議宛然トソ也去浅仮位教信一付不思議ノ極意ニ一習也　天台モ自解
仏乗ソ不依教一故去前六重名字教信一就観不思議境一　此之止観
天台智者説己心中云々　禀承南岳証不由他云々　立三種止観一猶簡教
信一顕一心止観一何天魔也ト可云耶　若依之一爾也云者弘一云在々
所々ニ簡闇証禅師一也　弘一云若不聞名従何能了　世人蔑教一
尚理観者悞哉々々判給ヘリ　当世禅宗無疑一教外闇証禅人也如何
答如一辺解釈御抄等一也　但至一辺難者教機時国教法流布正法ハ爾前
迹門ニ不明之一本門上行要付之玄旨也　縦在世滅後也ト云トモ観
行相似已去ノ時機対行証重教外行証ノ時機ニハ可示教外ト一也　仏法初
入ノ初心始行ハ聞法一成信一以信行一成下種一　②是名字位是諸仏本懐也　仍在世ハ分
証究竟位也　依教信一一生至妙覚一也　滅後正法ハ相似ヲ経体外ニ一像法止観ハ住観

行即一進観心行一故以教信一為方便ト一令修二観不思議境ノ証不由他ヲ一也　末法ハ一向下種結縁時機ナル間名字位ト定判スル也　依之一記一云従序至正於得脱者　故云開示悟入一　降此之外余皆種熟　故末脱者益在

①ル

流通　故云遠沾妙道云ヘリ　②此文仏滅後流通ハ種熟益ト一云故ニ正法ハ像ハ当相似観行ニ一故自当熟益一也　爰知末種ノ下種ハ自末法ト聞タリ　妙楽末法之初冥利不無ト一云冥利ハ名字顕利ハ観行相似已上也　故末法初ノ冥利ト一云ハ名字結縁下種ヲ云ト聞タリ　此外諸御抄証文云云

③カクヘシ○

④カクヘシ○

尋云日蓮宗禅天魔ト一云事不審也　既天台宗元祖五大院先徳判諸宗浅深一時第一真言宗第二仏心宗第三法花宗云云　何禅天魔也ト可云耶

答玄文止三部ヲ見ニ■在々所々ニ破闇証禅師一　殊観心下破之一　玄一観心下六即時破偏観禅門一　止観五初ニ定止観機ヲ一一種禅人非之一

①継目文字
（第二九紙）
②底は「云」の下「此文」を挿入
③継目文字
（第三〇紙）
④継目文字

又当文六即下破闇証禅師一　弘云世人蔑教一尚理観者悞哉
々々等重々破之一　此等諸文無疑一当時禅宗ト覚タリ　但至教時浄(ママ)
論文一者以外大僻見也　真言事ハ天台時無之一云云　然本迹釈自解仏
乗真言破文未来記也　真言経ニ不明本迹一　不明化道始終種熟
脱一　土ハ界外法界宮是又明諸大乗一　大日法身又通諸経一印明又通諸経一
更非希有ニ一也　法花本門住ソ二三世益物■過去頂上ニ一為ス唯一仏乗ト一　此ヲ為根
本ト一已下大通已下花厳真言等諸経出生セリ　仍大日ハ非此娑婆界本主一
久遠釈尊上行ハ此本時娑婆国ノ為ニ衆生一自久遠一主師親也　不知主師親一
謗法也　次禅宗依経起観ハ自天台一已前已後繁也　伝教示云諸宗勝劣ヲハ
尋経一可定宗一云云　禅宗教外ト云ヘトモ西天廾八祖東土六祖々々初自達磨
已来以金剛経一為宗旨一誦朝夕一　若爾法花以前権宗也或ハ外道也　但教時浄(ママ)
論ニ示諸仏心要一故名仏心宗ト一事ハ無案内ノ妄見也　所以ニ天竺外道モ自仏
前一仏後盗入仏法一見計巧也　孔丘俗道又以同前也　爰ニ自天台一已前出
①ソ　②ム　③ム
出(ママ)世以前ハ諸宗々義正直ニソ為依経立行一也　天台出世已後ノ諸宗ハ見玄文
止一見ニ出諸約教釈ヲ一諸宗所依経与法花経一混合ソ皆■皆悉成大乗宗ト一小乗

①継目文字
②継目文字
（第三一紙）
③継目文字

宗ト云物ハ更々無物也　如十章抄日本国謗法ハ起自天台約教釈者也　此約教上ニ約部々々上ニ迹本猶廃迹立本々門八品上行要付之神力属累広略体妙小権迹ノ付属ヨリ諸宗出生スル故ニ以法花本門上行付属本門本尊為能生根本事ヲ夢ニモ不知安然和尚カ、ル大邪見ヲ云出シ同慈覚大師ト天台智水ヲ切放テ成真言宗移禅定已来天■台宗悉絶畢

疑云①安然禅宗迷惑由来委悉欲聞之如何

答我朝ニ禅宗繁昌シ充満寺領故無力天台学匠多ク移禅宗以天台止観一念三千本覚心地移禅宗ニ禅法ヲ高上ニ匠出シ猶恐ハ自天台止観々心勝タル趣ヲ師資伝来シ有ヲ之安然不知之以禅宗立第二也　伝教②如未来記ノ尋経定■宗爾前権宗也　如御抄者外道也

尋云以本門法花宗為真言禅宗等諸宗頂上口伝如何

答以本門八品上行要付之神力属累本門本尊妙法蓮花経ヲ以③為根本ト正像諸宗ハ出生シタル也　以此上行付属妙○経為本尊立日蓮宗故以法花宗為諸宗頂上也云云

---

①底は「云」の下「安然」を挿入
②底は「教」の下「如」を挿入
③底は「以」の下「為」を挿入

（第三二紙）

①底は「迹」の下「廃迹立本ｿ」を挿入

②底は「即」の下「也」を挿入

③底は「門」の下「調停種上ニ」を挿入

④継目文字

（第三三紙）

示云

問名字即下種教相如何

答六即中ニ名字ハ下種位也　下種ハ信行也　観行相似ハ熟々ハ解行也　分身（ママ）究竟ハ脱也証位也云云　謂名字ハ下種故用本迹釈一観行相似ハ熟益故観心■《示》意止観一故用権実釈一初住已上脱益ニ又用本迹一釈①廃迹立本ｿ顕久遠父国王一也　観心抄ニ自一品二半外未得道教云云　仍先師相伝ニ本迹ハ顕下種々子一権実ハ顕熟脱一　但一品二半脱ニ用本迹一令廃迹立本一也　然本門意ハ以義味一亘ｿ諸教ニ一作六即一者通前通ｿ四教ニ一賢位聞教ニ可与名字之号一云ヘトモ不可有即一也　即義ハ雖闕即義一教々賢位聞教ニ名字位ハ有之一是当分下種位也　此ヲ廃権立実スレハ大通下種名字即計存之一此上ニ猶廃迹立本スレハ久遠本因妙名字即計真実之名字即②也下種位也信行也　故知爾前迹門ニハ③調停種上ニ信行ト名字位トヲ調停種ニ■■立タル也

④六

是則名ハ下種義ハ熟也　依之一此宗意ハ名字即ト信行ト下種トハ爾前迹門ニ曽不明之一　本門本因妙名字信心下種所ニ有ト之一廃迹立本ｿ取此本因妙名字信行妙○経ヲ一説本門八品一付上行ニ一自上行一付日蓮大士ニ一

立本門法花宗　故号信者ト置意業一念三千観ヲ取本国土娑婆声塵言説三観①惣在之南無妙○経②妙名三口業ニ③立宗旨ヲ名妙法○花経宗ト　此妙名■開発位ヲ④号名字即ト　此名字即ハ三世十方諸仏出生本所也　諸仏根本下種位也　此当時末法当ニ此名字下種位ニ　故ニ諸四信五品抄等諸御抄本意ハ■《以》本迹能釈顕久遠名字■■本因妙名字下種示凡位十界皆成為顕爾前迹門熟脱無得道宗旨也

猶尋云名字下種教相如何　答本門ニ廃迹立本スルハ立本ニ有本因本果復倍上数ト説キ釈ニ以本因本門以本因為元旨《ママ》ト云テ以本因妙為本上之本ト此本因妙名字信行下種ヲ修習メ成ニ諸仏諸菩薩三五七九十法界ト　然ニ退衆生ハ退本取迹メ大通ニ至中間今日寂場前四味迹門涅槃ニ来テ熟脱スル也《スルヲ》以其現坐論之似其経々得益ニ約久遠⑤本因妙下種根本《辺》ニ者本門本因妙名字得道也　故爾前迹門涅槃⑥成無得道ト也　サレハ大通下種ト云モ久遠下種功用也　今日前四味菩薩処々得入ト云モ久遠下種毒ノ発故ニ断三惑也　全非当分力久遠下種功用也　迹門涅槃得道モ欠更当分力久遠下種功力也　故ニ爾前迹門涅槃ハ無得道ニメ本門独有得道也　文句第九ニ本門正説得道ヲ■■釈ニ云本門得道数倍衆経○云云　此

①物　「底」は「物」
②底は「経」の下「妙名」を挿入
③底は「業」の下「立」を挿入
④底は「位」の下「号」を挿入
⑤底は「遠」の下「本因妙」を挿入
⑥底は「槃」の下「成」を挿入

①継目文字
（第三四紙）
②底は「云」の下「事」を挿入
③底は「抄」の下「証文」を挿入

①ヤ

此(ママ)得道之内ニ雖有爾前迹門■得道一随下種一取本門ニ一々得道ト云②事也　大田抄引
籤十二云自本地真因初住已来遠鑑今日○　止弘三云今日声聞具禁戒者
良由久遠○云云　此等文義意ハ三種教相中第三教相也　御抄云日蓮
法門第三法門也云云　法蓮抄中聴自我偈功徳過去下種事禀権抄初
大田抄　疑云名字即教相文義聞タリ　諸御抄③証文可出之一如何
答諸御抄証文事惣ソ諸御抄本意ハ一代諸経熟脱上ニ以本迹一令廃迹立
本一取本因妙名字下種一移本門八品ニ一顕上行要付本因妙名字信行一授
末法衆生一令即身成仏信行事出世本懐也　仍以教機時国教法流布之
教観一先代未聞為宗旨一也　末法正位名字即トソ々々々ハ下種々々ハ信行
也　此名字信心下種ノ根本ハ本因妙也　為顕此本因妙教観一依本迹釈二示五
味主教相一　五味主者三五下種也　三ト者三種教相中ノ第二大通下種也
以此下種一今日前四味熟脱破之一令有教無人ナラ也除真言天台一其余破諸
宗一也　五者第三本門久遠下種也　以此廃迹立本々種一破大通今日小権
迹一令果頭無人ナラ一以久遠下種計一為五味主ト一也　曽谷抄云諸経ハ五味法花
経ハ五味主ト申法門ハ本門法門也云云　所云一諸経五味者今日前四味並ニ迹門脱益
辺涅槃等熟脱経々也　此諸経ハ自三五下種一起而廃迹立本々因妙名字

下種ヲ顕也　依之一大田抄ニ爾前諸部円得道ハ三五下種功力ナル間随下種一
法花得道也ト釈ソ云彼等衆者以時一論之一似其経得道一以実一勘之二三
①三

五下種得道輩也○成就之機等云云　此文モ以三下種一廃爾前得道ヲ一廃迹
顕本ソ破小権迹一切得道一也　所次下ニ引処ノ文句一本末籤十此意也
又稟権抄過去ニ聞寿量品一譬木一今日熟脱ノ五時八教当分跨節大小
益譬影一○日蓮法門第三法門也云云　法蓮抄ニ初寂滅道場ニ十方世界
微塵数大菩薩等○大集大品ノ諸聖大日経金剛頂経等ノ千二百余尊過去ニ
法花経ノ自我偈ヲ聴聞ソ有シ人々信力弱ソ三五塵点ヲ経シカトモ此度奉値
釈迦仏ニ一法花経功徳進故不待ニ霊山一爾前経々ヲ縁トソ得道成ルト見タリ
云云　此文ハ前四味諸経得道ハ過去ニ自我偈下種ヲ成セシ故ニ下種カ今日毒発ソ
爾前経々ヲ助縁トソ得道■間本門得道也ト書給　是末代名字下種教相也
不待本門一品二半一成得道一間更非爾前諸経得分一也　観心抄云爾前迹門
円教尚非仏因一○設法称トモ甚深一未論種熟脱一○化道（ママ）②無始終一是也云云　爾前迹
門円妙王女懐妊畜種一　寂場大通父ハ畜生也始成仏也　随母ノ円理■経得道
随与畜種一似爾前迹門得道ニ一云ヘトモ随久遠本門天子種子ニ一明本門得道
也　③仍今日一代小権迹涅槃諸経中ニ部円妙母与④久遠国王一和合ソ成得道一事ハ本門一

①継目文字（第三五紙）
②底は「道」の下「無」を挿入
③底は「也」の下「仍」を挿入
④底は「与」の下「久遠」を挿入

①継目文字

（第三六紙）

品二半ニ極成スル也　自一品二半之外○名未得道教判給是也　此一品二半
得道ト云ハ随過去久遠種子脱益事也　又為末法始テ作下種事ハ本門八
品上行要付辺也　観心抄云在世之本門与末法之初○彼脱此種彼一品二
半此（ママ）題目五字云云　此文ハ上ノ今本時娑婆世界ハ離三災等云ヨリ下ノ殊ニハ本
門三段ヨリ已下ヲ結成スル文也　謂在世本門ト彼脱ト彼一品二半ト云ハ同事
也　脱益円理実相母ハ在今日ニ而顕本久遠父国王種子ト合スル脱益ハ限一
⻖①

一（ママ）品二半云事ヲ結之　対ソ其ニ末法下種辺ハ如上書本門八品也ト云事ヲ
釈ストソ末法之初ト此種ト此ハ題目五字ト云ハ同ク本門八品上行要付末法
下種辺也　但一品二半脱辺ハ以本果為面以本因置裏ニ以因果一如本
果妙為正ト　八品上行要付滅後下種辺ハ以因果不二本因妙為正ト為末法
下種本尊也　三ケ秘法是也　此外開目抄上下皆悉以本迹成事具
三千廃迹立本ソ顕本因■（果国互具）一念三千以此本因妙下種々子一念三千為三世
十方仏菩薩根本種子ト故為一切衆生慈父本尊ト　其本尊出現時機末法
也　当時諸宗乍住娑婆界ニ々々界本主釈尊本果妙上行本因妙住本
時娑婆本国土ニ釈尊上行ノ陰生世間ト本娑婆界本国土之国土世間ト互
具ソ成事具三千事行妙法経本尊顕本門本尊処ニ娑婆界諸宗御子娑婆

①継目文字
（第三七紙）

有縁ノ父本門ニ背ハ畜生也ト責之一　是名字下種々子折伏也　開目抄之
上巻記小久成本因本果一念三千云云　下巻云此顕過去常一時諸仏皆釈尊
分身也○今顕久遠実成一東方薬師如来○此皆本尊ニ迷ヘリ　妙楽云
一代教中未曽顕遠○全非人子等云云　秀句下云他宗所依経雖有一分仏母
義○諸大乗経大日経等諸尊種子ハ皆一念三千也　此一念三千モ我等無一分
恵解モ一　於不識一念三千者仏起云云　此抄意ハ仏母実相ハ通諸宗所依経ニ一
及発菩薩心者之父ノ父国王種子ハ有一品二半一故限久遠一爾前迹門ニ無之一
本門久遠下種父本尊大王ハ日蓮宗其主也　仍為日本国衆生一主師
父母也等釈給　是皆名字下種判教也　此外諸御抄余繁間略之一云云

間①

日道仰云日蓮宗教相ヲハ但一言ニ可示一也　謂諸経ハ五味法花経ハ五味主云云
此一言ニハ不可漏一也
日存仰云高祖御出世本意ハ捨広略一取要一　々教相者末法名字下種
教相也　三種教相中ノ第三重是也云云　一言教相ト者法花経ハ摂下機一　自迹
門一本門ハ摂下機也　教弥実位弥下云云
私云両師御義何モ無相違一同意也　仍両義ヲ合一義一者諸経ハ五味法花経ハ五

①底は「中」の下「止観ニ」を挿入

（第三八紙）

（以下、顕師筆）

味主　自迹門二本門ハ摂下機一也　教弥実位弥下云云

示云此当宗下種教相ヲ不知二末学等上代ノ破文ノ本迹一致ヲ宗旨ノ正義ト

得テ意一諸御抄ヲ成他宝二一登高座二一レ■《永ッ》本迹一致二不当二時機一同止観二一レ々

勧熟益二示シ智者解行ヲ一レ事乱リ時機ヲ一　任運ニ成ル謗法ト一　本迹一致ハ天台己心

中①止観ニ事旧畢　末法ハ先代未聞ノ廃迹立本ノ希有教観ヲ可示也

奉修覆六即私記三巻之内　理下

貞享三丙寅年正月廿三日

日顕花押

題簽　他筆

袖書き　他筆

（第一紙）

（以下、真筆）

六即私記　三巻之内 観行即已下四即

奉寄進御聖教軸表紙一巻

施主　大坂膏茉屋太右衛門母儀

観行即下

此観行即与四安楽行同異事

於此本末釈天台宗与日蓮宗料簡事

観行即者有相無相二行中何耶

観行即位成下種欤事

本迹観行即事　本迹五品事

観行即位智一心三観現前耶

観行即位退不退事

観行五品初二三品制戒定二法耶

（第二紙）

観行即下

止云必須心「境三千智三観観明了理恵「境三千智三観相応所行如所言々々「惣名妙法蓮花経如所行云云

弘云必須下重誡勧也○所言是依行而説云云

二問此観行即与迹門流通四安楽之修行㆒同歟異歟

答天台内鑑密意辺ハ不同也ト云ヘトモ外適時宜辺ハ同也　所以ニ迹門流通

四安楽ノ行ハ観行五品修行ナル委釈相状具如止観トテ止観修行ナル故ニ

止観モ四安楽モ共ニ観行即位智者解行ナル間彼此共ニ用戒定恵㆒

行者定恵理観禅定落居上ニ言説利生スル也　仍今止ノ必須心観文ニ

先解行理恵冥一ソ自然ニ所行如所言ソ下化ヲ成也　如此㆒四安楽行時モ助

行ニ用戒定恵㆒離十悩乱㆒能々調心地理観㆒成自行㆒後示利

生㆒也　経云菩薩有時入於静室以正憶念随義観法禅従禅定起

為諸国王○説斯経典云云　此経文意ト今観行即心地ヲ釈ル本末釈意ト

全同也　此法則ハ正像二世智者修行摂受門意也

①継目文字
（第三紙）

一問
尋云此止弘本末釈ヲ天台宗ニ口伝スルト当門流口伝ト不同如何

答天台宗二八帖抄口伝抄等ニハ必須心観明了文ヲハ心ト者一心観者三観　①二

次ノ理者境一心恵者智一心三観所言者言説一心三観也云云　当門流義ハ此六即立所ハ発大心妙解下也ト云ヘトモ此観行即ヲハ止五ノ正修止観意ニテ釈之一　故ニ今本末釈モ下ノ正観意ニテ可料簡一也　謂必須心観明了理恵相応ノ文ハ初之心ハ如止五一者陰心謂三千謂境也　観ハ如止五一十観謂一心三観也智也　次理ト云モ三千境也　恵者三観智也　此境智止観成就ノ法爾言説一心三観ヲハキ出也云云　此本末ヲ以天台内証本門流通意一見ハ之一初ノ所観之心ト次ノ理トハ己心本尊也　サテ初ノ能観之観ト次ノ恵トハ信心堅信也　次理恵相応者本門戒壇也　所言者事行南無妙経也云云　此時観行即ハ如曽谷抄ニ書一本門観行即意ニテ以三ケ大法一為口伝一也

後ノ所言者南無妙○経也云云　口伝云初之心観者己心本門本尊也

○

問此観行即者有相無相二行中ニハ何耶

答止二云○　弘二云菩薩学法花具足二修行　一者有相行二者無相行○云云

止観一部本意以円教空門一為本意一　此時ハ以無相行一為正意二可云

也　但学者一義ニ正行三千観行人ハ用還用有相行二云也云云

当門流義云止観ハ迹門立行故ニ迹門ハ開権理円ニテ以不変真如一為本意一

成脱益一　此脱益理円ヲ移止観一間如玄籤八止五一円教空門止観ト可云也

①マ

若爾ハ用無相行二可云也　是即迹門流通意ハ智者解行ニシテ以高尚機一

為正意故也　此然天台内鑑本門密意易行止観辺ハ有相行也　有

相行者是信行也　信行者本地惣名ヲ行スル故ニ言説名相修行ナル

故名事行南無妙○経ト一　事行ハ是有相行也　是即教弥実位弥下易

行也　仍日蓮宗ハ事行妙○経ヲ信行スル故宗旨ヲ示事相ニ一用事

三世二示事本迹一顕口唱惣名本因妙一用有相行一也　是末代相応ノ

修行也　依之一当文ニ所行如所言ト云ハ自受用本覚有相行也ト云

事ヲ顕タル也

問観行即位成最初下種二可云耶

答最初下種ヲハ今明発心在名字位ト云テ名字即ト定也　是聞円法

①継目文字

（第四紙）

（第五紙）

起円信位也　高祖ノ三五下種ト被仰一名字下種也　止観ニモ発大心下ニ下種ヲ釈給ヘリ　但此観行即ハ下正観位也　故熟ミ熟益位也　但大通下種ヲ或五品初未入相似ト釈スル事ハ観行即ナル様ニ見タレトモ五品初ト云初ハ名字初随喜ト聞タリ　但大通下種ヲ望第三久遠下種一観行五品初ト取ルモ無相違事也　サレハ観心抄ニハ久遠下種大通結縁ト書給ヘリ　結縁亘浅深一間観行即ヲ結縁ト云ト得意一更無相違一者也　仍名字ハ下種観行ミハ相似ハ熟初住已上ハ脱也

問本迹観行即如何

答天台外相辺止観々行即ハ迹門意也　此時ハ観行即三千三諦三観ト云モ迹門十如実相境妙ヨリ出生シタル也　故此観行即ハ爾前諸部円ニ共同〆行四種三昧一用四安楽行一権実兼用スル也　故摂受行也　仍雖用十乗十境一開未開諸部止観ヲ一同〆而用絶待不思議止観也　弘三云今約法花迹理云云　次天台内鑑本門観行即者如曽谷抄者口唱題目相続スルヲ可ト名観行即ト一也　或ハ唱惣名一名々字即ト一値三類怨嫉ニ一及流罪死罪一身軽法重〆如日朗日像一身ニ行ニ法花経一可名観行即ト一也　此観行即ハ不軽行位ニ〆諸教（ママ）永異ノ

観行即也　此観行即ハ如不軽一口ニ唱妙○経一身ニ行折伏一三業相
応立行也　此本門流通観行即凡人易行身口相応観行即ヲハ
日朗日像門流ニ可限一也

尋云此本末釈ニテ如何本迹観行即ヲ可料簡一耶　如
答迹門観行即者如向一心観与理恵一内観ノ三千三観也　所言者言説
一心三観三千ノ外用随縁観也　仍末書ニ勧解云生解一等云ハ自元一依此
妙解以立正行スル故ニ行体即解也　解行一如行所ニ且解行待対ソ勧行人一
也　更無相違事也　次日蓮宗意ハ初心観ハ者心ハ己心本尊観者信

①イト

心信観也　次理者本尊恵者堅信如許恵也　■本尊与信者一信心堅
固故印治決定ソ顕本地難思境智一　故云相応一　々々ハ持戒義也　所言者
事行南無妙○経也　口唱故事也　身軽ソ如日朗日像一身ニ蒙三類等一是行也
仍初ノ心観ト次理恵トハ内心②之信心ト堅信恵トノ不同也　後之所言ハ口身折（伏）行也
此三業相応白善ハ尤最勝也　末書ニ必須下重誡勧也ト云ハ迹観行ハ
後心故不可有重義誡勧義一　本門観行即ハ六即惣在名字即家之観
行即ナル故ニ重ト云誡勧ト云也　誡観者而不毀呰起随喜心之意也

①継目文字
（第六紙）
②底は「心」の下「之」を挿入

随テ次下ニ名字惣在観行即故ニ心観明了ハ勧解一釈シ次ノ必先於理生解之解モ六即一即名字即家之観行即ハ不離名字解一也　名字解者或従知識父国王ヨリ生スル信解ナル故此解ハ経六即一更不離一事也

結句迹観行ハ自本解一劣ナル故也

（第七紙）

問迹門観行五品本門観行五品相如何

答迹門流通観行五品者止観本意就中止五正修止観已下五品修行也

十境十乗ハ五品初之十心具足初随喜是也　此十乗①意一心三観明了上ニ至読誦②口意一事理相応メ弥了達ナレハ言説三観即法界ノ説法有之一　口意自在ナルハ漸身ニ兼六度行一三業事理明達ナレハ歩々声々念(ママ)ニ修六度一也　③此五品ハ別体門意ニメ智者解行也　故ニ初随喜モ十境十乗観境共ニ広也　読

①底は「乗」の下「意」を挿入
②底は「誦」の下「口意」を挿入
③底は「也」の下「此」を挿入

誦モ広也　結句開未開諸部円経（ママ）ヲ読也　説法又広説法ニメ諸部共
円説法也　第四品又広六度也　第五①品又広六度与十乗理観一事理和
合メ三業自在五品也　豈ニ末代ニ如此一修解行スル者有之一耶
次日蓮宗止観ヲ講スル時ハ捨天台外適時宜之面止観ヲ一取二天台内鑑
本門密意辺一成面ニ一如十章抄一成シ二本門止観■行ト一成メ部妙止観
一部ト一聴テ■惣ニ在メ大通下種止観ニ一速ニ廃迹立本メ去本果ヲ一流入メ本
因妙名字所在ノ妙法蓮花経体内止観ニ一渡上行手ニ一成ル二本門八品
上行付要付之惣要体具五品ト成也　故惣在五品也惣要五品
也信行五品也教弥実位弥下五品也　其故ハ以十乗一摂観不思議境三
千三観一又以解行三観三千一摂体妙実相ニ一以実相体一惣々名一以惣名一
為所観一以信行一為能観ト一以惣名信心堅固一為惣名惣在十心具足初品ト一也

八②

也（ママ）　此意業堅信上ニ③如二不軽不専読誦メ捨広読誦一南無妙○経■要之読誦明了也■此惣要読誦信心
弥堅固ナレハ又如不軽一不専読誦メ対三類四衆ニ一捨広一④以堅信裏ノ如許恵一■南無妙○経乃
至本迹之要説法有之一成口業折伏一也　此堅信与如許恵一信恵相応スレハ
身軽法重信心甚堅固ナレハ身口ニ行二六度惣持妙法蓮花経一身為法一

---

①底は「五」の下「品」を挿入
②継目文字
（第八紙）
③底は「上」の下「如二不軽～広読誦一」を挿入
④底は「広」の下「似堅信～如許恵一」を挿入

身軽スレハ任運ニ兼行六度治六①弊意有之　謂信心堅固ナレハ法施志有之而財施有之是名其上分別功徳品ニ持経即当六度故制初二三品ニ制事五度②云　是信心堅固ナル兼行六度文証也　又信心成満スレハ身軽法重死身弘法志甚深ニソ雖来三類四衆種々大難於身命財不生慳恪心雖及ニ数度流罪或ハ死罪無退心三業如日朗日像経三業行法花経是第五品南無妙法〇経　々々々々々ハ三学六度也　為妙法蓮花経身軽法重スル可処ニ速ニ治六③弊得六度也　謂身軽ナレハ貪欲破戒瞋恚ヲ自去也　法重スレハ懈怠散乱愚痴自然ニ去去六④弊六度自来　此六度ハ惣名法具（マヽ）六度ト可得意也　如此五品ハ惣名体具五度品ニソ信心堅固行五品ナル間末代得分也　乍去如四信五品抄者以六度収三学取戒定恵三千三諦摂妙〇経ニ以妙法蓮経（マヽ）為本尊ト可成信心行　是末代相応行也云云

（第九紙）

問観行即位智一心三観為現前可云耶

答此題目モ事恵檀異義也　先檀那流義ニハ智ト云ハ断無明証中道

①弊　底は「蔽」
②底は「度」の下「云」を挿入
③④弊　底は「蔽」

中智也　然住前ハ未断惑也　不可顕智一故可境一心三観一　其中ニ相似ハ断惑
故ニ智一心三観現前スト云意雖有之一其モ望住上一境麁分断惑分
斉ナル故ニ境一心三観也　智一心三観ハ住上断無明位ニ可現前一也
難云一家天台已心中止観意ハ然円頓教本被凡夫　一心在凡　即
可修習釈シ或ハ従初已来三諦円修トモ判シテ凡夫即極ト向処
宗旨也　何妙解ニ々境一心三観一妙行ニ不修智一心三観耶
答曰道仰ニハ無様モ一此題目ヲモ本迹不同ト可得意一也　謂迹門流通六止観
即中ノ観行即ニテハ①顕境一心三観一本門流通六即中観行即ナラハ智一心三
観可現前一也　止観ハ既ニ今約法花迹理ト云故ニ迹理者境一心三観也　サ
レハ止五ニハ観不思議境ト云本理三千ヲ結成メ本在一心円融三諦ト釈スル
処ハ境一心三観観行即位ニ顕境一心三観一云事分明也　本門流通
観行即ハ分別功徳品ニ説之一　記九云是故応知於信心中信於本地
円門妙智云ヘリ　本地円門妙智者智一心三観也　又当文止一ニ所行如所
言ト云所言者智一心三観也　如此一以迹本一分別スレハ無相違者也

（第一〇紙）

問観行即退位也可云耶

①底は「即」の下「顕」を挿入

答四信五品退不退学者異義也云云　且存一義者観行即退位也　望諸教ニ一外凡伏位ハ皆退位也　何限此観行即ニ不退也ト可云耶　既ニ六即次位中ニ観行即ハ是外凡未断惑位也　何不退失一耶　玄六云若相似益隔生不忘　名字観行益隔生即忘　或有不忘云云　此文観行即可退一見タリ　加之一記七云或五品初未入相似故云弱耳文　此等文義観行ハ退位也ト見タリ　若不退也ト云者見タル釈義有ハ之一四五無別ト云時被引四信不退ニ一五品モ不退ト被云一歟或ハ判摂意歟五品独立ハ退位也

日道仰云観行退不退ハ如名字一但迹本不同也　迹門意名字ハ自元一退位也ナレハ観行又①可退位一也　所詮断本門意ハ諸教永異ナル故ニ名字既不退也　何観行又②可不退一也ト云可也　其故ハ位退不退ハ尤依信智強弱一　然迹門③止観意ハ信智ノ無メ信ハ一智計也　故前六重止観一部ハ解行相対スル也　本門流通日蓮宗意ハ信与行一相対也　仍彼止観ノ意前六重名字ヲハ云妙解ト一第七正修止観ノ観行即ヲハ云妙行ト一　此解行ハ或従知識父ハ花厳寂場始成土民譬蓄種ニ一故止観円頓止観不思議三千ヲ釈ニ止一五ニ初引花厳一④智終引法花一父智ト一代諸部共円開権仏母実相母ト境智冥合スル解行ナル故ニ

①②底は「又」の下「可」を挿入
③底は「門」の下「止観」を挿入
④継目文字
（第一一紙）

父土民過ト未開諸部共円母過ト依父母二過ニ一妙解妙行観智■智力弱故観行即退位也　但天台智者内証外用悟解弘経高位辺ハ別段也　別段者天台内鑑ハ本門止観行者也　此辺ニ備不退徳一　高祖ノ我師ト書給此意也
次本門流通観行即不退也ト云事ハ本因妙所在妙法蓮花経体具ノ名字観行ナル故ニ此名字観行或従知識ノ父ハ久遠本因妙国王与或従経巻仏母実相三諦妃一本地々境与国王智一境智冥合ッ成ニ本地難思境智妙法之金剛信蓮花経一以金剛長寿信智一居名字一住観行ニ一故不退也
四信五品抄ニ引記九二一念信解者即是本門立行之首云云　此一念信解与初随喜一名字観行ヲ経ニ云説云其有衆生聞仏寿命長遠如是乃至能生二一念信解所得功徳無有限量○有如是功徳於阿耨菩提退者無有是処云ヘリ　随喜品ニ挙五十展転随喜功徳一■説不退由一解釈ハ行浅功深以顕経力ト称歎シ給ヘリ　此経力ト者本地難思境①智妙法蓮花経ノ体内ノ智ノ父ノ寿命長遠金剛智ヲ具ニ惣名ニ一故ニ経力功徳深遠ナル名字観行凡人故未断惑名字観行不退也トハ云也　更諸経永異経力ナル故ニ諸教不共ノ観行即不退也

尋云迹門観行即ハ退本門観行即ハ不退也ト云有証拠耶

①智　底は「思」

①継目文字

（第一二紙）

（第一三紙）

答秘ト〆不可勘出之一存道両師御勘文有之一　記九云是故応知於信心中信於本地円門妙智　尚不与迹門円観六根位同云ヘリ　所言一本地円門妙智者本門観行即也　迹門円観ト者観行即也　六根ハ迹相似即也　此文ハ迹観行即与本門観行即一有勝劣二云文也云云

①コト

問此観行五品中初二三品ニ制戒定二法一可云耶

答雖難計一且任止観一部大旨一者初二三品ニ不可制止戒定二法一也

付之二不明　夫文句第九分別功徳品ニ説四信五品一々々中ノ初二三品ニ
制事五度戒定二法ニ示持経即是六度旨ニ立廃事存理①一行一
何今観行五品初二三品ニ不制止之二可云耶　若依之一爾也云者
止観一部ハ附安楽行品一　々々々々ハ初品ヨリ修ト三学定判シ給ヘリ　記八
云此是観行初心之則　附此三学云云爰等判給ヘリ如何
答初二三品ニ戒定二法ヲ制不制一但迹本流通不同也　今且ク任止観大
旨ニ一不制止二云也　其故ハ止観一部ハ今約法花迹理トテ依法花迹門一　々々ノ
中ニモ々々ハ依安楽行品一也　文句第八本末釈分明也　然安楽行品意ハ②五品共ニ除
十悩乱一附戒門ニ一修摂其心メ附定門ニ一観一切法空メ附恵門一修
三学一行六度一也　此行儀ヲ移止観ニ一　前六重名字妙解方便章廾
五法ハ戒定恵也　其初ニ有持戒清浄一其余ハ定恵二廾五法戒体具
足ト云ヘリ　止観定恵与廾五法戒体一三学倶伝之止観々心也　就
中十乗観中ニ助道六度有之一　此等ハ悉迹門与止観一自初品ヨリ一
用三学六度一修観行一覚タリ　但至分別功徳品初二三品制止戒
③止
定④一云難一者迹門流通四安楽止観修行ハ教弥権位弥高故ニ以五品六根一
為正機二示像法自解得法高尚機一間五品共ニ自初■品一用三学⑤一

①この返り点は衍か
②底は「意」の下「五品共ニ」を挿入
③継目文字
（第一四紙）
④⑤この返り点は衍か

①底は「喜」の下「辺」を挿入

（第一五紙）

■六度一也　然本門流通ハ教弥実位弥下ニテ以下根始行一為正意一故分別品ノ五品初二三品ニハ制止メ事五度戒定二法一偏ニ令以恵一信一代恵一令信二行五種妙行一以初随信行初随喜一為因一得六根果一　其証人因行証人ニ出不軽一々々ハ用二初心始《鈍根》行初随喜①辺一示直入法花法則一故ニ猶不専読誦ト云テ捨広略一取要法一故ニ不用事五度一也　迹門流通四安楽止観行者ハ同初随喜ナレトモ用利根初随喜辺一故自初品一用三学一可云也

相似即下

止云相似即是菩提者○一切世間治生産業不相違背　所有思想

籌量皆是先仏経中所説云云

問本迹相似即不同如何

答迹門意ハ六即従浅至深ヲ経解行一観恵深細ナレハ内恵与三千世界依正
事二互融メ身ニ浮三千色像ヲ一与法十法界六根一互融メ色心無量自
在也ト云ハ迹意也　此時六即主ハ名体中ニハ体妙実相三諦三観ヲ経六即一
顕之一故ニ時似後位ノ断無明仏果ニ一故云相似即ト一也　仍此相似父ハ土民母ハ
実相妃ニメナル故父種子既畜境智冥合中智ヲ以テ六根清浄スル故ニ
被引二土民父智劣過ニ一近世三千界計ニ互融スル也　六根清浄ナレトモ互
六根互融義ハ無之一也　次ニ本門意ハ相似位ハ熟也　此下種父或従知識
父既ニ久遠長寿国王ナル故ニ相似当位ノ三千依正ニ互融スト云三千世界ハ久
遠本国土妙娑婆三千界ト也与信行観恵一相応互融スル也　此時久
①ク
遠釈尊上行六根与相似行者六根一互融メ顕十法界久遠六根互融一也
此六根相似人言説同二先仏経中所説ニ一云先仏者久遠釈尊上行事也
如此一本迹相似即不同也ト云事記九云於信心中信於本地円門妙智　尚

①継目文字
（第一六紙）

不与迹門円観六根位同云ヘリ　本地円門妙智者本地難思境智ノ
智之父国王事也　此父国王位ニ相似トニ云故ニ諸経永異ノ相似即也　依之一記
九云本門聞寿益倍余経云云　所云一寿者智也　智ハ父ト者釈尊上行与々
々々与円妙十如実相一境智冥合メ成妙法○経也　故立正観抄ニ本地難思境
智妙法ト書給ヘリ　経六即一顕此妙法蓮花経一故ニ相似即モ妙○経父国王ニ似トニ云事也

問本門流通意以相似即一為因果中ニハ属何ニ二可云耶
答止観意ハ高尚者高尚トニ云テ止観機ヲ以外置高尚上一　故相似ヲハ
属因一観行相似ヲハ多分同類スルメ判摂義ヲ釈也　サレハ相似四信観行
五品ヲハ四五無別ト釈也　仍師南岳ハ叶六根一弟子天台ハ叶観行一　雖有
前後ハ一同ク迹門流通像法次位因行ト覚タリ　止観果報章ヲハ近期初住遠
在極果ト定給ヘリ　次本門流通日蓮宗意ハ以末代愚人一為正機一間宗
旨ヲ教弥実位弥下ニ建立メ因果位共ニ引下故ニ以名字観行一為因位ト一
以相似一為果一故ニ本門流通説ニ因果一以随喜品初随喜一為因位一以法
①以
師功徳品一為果位ト一文句第十ニ定判シ給ヘリ　此本門流通因果証人ニ出不軽一

①継目文字
（第一七紙）

①この返り点は衍か

々々行位ハ名字観行相似也　迹門流通安楽行品ニハ自初心一修三学一其旨経
文分明也
尋云止観一部ハ流通ノ観心也　何違不軽品随喜法師不軽経文一立果報章①一
高上ニ一耶
答一経三段ハ一部迹門ノ意ナル辺ニ依附スト止観二云時ハ止観依随喜法師不軽等ニ一云
意有ト之二云ヘトモ属累品広略要付属時迹化迹門止観ハ附安楽行品一
云事顕然也　若爾ハ止観与安楽行品二可同心ナル一　依経立行スル時ハ依経ハ安楽
行品立行ハ止観也　仍止観一部相状ハ依安楽行品一故安楽行品意又一品内ニ
示因果行相一依観行五品四安楽行一夢見八相一入十信十住十行十向（ママ）
十地妙覚ニ一相ヲ説ケリ　此流通因果相ヲ移止観一故ニ安楽品（ママ）与止観一同迹
門流通教弥権位弥高意也　本門流通ハ教弥実位弥下意宗旨ナル故因
行ヲモ取名字即一果位ヲモ取相似一也云云

（第一八紙）

問爾前迹本六根互融相如何
答止観意ハ同迹意一　爾前諸部円ニ共スル故諸経円教ニ有六根互融一許也
其中ニ先《専》明花厳一也　但釈ニ真如花厳トテ花厳経ニハ雖明六根清浄一
教弥権位弥高ノ故明真位六根ニ不明似位六根一也　結句花厳ハ兼別メ
帯権故ニ六根互融メ十法界六根ト互具スト云事ヲ不メ明一但六根
清浄也トマテハ明也　是即不明一念三千一故也　次迹門意ハ六根①雖互ニ融スト
十法界ト一理与理ニ互融メ報応仏界々々与仏界ニ互融無之一故六根事々
互融無之一者也　但似如法花トテ無明未断凡身ニ明六根浄一事今経②冲微也
次本門流通意ハ十界久遠上ニ釈尊上行六根与相似六根ニ互具メ内外色
心悉[redacted]周遍法界メ[redacted]三千依正身中ニ現前セリ　此時ハ
六根清浄即久遠成道也　迹意ハ雖置似位一本門意ハ猶置観行一　謂以五
品一判摂六根ニ一五品当体六根似位義ヲ顕也　是経力也信力也　猶於名字即一
可論六根清浄義一也　但信心堅固ハ六根清浄也　不信ハ不浄也　経云若持法
花経其身③甚清浄云云　釈ニ行浅功深以顕経力云ヘリ　経力六根清浄是先
代末聞也

①底は「根」の下「雖」を挿入
②冲　底は「仲」
③甚　底は「心」

（第一九紙）

①以下の八行は見消

②底は「具」の下「本因妙」を挿入

①行ニ観行相似○究竟ト梯橙スル也　故云従果向因六即也　本門意以信心一為十方
三世諸仏菩薩十法界根本種子ト一為三五下種々子ト一間以信心一為解行証之頂
上ト一　仍以名字即一置久遠本因妙ニ一故更爾前迹門ニ名字即無之一故妙○経ト
信心ト名字即トハ本因妙ニ在之一　此本因妙ヲ三世本有説本門八品一トメ在娑婆国土ニ一
付上行ニ一　々々付属本門六即也　仍迹門六即ハ以智者一為正機一間以解行証一立
六即一浅深スル也　本門流通観心抄意ハ以末代愚人一為正機一間以信心一為六即主一
従果向因スル也　故知迹門相似ハ隣究竟妙覚ニ二云相似ト一本門相似ハ名字即己心本
具②本因妙信心妙法蓮花経ヲ観心ニ一清六根二云相似ト一也

問止文ニ一切世間治生産業不相違背云云　爾者約本迹一如何可得意耶
答迹門意此相似即人観恵深細ニメ三千界依正事与観恵一相応ト云ハ迹中ノ
三千世間有為外色也　此本門流通日蓮宗意ハ立本因妙信行一間聴テ
本因妙所在ノ本国土妙ノ娑婆三千依正与六根一冥合メ成相似行一可云也
故ニ先仏ト云ヲハ本仏ト可得意也　仍先仏経中所説ト云先仏ハ迹門意ハ
迹仏乃至大通ナルヘシ　本門意ハ本仏也　或ハ上行分証辺ヲ先ト仏ト云歟

（第二〇紙）

①底は「即」の下「分ニ」を挿入
②底は「明」の下「分」を挿入
③底は「惑」の下「雖」を挿入
④二　底は「而」

分真即下

止云分真即者因相似観力入銅輪位　初破無明見仏性○
弘云若人応以下○
示云
問本迹分真即如何
答迹門六即意ハ従因至果ト向故ニ観念相続シ観恵明了ナル故入似位一即①分ニ断無明②分証中道一位々断無明一進テ入十地等覚一位隣妙覚一是分真即也ト云是ハ迹門意位々ニ自利々他シ普門示現応用自在也　謂妙音観音卅三四是也　此分ハ迹門意也　次本門流通意ハ本因妙地難思境智妙○法ヲ具理性一初聞之一妙法蓮花経与信智一境智一如処ニ断元（ママ）無明体三惑一③雖極ニ発心畢竟④二不別ノ名字即妙覚即身成仏一任運ニ去用三惑一処ニ妙○経信心ヲ相続スルヲ名観行即ト一妙○経堅信ニ相似ヲ云似位ト一妙○経信心ヲ堅固ニシ分ニ証ニ上行本因妙上行十法界身一云分身（ママ）ト一妙法蓮花経信心智金剛堅固ニシ入妙覚欤思本果妙ニ一欤ト思タレハ初本因妙信

心智妙法蓮花経ノ所ニ還テ等覚一転入于本因妙名字即メ凡夫即極名

④テ

字即妙覚メ色心遍法界ノメ乍凡位一居諸仏菩薩頂位ニ一十法界聖衆被引所能居能居名字口密唱妙○経ニ一皆悉南無妙○経ト可唱一也　仍十界聖衆南無妙○経ト唱ル口業辺ハ本覚名字即得分也　又十界聖衆身意遍法界辺ハ観行乃至究竟得分也　故六即一即名字即トハ云也

尋云本迹化迹化分身《真》即応用勝劣如何

答迹化本化不同也ト云ヘトモ開迹顕本メ本門八品惣在如来寿命海中ノ神力属累時ハ②要法付属以本化上行一為能開一③迹門広略付属以妙音観音分身即（ママ）一為所開一故自妙音観音分身応用即上行応用ト成也　仍迹化所開迹化妙音観音ハ正像ニ普門応用メ卅三四身南岳天台等示現スル也　サテ能開本化上行ノ十法界身○則有冥顕両益也ト云ヘル冥顕普門示現応用妙音観音薬王等種々身末法ニ示現メ居裏ニ一能開上行ヲ立面ニ一開迹顕本分身即（ママ）ノ応用ヲ施也　雖然体内権迹ハ不及体内実本ニ一　謂上行応用示現身者日蓮日朗日像乃至日存日道是也　此上行応用日蓮大士ハ日本国一切衆生主師親也云云

①継目文字（第二一紙）

②底は「時」の下「要法付属」を挿入

③底は「開」の下「迹門広略付属」を挿入

尋云天台学者以妙音所現身為迹機一以観音示現身為本機一其相如何
答妙音観音玄文止大綱約束ニ以妙音観音薬王普賢等一為迹化一以地涌
四菩薩等一為本化一也　此時ハ妙音観音ハ共ニ迹化也　迹化諸菩薩中ニ依大智大悲二門ニ一
互ニ可有勝劣一也　自妙音一観音ハ大悲門勝タリ　故自仏身一次余九法界身ヲ示現スル
約此意一従果向因ト云ハンモ無相違一　此ヲ本機本化ト令混乱一謗法也　妙音ノ九界
仏身ト示現スルヲ従因至果ト可云二云料簡此又無相違　然以之一迹機ト取定
事無謂一事也　日蓮宗意ハ此向義彼天台末学義ハ一向悉大邪義也　但妙
音観音ハ共迹化也　迹化ハ慈悲薄故ニ此娑婆悪世ヲハ涌出品時前三故有テ
不被許ニ此土弘経ヲ一也　爰知卅三四応用モ望上行一最劣也　何以観音一為
本機本化ト一耶　故知以妙音一為不変真如主一以観音一為随縁真如主二云モ
日蓮宗ニハ不用之一　可哀〱

口伝云開迹顕本メ

①シン

①継目文字
（第二二紙）

（第二三紙）

究竟即下

止云究竟即菩提者等覚一転入于妙覚　智光円満○唯仏能通文

弘云究竟下釈究竟即一○菩提属智徳涅槃属断徳○智断二徳更非異時　智徳満処復具断徳　故云果及果々　究竟而論三菩提満即三徳満　果及果々仍成教道一云云

問本迹究竟即不同如何

答迹門意ハ従因至果ト向故ニ等覚外ニ別メ証妙覚極地二云也　故断而不断ト経登テ断惑入位スル也　故等覚一転入于妙覚トハ云也　既入妙覚果地一智断二徳悉円満メ可断一無惑二可証一無理一々智究竟メ至妙覚極位一故究竟即ト云也　本門流通意ハ従果向因ト談メ法体ヲ置理即名字ニ一生仏一如凡夫即極ト談故ニ名字位顕究竟円満妙○経一断元品体惑一観行相似乃至分真ト

究竟ト用惑性ヲ断シ証可入妙覚ニ一歟ト思タレハ初名字即ノ久遠下種妙○経妙覚ニ

立還タルヲ等覚一転入于妙覚トハ云也　此妙覚者久遠下種名字妙○経ヲ

テ[1]

開覚スト云事也　或人歌ニ云中〳〵ニ尚里近ク成ニケリ余ニ山ノ奥ヲ尋テ云云

名字即妙覚義ニ相叶ヘリ

日道仰云迹門究竟即妙覚仏果者大通因仏今日寂場果仏モ始成土民

父仏与十如実相妃母一々境[2]与父智一冥合シ前四味法花迹門マテノ三五七九衆生ニ

種脱益ヲ施也　謂大通因仏ハ下種今日寂場究竟即仏ハ脱益施也

次本門究竟即仏者本果本仏也　此本仏ハ万人万国一円知行之国王与三

千実相妃母一境智冥合シ成三五下種一究竟即仏也　然ニ廃迹立本スレハ迹究

竟即ハ為本仏一被テ破廃一久遠本地究竟即独久住シ給也

問本文等覚一転入于妙覚釈料簡如何

答六即義等諸聖教口伝義ニハ等覚一転入于妙覚釈ニ釈ニ文点ヲ読テ理即本

覚義ヲ成也　謂本覚一転《ヒトメクリ》シ等云テ理即本覚ニ迷テ名字乃至等覚ト経

登テ入妙覚歟ト思タレハ本ノ理即ノ還タルヲ本覚妙覚ニ立還タル間一転《ヒトメクリ》トハ

①継目文字（第二四紙）

②底は「境」の下「与」を挿入

読タル也ト云テ天台宗ニモ此重ヲハ本門意ト云也　次門流義ニハ本門ハ明三五
下種㆓云種子無上ト㆒故以名字即㆒為最勝ト㆒間不置爾前迹門ニハ㆒在久遠本因
妙ニ㆒　自此本因妙名字下種㆒中間①観行即今日前四味相似迹門初住一品二半時入妙覚ニ㆒
歟ト思タレハ還㆓久遠本因妙名字下種父国王所ニ㆒雖脱在現具騰本種スルヲ
等覚一転入于妙覚ト云故ニ入于妙覚ノ々々ハ本因妙字名即ニ信行セシ妙法

②ト

蓮花経ヲ覚《サトル》ト云事也■委如向書㆒云云
示云天台宗料理即本覚料簡ハ迹門開権理円本理三千義ニ相叶ヘリ
名字即妙覚義ハ本門第三教相上ノ化道始終種熟脱義ニテ云処料簡也
サレハ門流ニハ三種教相ヲハ雖脱在現具騰本種ノ意ト云也

問元品無明ハ等覚智断歟妙覚智断歟
答此事ハ六即義一算也　委在宗要㆒云云　或等覚智断ト云或妙覚智断云或ハ位ハ
等覚智ハ妙覚ト云種々義有之㆒云云　然違文種々也ト云ヘトモ入位断惑々々入
位不同ニハ不可過㆒　以此約束㆒可会諸文㆒也　仍円教ニ有七位六即㆒　七位ハ断惑入位
配立也　此時ハ等覚智断也　六即ハ観位故ニ専用入位断惑㆒也　此時ハ妙覚智断
也云云　日蓮宗義云迹門意ハ等覚智断也　縦妙覚智ト云ヘトモ妙覚智父既ニ

①底は「間」の下「観行即」を挿入
②継目文字（第二五紙）

土民近成始覚土民ナル故ニ自ヲ成等覚智ト一也　此智モ望ハ本智ニ一智還成惑メ成元品無明ト一間惣メ迹門当分ニテハ断惑義無之一也　故迹門無得道也　当体義抄ニ引記九大衆仍居賢位　名之為惑文一望本ニ一爾前迹門諸大士ヲ未破無明ノ賢位物也等定判シ給　故ニ惣メ爾前迹門ニ断惑義無之一　故迹門ニテハ元品無明断不可有之一也　稟権抄又同之一云云　仍本門六即ハ十界久遠上ニ論之一故六即共ニ妙法蓮花経ノ妙覚智用之一　殊ニ妙覚智本体ヲ顕名字即ニ一乃至妙覚智ヲ等ク覚ヲ云等覚ト一故ニ縦等覚ニ断ト云モ智ハ妙覚智也　以此妙覚智一必可断元品無明一也

名①

門流口伝云妙覚智者信智也　元品無明者疑惑也　仍三五下種所ニ信智ハ有之一故ニ爾前迹門ニ曽不明之一　信心妙覚智ハ必本門可有之一也故元品無明ヲハ本門ニテ可談断之一云也

問究竟即是菩提ヲ釈トメ果及果々仍成教道ト云ヘリ　何智断円満位ニ存教道一可云耶

答②天台学者云六即共ニ果地果海次位也　争可存教道一耶　但釈ハ且六辺ヲ教道ト云歟　仍一字可留心一　ナヲト云六辺ヲ指ト覚タリ云云

■■云依附迹門ニ一止観レハ兼二用メ爾前諸部円一明六即一究竟即ナレハ仍成教道ト云歟

①継目文字

（第二六紙）

②底は「答」の下「天台学者云」を挿入

①底は「同」の下「成」を挿入

（第二七紙）

以下、顕師筆

■■■此

私云此釈ハ止観一部大旨ヲ釈タル也　所以ニ止観一部ハ五略十広文種々ナレトモ解行二也　妙解ノ名字ハ方便也　以妙行観行即一為ソ二一部最要宗旨ト一成観心ヲ一　果報已下ハ断無明証中道ノ果及果々ノ智断二徳ハ初住已上等妙二覚ノ所作ナル故ニ殊ニ今六即ハ発大心下ニテ解行名字観行ノ二即コソ行者当用ニテ実道ニテハ有之一　妙覚究竟ノ智断二徳ハ為ニハ二名字観行観心ノ一仍成教道ト一云事也　全六即並ニ究竟即ノ当体ヲ教道ト云ニハ非也云云　止観一部内ニ雖有之一十広中ノ果報已下三章ト■在世■■■五略中ノ感大果已下三章トハ同①成教道ト一　故知今六即モ名字観行ハ当用也　分証究竟ハ在未来ニ一不立当用一故仍成教道ト云也

奉修覆六即私記三巻内観行即下

貞享第三丙寅正月廿三日

日顕　花押

編集主任　大平宏龍

編集員　株橋祐史　平島盛龍　株橋隆真

法華宗全書　日隆3
当家要伝　六即私記

平成三十一年（二〇一九）一月二十九日　第一刷印刷
平成三十一年（二〇一九）二月十六日　第一刷発行

編纂　法華宗全書編纂局

刊行　東京都中央区日本橋人形町二丁目一九番地一
法華宗（本門流）宗務院
宗務総長　二瓶海照

発行　東方出版㈱
大阪市天王寺区逢阪二―三―二
〒五四三―〇〇六二　電話〇六―六七七九―九五七一

印刷　亜細亜印刷㈱

ISBN 978-4-86249-352-1